普通高等教育国家级特色专业教材
信息管理与信息系统系列

电子商务案例教程

翟丽丽 刘科文 编著

科学出版社
北京

内 容 简 介

本书筛选了国内外电子商务领域的典型案例，侧重于电子商务的商业应用层面，贴近现实，针对 B2B、B2C、C2C、电子商务物流、社交网络、网络金融服务、服装行业等专题做了细致的研究；按照电子商务领域整体概述、案例背景、实际业务运作、功能分析及启示的结构呈现给读者，并提供精心设计的思考提示，强调启发式学习，达到案例教学互动讨论的目的；同时紧跟电子商务行业应用发展步伐，介绍了互联网相关技术的商业应用。本书注重案例分析的互动训练方法，每章提供的案例思考与讨论有助于培养读者在信息系统、电子商务管理等方面的实践应用能力。

本书可作为普通高等院校信息管理与信息系统、电子商务、经济学、工商管理、计算机科学与技术等本科专业的电子商务案例分析课程的教材，也可以作为《电子商务概论》的配套教材和企事业单位从事电子商务研究与应用的管理及技术人员的参考用书，还可作为在职人员的培训教材。

图书在版编目(CIP)数据

电子商务案例教程/翟丽丽，刘科文编著 .—北京：科学出版社，2014

普通高等教育国家级特色专业教材·信息管理与信息系统系列
ISBN 978-7-03-039663-1

Ⅰ.①电… Ⅱ.①翟… ②刘… Ⅲ.①电子商务-高等学校-教材
Ⅳ.①F713.36

中国版本图书馆 CIP 数据核字(2014)第 017750 号

责任编辑：王京苏 / 责任校对：李 莉
责任印制：徐晓晨 / 封面设计：蓝正设计

科 学 出 版 社 出版
北京东黄城根北街 16 号
邮政编码：100717
http://www.sciencep.com

北京教图印刷有限公司 印刷

科学出版社发行　各地新华书店经销

*

2014 年 2 月第 一 版　开本：720×1000　B5
2016 年 7 月第二次印刷　印张：11 3/4
字数：232 000

定价：30.00 元

(如有印装质量问题，我社负责调换)

系列教材编委会

总　序

21世纪下半叶以来，人类社会正快速由传统工业化社会向信息化社会转变。计算机技术、通信技术以及信息处理技术已经为这个转变提供了一切必要的技术基础，人们更加重视信息技术对传统产业的改造以及对信息资源的开发和利用。新一轮的信息化浪潮已经到来，信息和信息系统的应用深入到了社会的每个角落。特别是进入21世纪以来，随着社会与科学技术的不断发展，信息作为一种资源已经和材料、能源并称为现代社会发展的三大支柱。信息化程度已经成为衡量一个国家、部门、企事业单位科学技术水平与经济实力的重要标志之一。

信息管理与信息系统专业承担着为社会培养信息化建设与应用人才的重要责任，然而，不同层次和特点的院校，其专业定位也各不相同，对教材的需求也各不相同。为此，编写特色鲜明、适应性强的普通高等院校系列教材是当务之急。在教材的编写过程中，编者力求充分吸收目前国内外信息管理与信息系统专业相关教材的优点，借鉴多所大学相关课程建设的经验，结合普通高等院校的特点和实际情况，力求达到面向应用和突出技能的培养目标。

本套教材具有以下特点：

（1）强调理论与实践相结合。本系列教材既强调深入浅出地阐述基本理论与方法，又注重运用相关理论与方法去分析解决实际问题，提高技能性和可操作性。

（2）重视系统性与易用性。在基本概念、基本理论的阐述中，本系列教材尽量吸收国内外有代表性论著的观点，力求完整与准确、结构严谨、知识内容丰富、重点突出、逻辑性和可读性强、易于理解。

（3）注重教学与科研相结合。本系列教材尽可能吸取相关领域和教师在科研方面的最新成果，使教材内容反映本课程的最新研究状况。突出科研为教学服务的理念，通过教学与科研相互促进，丰富教材内容，提高教材质量。

（4）突出特色专业建设主线。在本系列教材的体系设计上，我们遵循突出特色专业建设的主线，强调各门课程的关联性和知识的衔接性，体现分阶段、分层次的学生能力培养模式。

（5）具有趣味性。在重要的知识点上，以灵活多样、图文并茂的形式激发学生的学习兴趣，加强学生对重点知识的理解和记忆，为提高学生创新应用能力奠定坚实的基础。

（6）提供完整的立体化教学资源。在本系列教材中提供完善的教学课件、实验指导书、课程设计指导书以及相关的实例分析等教学资源，突出实践特色。

本次编写的系列教材包括《管理信息系统》、《管理运筹学》、《IT 项目管理》、《电子商务概论》、《电子商务案例教程》、《ERP 原理及应用》、《数据库原理与应用》等。本系列教材的出版发行是广大师生共同劳动的结晶，凝聚了编者多年的经验和心血，相信其定能为普通高等院校信息管理与信息系统及相关专业的教学提供一套极具针对性的教材或教学参考书，为教学质量的提升起到重要的推动作用。本系列教材的编写是一个新起点，随着信息技术的发展与国家对信息人才的需求的变化，教材内容将不断得到修改和完善，从而为我国教育事业的发展做出新的贡献。

系列教材编委会

2011 年 3 月 20 日

前　言

　　互联网时代，经济发展呈现全球化、知识化、信息化、数字化和网络化趋势，在信息技术飞速发展和广泛应用的推动下，电子商务已成为越来越多的企业之间、企业与消费者之间进行信息沟通和交易活动的重要手段。电子商务与人们的生活越来越密切，并且没有因为经济危机而走向萧条，恰恰相反，电子商务因其所显现出的交易费用低、方便、交互和个性化等特点被更多的企业所应用。作为国家战略性新兴产业的组成部分，电子商务的快速发展带动了物流、支付、信用、广告、云计算等服务业的发展，成为促进经济新一轮增长的关键产业之一。

　　电子商务在企业中的应用和普及，使得研究电子商务案例，特别是具有代表性的行业以及电子商务发展相对成熟企业的案例显得尤其重要。本书立足于具体行业应用领域进行深入分析，以发现这些电子商务企业成功或失败的原因。每一个电子商务企业的发展都与社会环境、国家政策、行业竞争、技术进步、消费者需求等因素密切相关，这就需要选取有代表性的案例，从行业视角分析，有针对性地选取具有代表性的国内外电子商务企业进行编写。

　　电子商务案例分析是整个电子商务专业体系中的一个核心，属于综合性应用课程，案例的选取及对其进行深入剖析是组织课堂教学的难点，教师需要合适的教材，又要结合学生实际以确保案例教学的效果。本书案例贴近生活又结合电子商务发展的国内外热点，其中有成功的案例，也有失败的案例，在内容上不是单纯地介绍网站，而是对电子商务案例的背景、实际业务运作、功能以及启示做出深入的探讨。本书侧重于电子商务的商业应用层面，贴近现实，对 B2B、B2C、C2C、电子商务物流、社交网络、网络金融服务、服装行业等专题做了细致的研究，紧跟电子商务行业应用发展步伐。

本书各章节的前面部分既是具体电子商务应用领域的总体归纳，又是后面案例分析的基础。每个引用的典型案例，都是编者精心挑选出的最新、最具代表性和说服力的真实案例，便于学生对每章内容进行深入理解。本书强调案例分析的互动训练方法，根据学生的学习接受能力，设置针对案例进行师生共同探讨的思考题目，达到教学相长的目的。编者根据自身多年积累的教学经验，建议学生组成研讨小组，根据兴趣选择案例思考与讨论部分的题目，深入研究撰写案例分析报告，激发思维碰撞，培养创新实践能力，再辅以教师指导、点评和总结，以达到最佳教学效果。

本书由哈尔滨理工大学翟丽丽教授和哈尔滨商业大学刘科文副教授编著，在编写过程中参考了中国电子商务研究中心、艾瑞、易观国际等电子商务第三方行业研究机构的数据分析和研究成果，在此一并表示感谢。此外，还要感谢积极支持和鼓励出版此书的科学出版社的各位编辑。

电子商务的飞速发展需要教材不断更新，衷心希望电子商务领域的学者、专家特别是产业实践者，对本书案例内容或观点可能存在的疏漏和不足提出宝贵意见，以便能够在修订时进行完善与充实。

目 录

第一章

B2B 电子商务案例

1.1 B2B 电子商务概况

1.1.1 B2B 电子商务

B2B（business to business，即企业对企业）电子商务广义上是指通过因特网、外联网、内联网或者私有网络，以电子化方式在企业间进行的交易。我国B2B电子商务按照贸易主导主体可分为大型企业 B2B 电子商务交易和中小型企业 B2B 电子商务交易；按照贸易类型可分为国内 B2B 电子商务交易（B2B 内贸）和国际 B2B 电子商务交易（B2B 外贸）。

对中小企业来说，与传统的营销方式相比，电子商务平台为广大中小企业降低了营销成本；此外，电子商务平台的市场也拓宽了中小企业的销售渠道，随着中小企业的电子商务利用意识的逐渐提高，越来越多的中小企业开始使用电子商务服务。

1.1.2 我国 B2B 电子商务发展历程

我国 B2B 电子商务发展经历了以下几个阶段，如图 1-1 所示。

导入阶段（1997～1999 年）：1997 年之前，我国 B2B 电子商务平台发展以政府项目为主，比较有代表性的项目包括了金关、金卡、金税"三金工程"。1999 年，受国外 B2B 电子商务平台成功的影响，中国市场第一批 B2B 电子商务平台成立，包括当时比较出名的阿里巴巴、8848 珠穆朗玛等。

起步阶段（2000～2003 年）：这一阶段是整个 B2B 电子商务平台发展比较艰

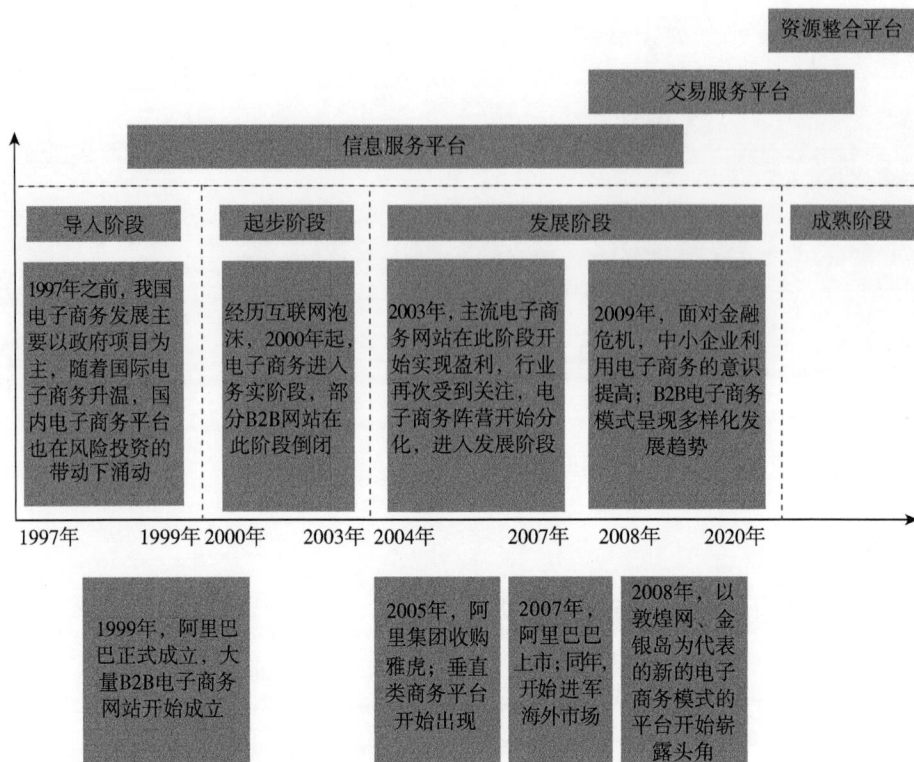

图 1-1   我国 B2B 电子商务发展阶段

难的阶段，2000～2001 年互联网泡沫，很大部分的 B2B 电子商务平台消失，部分坚持下来的平台也处在缺乏盈利前景的困境下。

发展阶段（2004～2020 年）：自 2004 年起，以阿里巴巴为代表的综合平台 B2B 电子商务进入稳定盈利阶段，许多行业垂直 B2B 电子商务平台也在各自的领域内崭露头角。B2B 电子商务平台按照发展方向分为进出口国际贸易、国内行业贸易和商品流通贸易。2009 年，经过了发展初期经验的积累，中国的 B2B 电子商务开始呈现多样化发展的趋势。综合类平台向细分化方向发展，出现了一大批垂直类电子商务网站，同时电子商务平台的模式也在向前发展，除了提供信息服务之外，还提供在线支付和物流配送服务，使用户直接实现在线交易，中国的 B2B 电子商务进入了一个全新的阶段。

1.1.3   B2B 电子商务模式

按照服务模式分类，可以将 B2B 电子商务分为以下三类：

（1）信息服务类。B2B 电子商务企业为中小企业提供信息平台，中小企业可以通过平台充分展示自己，从而带来商机，这种信息服务减少了中小企业信息获取的困难，一定程度上拓宽了中小企业的销售渠道。其盈利模式主要是采用收取会员费的形式，代表企业有环球资源和慧聪网。

（2）交易服务类。交易服务模式是指中小企业可以通过 B2B 电子商务平台进行在线交易，实现信息流、物流、资金流三流合一。目前内外贸市场上，大宗产品和小额批发领域方面均有在线交易类服务平台。此类平台的盈利模式是收取交易佣金，代表企业有敦煌网、金银岛、阿里巴巴的速卖通。

（3）资源整合类。资源整合平台可以为用户提供全方位电子商务解决方案，实现贸易过程中每一环节上的资源整合，核心的电子商务企业可以实现与银行、物流企业、海关等机构的对接，最终实现每一环节上的电子商务化。此类平台的盈利模式比较多样化，有较多的个性化增值服务，用户体验较好。

按照行业类型分类，可以将 B2B 电子商务平台分为以下三类：

（1）综合类。综合类 B2B 电子商务平台内包含各种行业信息，这类平台为几乎所有行业中小企业用户提供信息支持等服务。其主要盈利模式为会员费，代表企业为阿里巴巴和慧聪网。

（2）小门户＋联盟类。小门户＋联盟模式特指生意宝的 B2B 电子商务服务模式，这种模式下囊括很多细分行业的垂直类网站，如中国化工网、中国纺织网等，再通过生意宝统一的平台实现行业联盟，为用户提供综合行业的 B2B 电子商务服务。其盈利模式主要是会员费，代表企业就是生意宝。

（3）垂直类。垂直类 B2B 电子商务网站是专注于一个行业的 B2B 平台，主要提供专业信息资讯、专业搜索、专业解决方案等服务。专业性是垂直性电子商务网站的优势所在，也是客户选择的首要因素。其盈利模式主要是专业的信息服务和会员费，代表企业是我的钢铁网。

根据《2012 年度中国电子商务市场数据监测报告》显示，截至 2012 年年底中国电子商务市场交易规模达 7.85 万亿元，其中 B2B 市场是总交易额的构成主体，其交易额达 6.25 万亿元。目前，我国中小企业有 4 000 多万家，绝大部分要通过第三方电子商务平台开展电子商务，进行网络营销，B2B 电子商务服务企业 11 350 家，国内使用第三方电子商务平台的中小企业用户突破 1 700 万家，B2B 电子商务服务商的营收规模约 160 亿元。以下对 B2B 公司盈利的商业模式进行具体分析，如图 1-2 所示。

1. 会员费

企业通过第三方电子商务平台参与电子商务交易，必须注册为 B2B 网站的会员，每年要交纳一定的会员费才能享受网站提供的各种服务，会员费是我国第三方 B2B 电子商务平台重要的收入来源之一。例如，阿里巴巴网站早期收取中国供应商、诚信通两种会员费，2011 年第四季度中国供应商会员费为人民币 29 800 元，诚信通会员费个人版每年 2 300 元，企业版每年 2 800 元，2013 年新诚信通服务年费

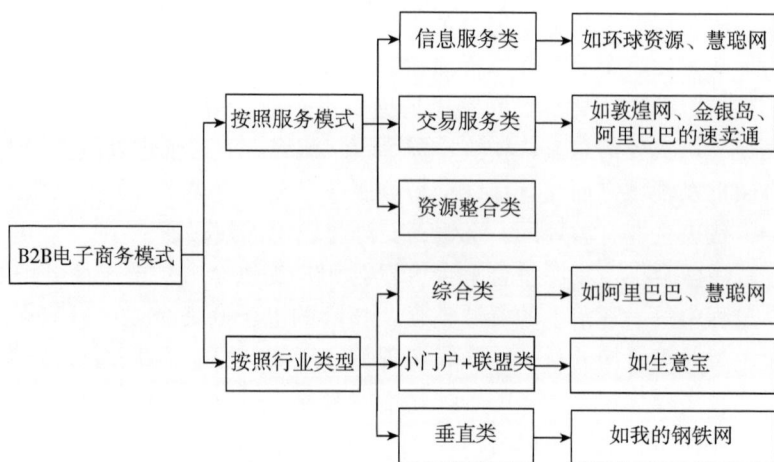

图 1-2　B2B 电子商务模式

为 3 688 元。据阿里巴巴 2011 年财务报告显示,现在阿里巴巴已经在全世界 200 余个国家和地区拥有会员,特别是付费会员的增长使 B2B 电子商务企业的收益增加。我国主要 B2B 电子商务企业付费用户规模如图 1-3 所示。

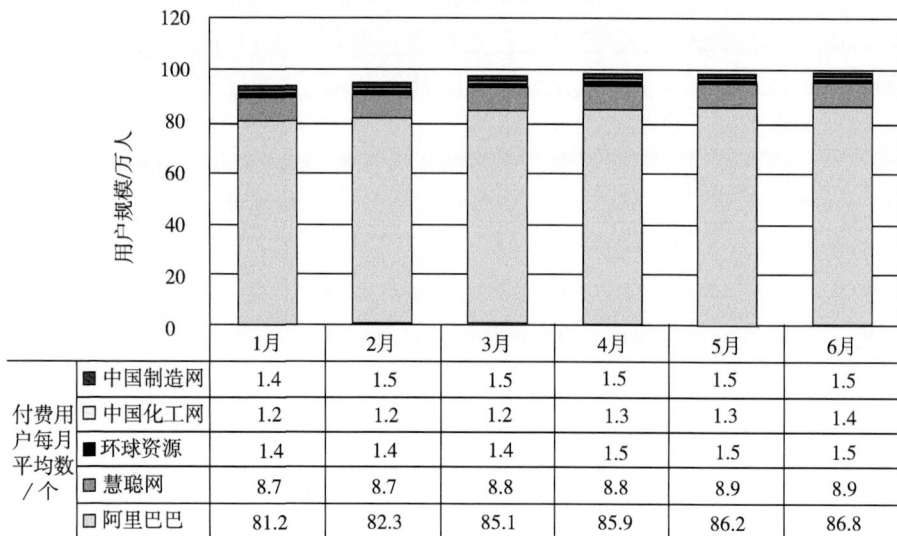

		1月	2月	3月	4月	5月	6月
付费用户每月平均数/个	■ 中国制造网	1.4	1.5	1.5	1.5	1.5	1.5
	□ 中国化工网	1.2	1.2	1.2	1.3	1.3	1.4
	■ 环球资源	1.4	1.4	1.4	1.5	1.5	1.5
	■ 慧聪网	8.7	8.7	8.8	8.8	8.9	8.9
	□ 阿里巴巴	81.2	82.3	85.1	85.9	86.2	86.8

图 1-3　2011 年上半年主要 B2B 电子商务企业付费用户规模

资料来源:中国电子商务协会数字服务中心 (CECA Digital Senter)

2. 增值服务

B2B 电子商务平台通过增值服务来扩大收入,如彩铃信息下载、提供产品行情资讯服务、提供优秀博客文章查阅服务、专家在线资讯服务、会展、培训等。

根据阿里巴巴 2010 年财务报告显示，增值服务收入占阿里巴巴总收入的比重由 2007 年的 21％增至 2010 年的 33％，来自增值服务的利润率高于来自会员费的利润率。增值服务已经成为国内 B2B 电子商务平台的另一大盈利模式，开启了 B2B 电子商务网站依靠会员服务和非会员服务的双盈利模式的阶段。

3. 网络广告收费

网络广告收费是门户网站的主要盈利来源，同时也是所有 B2B 电子商务公司主要的收入来源。与其他媒体相比，网络广告具有传播范围广、针对性强、价格低廉、形式多样等多种优点。

4. B2B 平台搜索

企业为了促进产品的销售，都希望在第三方 B2B 网站的信息搜索中让自己的排名靠前，以便于登录该网站的人们搜索。由此，第三方 B2B 电子商务平台的搜索盈利模式应运而生：网站在确保信息准确的基础上，根据会员交费的不同对排名顺序作相应的调整。中国化工网的化工搜索是建立在全球最大的化工网站 ChemNet. com 上的化工专业搜索平台，对全球近 20 万个化工及化工相关网站进行搜索，搜录的网页总数达 5 000 万个，同时采用搜索竞价排名方式，确定企业排名顺序。实践证明，通过近几年的运营，B2B 平台搜索模式成为 B2B 电子商务公司的主要利润来源渠道之一。

另外，B2B 商业垂直搜索引起了阿里巴巴、慧聪网等 B2B 巨头的激烈竞争：阿里巴巴升级其搜索产品网销宝，网销宝类似百度的竞价排名，按点击付费，针对各行各业的广泛用户；慧聪网则深入挖掘其"标王"的产品价值，通过与五大搜索引擎合作，采用年费模式，针对其旗下 70 多个细分行业的精准用户，形成"B2B＋搜索引擎＋行业媒体"搜索模式。

5. 商务交易、产品销售

相较于实体交易，越来越多的商家更愿意选择在第三方 B2B 电子商务平台上通过在线商谈、在线签单、在线支付等方式进行交易，其根本原因是在线交易能为买卖双方的企业节约部分销售成本，也能让企业在合适的价格及时成交。作为提供交易平台的第三方 B2B 电子商务企业，交易佣金和多样的服务费成为其盈利的渠道之一。

6. 商务合作、资源整合

细分业务模式之间的融合和资源共享已经成为 B2B 电子商务平台巩固自身优势、开拓市场的主要手段，阿里巴巴的商家和淘宝社区的卖家紧密联系在一起，充分整合两个平台的资源，为平台上的客户提供最佳体验和最大价值。B2B 电子商务企业慧聪网与 B2C 巨头卓越网开展合作，通过慧聪网的"买卖通"平台进行大规模的采购活动，为双方带来了非常可观的收入。这种按照产业链条关系形成的合作，对降低上游厂商、终端用户的成本，乃至企业双方的发展都将有所帮助。

综上所述，电子商务盈利模式并不是具体与固定的，不存在一种绝对好或绝对坏的盈利模式，任何企业都需要选择适合自己的盈利模式。第三方 B2B 电子商务平台盈利的根本在于模式的创新，只有对市场的特性进行深刻了解并在盈利模式上有所创新，才能在电子商务市场取得成功。而随着电子商务的发展，第三方 B2B 电子商务平台将产生更多新的盈利模式，对于盈利模式的研究也必将不断发展。

1.2　B2B 电子商务行业概况

1.2.1　B2B 电子商务商业模式成功的要素

美国金融机构美林公司在研究美国及其他地区 B2B 商业模式的成功案例之后，指出 B2B 模式的成功主要包括以下五个方面：采用先进的专业管理；先入优势；参与分销和物流；保持中立地位；根据需要上市融资。在中国，以阿里巴巴、慧聪网和环球资源等成功企业为参考，可以发现 B2B 电子商务服务商基本具备以下共同的特点：

（1）要有数量、规模相当的买方和卖方，二者缺一不可。若现实市场的供需双方的规模和数量不够大，那么市场就会变得非常有限，即使能够快速地启动市场，也会因为其服务的市场缺乏容量而失去开发的潜力，该市场很快也就失去了拓展的意义。例如，香港环球资源集团，最早进入电子元器件、家居饰品等市场领域，此类市场具有强势供需实力，为该领域 B2B 市场的发展提供了最坚实的发展基础。

（2）要保证市场具有流动性。假设市场的供给和需求都非常大，但如果买卖双方成交不活跃，市场不具备足够的流动量，就会出现"有场无市"的局面，所谓的商业模式也只是空壳而已。在国内，类似失败的案例不胜枚举，如九城集团的沱沱网和万国商业网等。

（3）市场可以对买卖双方按照所属行业和领域再进行细分。进行细分的目的在于，中间商可以通过增值服务满足细分市场的需求，这一点在汽车、家电、化工等领域尤为明显。工业化生产所形成的产业链结构，也成就了诸多国内细分行业的电子商务服务商，如慧聪网等。

（4）没有进行电子商务之前，市场运作效率较低。例如，卖方和买方非常分散，传统的贸易方式进行的沟通比较复杂，存在着大量不对称的供求信息。阿里巴巴通过每日整合大量的采购和供应信息，通过后台进行买卖双方的匹配，大大地提高了市场的运作效率，将传统的贸易方式化繁为简。

此外，B2B 电子商务所交易的具体商品种类也是非常重要的一个成功因素。一般而言，易于成功的 B2B 模式，所经营的物品通常是比较容易仓储的，如进行钢铁金属等商品交易的我的钢铁网，即符合这一要求。如果将以上的特点进行汇总，我们会发现,易于进行期货交易的产品都符合以上条件。因此,未来能够取得成功的 B2B 商业模式,可能包括那些经营可以开展期货交易的产品的商务网站。

1.2.2　综合型 B2B 的优势是规模效应

综合型 B2B 电子商务模式创造价值的途径主要包括聚集和配对,通过规模庞大的买卖双方在其平台聚集和交流,实现一站式采购,从而降低交易成本。这一价值实现的途径,在综合型网站的盈利来源上就体现为会员费和广告费。因此这也决定了,作为综合型的 B2B 商业模式在目前情况下,保持盈利水平增长的途径就是吸引更多的会员,增加 B2B 服务的用户群,如图 1-4 所示。

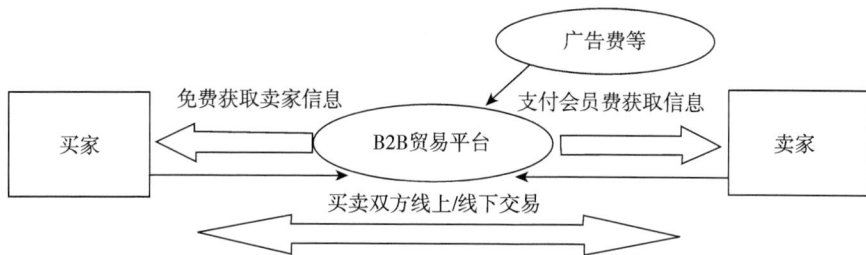

图 1-4　国内 B2B 电子商务服务商主要盈利模式

综合型 B2B 商务模式随着 B2B 整体市场规模的几何级数增长,将获得进一步的发展空间。以阿里巴巴为例,其注册会员数量和营业收入指标,都在整个 B2B 领域处于绝对领先,甚至可以认为是寡头垄断的地位,这一数据将在后文的案例分析中展开,这里不做过多描述。综合型 B2B 的特点在于超大的流量和庞大的用户基础形成了平台的马太效应,确保其能够实现几何级的收益增长和强劲的资本实力。同时综合型 B2B 通过利用规模效应带来的实际收益,进行技术和增值服务的开发,以求更好地满足 B2B 用户,不断扩大其用户规模。

阿里巴巴已经意识到,在追求用户规模效应的同时也要致力于用户需求效应的满足。因为只有为 B2B 用户提供更多的功能和增值服务,才有可能真正满足 B2B 用户的需求,支撑 B2B 平台的良性运营,否则单纯的信息平台无法满足 B2B 其他需求。这些增值服务将为综合型 B2B 服务商开拓新的利润源泉。

1.2.3　垂直型 B2B 的优势是产业信息的聚集

对于电子商务的用户来说,如何在海量的互联网信息之中找到自己所从事的相关行业、产品甚至贸易伙伴的问题,已经成为 B2B 电子商务关注的一个焦点。而以垂直细分作为标签的行业垂直型 B2B 网站正在试图通过产业聚集来实现降低交易成本的功能。垂直型 B2B 网站所提供的功能和服务可以概括为信息内容服务、交易匹配服务、交易执行服务、技术类服务和增值服务五大类。

显然，在产业聚集地区形成的电子商务交易平台，更有利于发挥规模效应，降低成本；这些企业之间可以形成高度的专业化分工，上下游之间可以较好地协作，形成整个产业的配套能力；同时在整个产业发展下，社会化的服务体系也逐步建立和完善，这些将进一步促进低成本的竞争优势的形成。

B2B 电子商务可以用高速的信息传播速度弥补传统地域的局限，同时将产业聚集地区的概念外延引导进入网络，以产业类别进行划分的垂直细分 B2B 行业网站将产业聚集的优势集中以电子商务网络平台的形式体现，这也是目前 B2B 电子商务网站发展的一大重要方向。

垂直行业 B2B 电子商务模式有利于形成规模经济，交易的相对集中有利于降低交易的成本，尤其是搜索费用、同行之间的讨价还价费用、成交费用等。同时，只有市场交易聚集、交易活跃，垂直行业 B2B 的服务商才有可能保证该行业市场的持续经营，网络的买卖双方用户才愿意上网交易，因此从某种程度上说，垂直行业 B2B 的服务商与电子商务的买卖双方的利益在垂直行业 B2B 电子商务模式中是相对统一的。

1.2.4　B2B 电子商务企业规模

根据中国电子商务研究中心监测数据显示，截止到 2012 年 12 月，我国 B2B 电子商务服务企业在市场占有率方面，市场份额排名前四的分别为阿里巴巴、环球资源、上海钢联和慧聪网，其次是焦点科技（中国制造网）、环球市场、网盛生意宝，其他还有金银岛和敦煌网等，如图 1-5 所示。表 1-1 对 B2B 电子商务企业进行了比较。

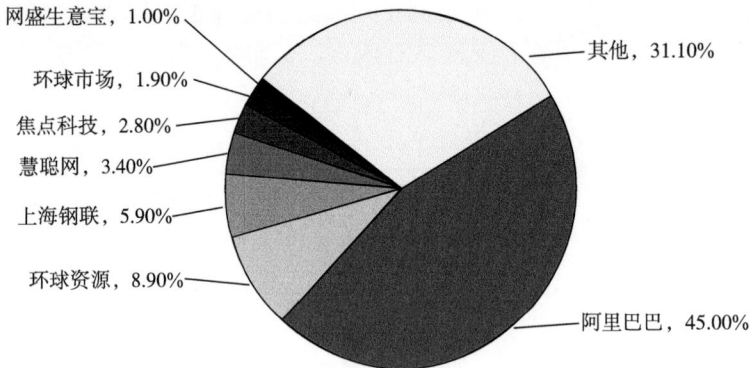

图 1-5　2012 年中国 B2B 电子商务服务商市场份额

资料来源：中国电子商务研究中心《2012 年度中国电子商务市场数据监测报告》

表 1-1　B2B 电子商务企业比较

项目	阿里巴巴	金银岛	慧聪网	网盛生意宝	环球资源
成立时间	1999 年	2004 年	1992 年	1997 年	1971 年
上市与否	香港上市	筹备创业板上市	香港上市	深圳上市	纳斯达克上市
用户类型	中小企业	大宗产品贸易企业	中小企业	中小企业	大中型企业
贸易类型	内、外贸兼有	内贸为主	内、外贸兼有	内贸为主	外贸为主
主营业务	综合行业	大宗产品	综合行业	综合行业	综合行业
服务模式	整合性服务	在线交易	信息服务	小门户＋联盟	信息服务
盈利模式	1. 会员费 2. 增值服务	1. 资讯收费 2. 交易佣金 3. 融资服务	1. 会员费 2. 资讯服务	1. 会员费	1. 会员费 2. 展会服务
产品价格	诚信通：1 688元/年；出口通：19 800 元/年；全球速卖通：交易金额的 5%	席位注册费：1 万元会员费；定制交易佣金：小于 1%	买卖通：2 580元/年	中国供应商：1 800 元/年	环球资源一星方案：40 888元/年
增值服务	竞价排名、黄金展位、页面广告	行业资讯、综合解决方案	金榜题名、页面广告、行业资讯	资讯服务、广告推广	杂志推广
优势	平台大，访问量高，功能丰富	专业性强，交易便捷，融资方便	信息量丰富，线下业务发达	行业网站与综合B2B网站互补	线上和线下业务整合，推广效果好
劣势	专业性不足	涉足行业有限	服务模式单一	盈利模式单一	价格偏高

资料来源：中国电子商务协会数字服务中心《2011 年电子商务行业研究报告》

　　在当今经济全球化过程中，B2B 电子商务作为一种全新的商务模式，对降低跨地区的交易成本、提高贸易效益、最终改善全球的资源配置发挥了积极作用。B2B 市场呈现出以下发展特征：

　　第一，B2B 电子商务服务商开展实名认证。阿里巴巴率先宣布正式推行实名制，通过实名制提高行业欺诈门槛和成本。

　　第二，在线外贸小额批发市场前景广阔。以工业品为主的市场强劲增长，推动外贸市场的发展。

　　第三，网络融资发展成行业新型业务增长点。近年来，中小企业作为电子商务应用企业的核心用户群体，其融资难问题备受关注与争议。各电子商务服务商也纷纷为中小企业提供除网络贸易信息服务以外的增值服务，在继信息流、物流之后，向电子商务产业链下游扩张，与第三方支付业务截然不同的是，网络融资正成为一股新兴融资力量，迅速蔓延。

第四，电子商务服务商纷纷拓展新领域。例如，阿里巴巴推出阿里云手机；网盛生意宝推出的"生意社"（100ppi.com）定位于大宗商品数据商，意味着生意宝正式进入大宗商品数据服务领域，并于 2012 年年初推出中国首个大宗商品指数——大宗商品需求指数（bulk commodity index，BCI），提供制造业的重要评价指标和宏观经济变化的"晴雨表"。

未来 B2B 电子商务将朝纵深化方向发展，新模式、专注于新行业的 B2B 电子商务企业大量涌现。随着在线交易平台的快速发展，中国 B2B 电子商务也将逐渐向服务纵深化方向发展。

1.3　案例 1：阿里巴巴

1.3.1　案例背景

阿里巴巴集团经营多元化的互联网业务，包括消费者电子商务、网上支付、B2B 网上交易市场及云计算等业务，在大中华地区、印度、英国及美国等 70 多个城市共有 24 000 多名员工，其目标是促进一个开放、协同、繁荣的电子商务生态系统的形成。1999 年，阿里巴巴成立于中国杭州市，现在经过整合主要通过旗下两个交易市场协助世界各地数以百万计的买家和供应商从事网上生意，包括：国际交易市场（www.alibaba.com）；中国交易市场（www.1688.com）；在国际交易市场上的全球批发交易平台（www.aliexpress.com），为规模较小、需要小批量货物快速付运的买家提供服务。所有交易市场形成一个拥有来自 240 多个国家和地区的网上社区。为了转型成为可让小企业更易建立和管理网上业务的综合平台，阿里巴巴亦直接或通过其收购的公司（包括中国万网及一达通），向国内贸易商提供多元化的商务管理软件、互联网基础设施服务及出口相关服务，并设有企业管理专才及电子商务专才培训服务。阿里巴巴亦拥有 Vendio 及 Auctiva，这两家公司是领先的第三方电子商务解决方案供应商，主要服务于网上商家。

1.3.2　阿里巴巴发展现状

1. 营业收入规模

2011 年阿里巴巴营业收入规模达人民币 64.2 亿元，收入的增长得益于其增值服务收入增加且成本控制收效。阿里巴巴营业收入情况如图 1-6 所示。在收入结构方面，增值服务收入所占比重继续增加，根据财务报告披露，增值服务收入占总收入的比重由 2007 年的 21.0％增加至 2010 年的 33.0％。在中小企业对电子商务服务深度需求越来越高的情况下，阿里巴巴调整发展策略，推出更多的增值服务，方便中小企业根据自己的需求选择增值服务，使电子商务能够更好地为中小企业服务，提高市场竞争力。

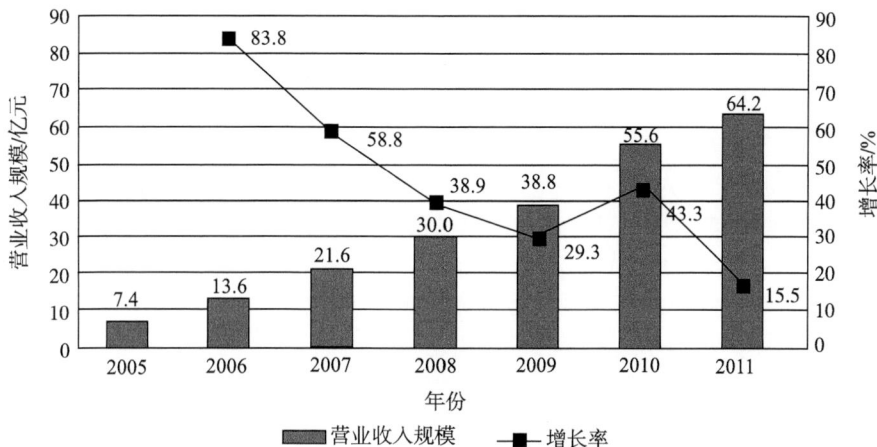

图 1-6　2005～2011 年阿里巴巴营业收入规模及增长率

2. 用户规模

截止到 2012 年 3 月 31 日，阿里巴巴共有 7 980 万名注册用户、1 030 万个企业商铺及 753 955 名付费会员。其中国际交易市场的注册用户数约 2 730 万名，中国交易市场的注册用户数约 5 240 万名；国际交易市场的企业商铺数约 235 万个，中国交易市场的企业商铺数约 796 万个；付费会员中国 Gold Supplier 会员 87 544 名，国际 Gold Supplier 会员 7 641 名，中国诚信通会员 658 770 名。

3. 企业收购

阿里巴巴在 2010 年成功完成了三笔重要的战略收购：收购美国电子商务公司 Vendio 和 Auctiva，这两家公司都是为美国小型公司客户和 eBay 上的卖家服务的电子商务服务公司；在国内收购深圳一达通，一达通是业界领先的出口环节外包服务供应商，以互联网为依托，一站式提供整合型外贸物流（通关、运输、仓储、口岸）和资金流（外汇结算、人民币结算、外汇核销、出口退税、贸易融资、外贸金融衍生产品等）服务，现在已经成为内地最大的中小企业外贸服务平台，目前有超过 10 000 家中国企业将其所有的外贸交易环节通过互联网外包给一达通，2012 年一达通平台进出口总额高达 18 亿美元，位居中国一般贸易出口第 9 位，是唯一一个跻身前 10 位的平台型企业。阿里速卖通与 Vendio 和 Auctiva 平台用户的对接，为速卖通用户带来近 25 万个潜在海外买家；整合一达通可以更好地帮助中小企业完成出口。这三次收购都是为帮助中小企业更好地实现在线外贸，打通海外 B2B2C（business to business to customer，即企业对企业对消费者）的交易服务链条，实现全球电子商务产业链。

4. 业务调整

近年阿里巴巴业务方面的调整主要体现在两个方面：一方面是外贸业务拓展，阿里巴巴推出全球速卖通平台后，迅速收购两家美国电子商务服务公司和一家中国电子商务服务公司，以便打通海外 B2B2C 的链条，促进其小额在线外贸业务的发展。另一方面是其内部业务整合，推出 1688.com 平台，帮助阿里巴巴打通国内 B2B2C 链条，整合内贸产业链，在淘宝推出无名良品频道（后改为良无限），帮助阿里巴巴用户直接实现 B2C（business to customer，即企业对消费者）交易，进一步丰富内贸产业链。

阿里巴巴在内贸和外贸市场上均深化拓展，对阿里巴巴最大的意义在于：对内将已有的 B2B 业务和淘宝网业务连接起来，通过数据挖掘、Web 推荐等技术的应用，将淘宝网上的商家需求和阿里巴巴 B2B 平台上的供货商进行匹配，从而提高了两边商家的运营效率，实现国内 B2B2C 交易；对外将阿里速卖通和美国卖家对接，实现海外 B2B2C 交易。至此，阿里巴巴拥有 B2B 大额贸易平台、小额在线批发平台及网络零售服务三项业务，如图 1-7 所示。

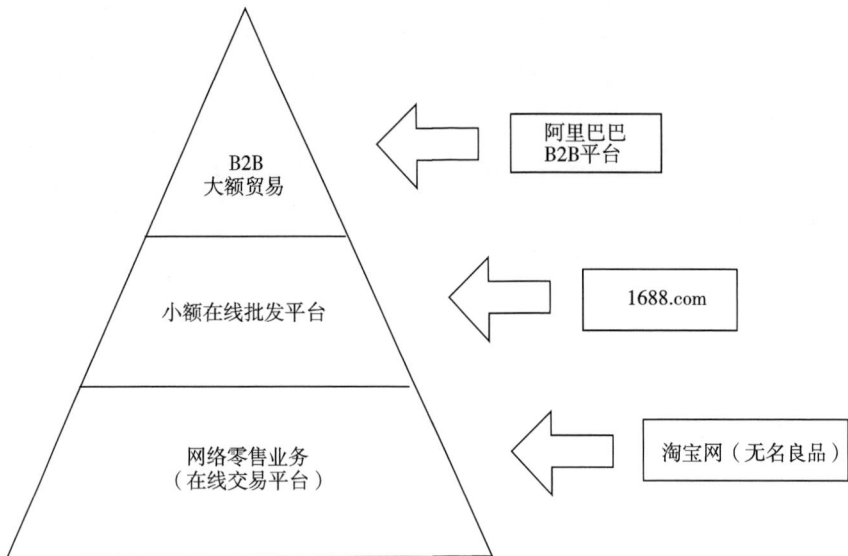

图 1-7 阿里巴巴贸易产业链

1.3.3　阿里巴巴 B2B 盈利模式分析

1. 市场定位

阿里巴巴 B2B 网站定位于"为全球的中小企业通过互联网寻求潜在贸易伙伴，并且彼此沟通和达成交易"，独创式地推出了主要面向中小企业提供 B2B 进出口信息服务的模式，旨在宣传推广这些企业的产品，为其形象和产品进行展示，使其降低成本，创造销售机会。

阿里巴巴有两种会员：中国供应商和诚信通会员。中国供应商帮助国内中小型企业拓展国际贸易的出口营销推广服务，诚信通是为从事中国国内贸易的中小企业推出的会员制网上贸易服务。

2. 全球速卖通

全球速卖通为阿里巴巴旗下的跨境小额在线交易平台，上架商品数超过 1 000 万件，日均商品交易额一年内增长了 6 倍。Alexa.com 网站显示，全球速卖通居于国际 B2B 在线交易平台流量首位。

全球速卖通 A＋用户有区别标识，更容易受到买家群体的关注，同时也具有严格的招募及退出机制。全球速卖通除对 A＋计划的卖家的好评率、纠纷率等指标做出严格要求外，还提出如实描述、闪电发货及退货免运费三项要求。

全球速卖通交易平台对 A＋卖家店铺的所有产品进行排序加权，让那些能保障海外买家体验的产品优先被买家找到，同时 A＋卖家还可享受最低 3％的交易费率。

由于 80％的买家在产品相似条件下，更愿意选择发货速度更快的卖家。全球速卖通对 A＋计划的卖家要求，除定制、预售以及仅适用于海运产品之外，必须在买家付款后的 48 小时内完成发货。

3. 运营模式结构

阿里巴巴作为 B2B 电子商务的服务运营商，其运行模式如下：为注册会员提供贸易平台和资讯服务，使企业和企业通过网络做成生意、达成交易。服务的级别按照收费的不同，针对目标企业的类型不同，由高到低、从粗至精阶梯分布。其实质是：把阿里巴巴品牌的资讯服务销售给各类需要这种服务的中小企业、私营业主，为目标企业提供传统线下贸易之外的另一种全新的途径——网上贸易。

阿里巴巴的经营模式则是依托网站（中文、英文、日文等版本），聚集企业会员，整合成一个不断扩张的巨大买卖交互网络，形成一个不断发展的网上交易市场，通过向非付费、付费会员提供、销售资讯和更高端服务，赢得越来越多的企业会员注册加盟。

阿里巴巴在充分调研企业需求的基础上，将企业登录汇聚的信息整合分类，形成网站独具特色的栏目，使企业用户获得有效的信息和服务。阿里巴巴的主要信息服务栏目包括：

（1）商业机会：有27个行业700多个产品分类的商业机会供查阅，通常提供大约50万条供求信息。

（2）产品展示：按产品分类陈列展示阿里巴巴会员的各类图文并茂的产品信息库。

（3）公司全库：公司网站大全，目前已经汇聚4万多家公司网页。用户可以通过搜索寻找贸易伙伴，了解公司详细资讯。会员也可以免费申请使自己的公司加入到阿里巴巴"公司全库"中，并链接到公司全库的相关类目中方便会员有机会了解公司全貌。

（4）行业资讯：按各类行业分类发布最新动态信息，会员还可以分类订阅最新信息，直接通过电子邮件接收。

（5）价格行情：按行业提供企业最新报价和市场价格动态信息。

（6）以商会友：商人俱乐部。会员在这里交流行业见解，谈天说地。其中咖啡时间为会员每天提供新话题，如为会员分析如何做网上营销等话题。

（7）商业服务：航运、外币转换、信用调查、保险、税务、贸易代理等咨询和服务。

这些栏目为用户提供了充满现代商业气息、丰富实用的信息，构成了网上交易市场的主体。另外还分类开设阿里巴巴化工网、服装网、电子网、商务服务网来进一步地细分客户群体，实现精确定位，确保B2B交易执行效率的提高和便捷。

4. 盈利模式

阿里巴巴B2B电子商务的盈利模式主要是收取会员费、广告、竞价排名以及其他增值服务；全球速卖通平台的主要收入来源是交易佣金，该平台上每笔成功交易根据不同的支付方式收取交易总额3%～9.15%的交易佣金，目前支持电汇、支付宝以及其他跨国在线支付方式。

诚信通针对的是经营国内贸易的中小企业、私营业主，其费用为3 688元/年（标准版）。

中国供应商针对的是经营国际贸易的大中型企业、有实力的小企业、私营业主，其费用为6～12万元/年不等，属于高端服务。

除了付费的中国供应商和诚信通会员，阿里巴巴上还活跃着免费的中国商户480万家，海外商户1 000万家。通过阿里巴巴出口的产品达100亿美元，以浙江永康地区为例（全球最大的滑板车供应地），当地企业有70%通过阿里巴巴出口。

在业务方面，阿里巴巴的盈利点主要在四方面，即设立企业站点、网站推广、诚信通和中国供应商。

5. 成功原因

从业务角度，可以将阿里巴巴 B2B 的成功要素做如下归纳。

1）诚信安全

（1）诚信通会员通过第三方评估认证，定期进行榜单追踪，网上企业诚信指数一目了然。

（2）电子支付系统——支付宝确保买卖双方资金的安全流动。截至 2011 年 12 月，支付宝的注册用户数超过 6.5 亿个。支付宝提供的第三方信用担保服务，让买家可在确认满意所购的产品后才将款项发放给商家，降低了交易风险。

（3）2011 年 10 月，阿里巴巴开始推出"实地认证"计划，规定供应商在决定加入阿里巴巴或续签成为付费会员时，除了要通过基本的第三方身份验证和核实外，也需要由阿里巴巴的人员亲身到访，实地检查其业务，借此进一步确定会员的存在。

（4）为加强对海外买家的保障，阿里巴巴在国际交易市场推出第三方支付担保服务，另外还有验货服务，让买家可在网上聘请第三方作货物检查，确保订单无误并能妥善地输出中国。

2）品牌资质

（1）阿里巴巴被财经杂志《福布斯》连续 5 年评为全球最佳 B2B 网站。

（2）阿里巴巴是中国最大的 B2B 网站。

（3）阿里巴巴是全球电子商务领袖。

3）提升用户体验

（1）突破时空限制，实现点对点的沟通和交易。

（2）适时调整网站架构和设计，增添更多的交易功能，如 1688.com 新增多项有助促进大额网上批发交易的功能，旨在强化 1688.com 作为中国国内买家卖家的网上批发平台的定位。不断改良网站导航、搜索功能，并且在下单程序和网上支付方面提供更个人化的服务。

（3）增设中国交易市场的第三方"实地认证"服务，将其设定为新的增值服务。

4）成本低廉

阿里巴巴采用免费注册的方式，普通会员交易不收任何费用。阿里巴巴的注册会员分为普通会员、诚信通会员两种。普通会员不收取任何费用，可查看网站上发布的所有供应信息、发布公司、发布供求信息，使用阿里旺旺在线聊天等；诚信通会员需具备合法注册、合法年检的营业执照方可申请加入，采取年费制，普及版年费 1 688 元，标准版年费 3 688 元，享有身份认证和技术服务，其中技术服务包括超级旺铺 2.0、生意参谋标准版，以及实地认证、企业官网、移动旺铺服务。

5）渠道广阔

（1）阿里巴巴网络覆盖亚洲、欧洲和美洲，能够做到足不出户把产品销售到国外。

（2）通过阿里巴巴结识众多志同道合的网商，共同打开财富之门。

6）海量信息

通过传统渠道无法获取的供求信息，在阿里巴巴网站上都能找到。为推动网上采购，阿里巴巴升级了其多语言网站，以多个不同语言展现产品信息，并增设多地搜索细分功能，让买家更易从全球各地的供应商中寻找到他们所需要的产品。

阿里巴巴从纯粹的商业模式出发，与大量的风险资本和商业合作伙伴相关联构成网上贸易市场。其运营模式取得成功主要有以下几个原因：

第一，中国经济的高速发展、众多中小企业进行国际国内贸易的客观需求为阿里巴巴的创立与发展提供了根本条件。阿里巴巴之所以没有出现在美国、日本等其他国家与地区，而是出现在中国，其最重要的原因是"中国制造"的崛起。在中国制造业全球化过程中，国际制造业向我国转移，国内经济连续稳定地发展，使我国成为全球制造中心，客观上促进了国际贸易与国内贸易的发展。这些大环境的形成，为阿里巴巴提供了发展的机遇与成长的空间。

第二，定位准确，专做信息流，汇聚大量的市场供求信息。阿里巴巴创始人马云认为，中国电子商务经历三个阶段，即信息流、资金流和物流阶段，在信息流阶段，交易平台在技术上虽然不难，但没有人使用，企业对在线交易基本上还没有需求，做在线交易意义不大。阿里巴巴在充分调研企业需求的基础上，将企业登录汇聚的信息整合分类，形成网站独具特色的栏目，使企业用户获得有效的信息和服务。阿里巴巴通过准确的定位，最初做信息交流，充分发展，然后在资金流问题相对解决的时候推出相应的接口工具——支付宝占领先机，并为自己的平台提供强有力的支撑。

第三，优秀的创业团队与企业文化。在互联网泡沫破灭时，阿里巴巴的员工只能拿到象征性的 500 元月薪，但团队成员却没有一人在此时离开，正是这种非凡的团队凝聚力，为阿里巴巴的发展提供了最有力的保障。马云作为团队领导核心，其过人的商业天赋、独特的人格魅力是阿里巴巴成功的重要因素。另外，作为一个创新型企业，阿里巴巴所用人才按照每四年进行调整的速度在更新，以保持其团队的年轻与时代创新性。

第四，阿里巴巴采用本土化的网站建设方式，针对不同国家采用当地的语言，简易可读，这种便利性和亲和力将各国市场有机地融为一体。阿里巴巴已经建立运作了四个相互关联的网站：英文的国际网站面向全球商人提供专业服务；简体中文的中国网站主要为中国大陆市场服务；全球性的繁体中文网站则为中国台湾、中国香港、东南亚和遍及全球的华商服务；韩文的韩国网站针对韩文用户提供服务。而且针对当地市场的日文、欧洲语言和南美网站，这些网站相互链接，内容相互交融，为会员提供了一个整合一体的国际贸易平台，汇集全球 200多个国家（地区）的商业信息和个性化的商人社区。

第五，在起步阶段，网站放低会员准入门槛，以免费会员制吸引企业登录平台注册用户。阿里巴巴会员多数为中小企业，免费会员制是吸引中小企业的最主要因素。大大小小的企业活跃于网上市场，反过来为阿里巴巴带来了各类供需，壮大了网上交易平台。阿里巴巴每月页面浏览量超过 4 500 万次，信息库存买卖类商业机会信息达 50 万条，平均每条买卖信息会得到 4 个反馈。

第六，阿里巴巴通过增值服务为会员提供良好的市场服务。阿里巴巴的盈利来源主要是中国供应商、委托设计公司网站、网上推广项目和诚信通。中国供应商是通过阿里巴巴的交易信息平台，给中国的商家提供来自各国国际买家的特别询盘。客户可以委托阿里巴巴做一次性的投资建设公司网站，这个项目主要是阿里巴巴帮助企业建立拥有独立域名网站，并且与阿里巴巴链接。网上推广项目是由邮件广告、旗帜广告、文字链接和模块广告组成。邮件广告由网站每天向商人发送的最新商情特快邮件插播商家的广告；文字链接将广告置于文字链接中。诚信通项目帮助用户了解潜在客户的资信状况，找到真正的网上贸易伙伴；进行权威资信机构的认证，确认会员公司的合法性和联络人的业务身份；展现公司的证书和荣誉，用业务伙伴的好评作为公司实力的最好证明。

第七，适度但比较成功的市场运作。例如，《福布斯》评选提升了阿里巴巴的品牌价值和融资能力。阿里巴巴与日本互联网投资公司软库（Softbank）结盟，邀请软库公司首席执行官、亚洲首富孙正义担任阿里巴巴的首席顾问，邀请世界贸易组织前任总干事、现任高盛国际集团主席兼总裁彼得·萨瑟兰担任阿里巴巴的特别顾问。通过各类成功的宣传运作，阿里巴巴多次被选为全球最佳 B2B站点之一，凭借其可行的、具有说服力的商业模式在快速增长的电子商务市场中居于领先地位，成功地缔造了被誉为经典的 B2B 网上交易市场。阿里巴巴网上交易市场的发展并不是照搬美国的商业模型，而是主要针对亚洲特别是中国的情况制定自己的发展战略。阿里巴巴根据中国网络发展现状，集中力量做好信息流来构筑网上贸易市场，避开了资金流、物流这些早期电子商务现实状况暂时无法解决的问题。

总之，阿里巴巴在中国电子商务极为不成熟的时期就抢先占领制高点，为其今后的成功奠定了基础。阿里巴巴依托全球商品中国制造这一特点，巧妙利用网上信用机制解决了如何与中国中小企业建立贸易关系的难题。中国虽然是世界工厂，但中国市场中鱼龙混杂，如何在这样信息不对称的市场中找到可以信赖的卖家成为关键。阿里巴巴的核心产品诚信通服务，为每个企业建立网上诚信档案，成为公正的第三方评价平台，依靠诚信通的档案记录，来自全球的陌生买家可以对未曾谋面的商家进行合理评估。中国广东和江浙的优秀中小型企业为阿里巴巴提供了坚实的用户基础。诚信通最主要而且有效的两个功能——能看到卖家会员的联系方式和第三方认证——初步解决了企业在互联网上的真实性和诚信问题。

1.3.4　案例启示

阿里巴巴自成立以来经过十余年的发展壮大，发展战略从"电子商务服务商"转型为"电子商务基础设施运营商"，已经拥有阿里国际业务、阿里小企业业务、淘宝网、天猫、聚划算、一淘和阿里云7个事业群，旗下拥有13家公司，即阿里巴巴B2B、淘宝网、天猫、支付宝、阿里妈妈、口碑网、阿里云、聚划算、一淘、中国雅虎、中国万网、CNZZ和一达通，形成一个开放、协同、繁荣的电子商务生态系统。

阿里巴巴B2B电子商务是一个成功的网上交易平台，它提供来自于全球的商业机会信息以及商人交流社区，会员之间以自由开放的形式在这个平台上寻找贸易伙伴，洽谈生意，在互联网上建立一个无地理和时间障碍的自由贸易市场，用户从中可获得前所未有的商机。阿里巴巴的优势主要是其具有庞大的用户基数，并且在市场执行能力与创新能力方面都比较突出。但也面临着威胁与挑战，包括营收规模增速放缓，不断遭遇垂直型B2B的挑战，市场份额被蚕食。

阿里巴巴通过建立高效的B2B电子商务平台，在为用户创造价值的同时，自己也获得了巨大的成功。这与其独到的商业模式是分不开的，阿里巴巴的成功告诉我们，在借鉴其他国家与地区先进经验的时候，需要找到适合中国自己国情的发展模式。

1.4　案例2：环球资源

1.4.1　案例背景

环球资源是一家多渠道B2B媒体公司，于2000年在美国纳斯达克股票市场公开上市，公司的核心业务是通过一系列英文媒体，包括网站（http://www.globalsources.com）、印刷及电子杂志、采购资讯报告、"买家专场采购会"、贸易展览会及"在线展会"，促进亚洲各国的出口贸易。超过118万名国际买家（其中包括85家来自全球百强的零售商）使用环球资源提供的服务了解供应商及产品的资料，以便在复杂的供应市场进行高效采购。另外，供应商借助环球资源提供的整合出口推广服务，提升公司形象，获得销售查询，赢得来自逾

240 个国家及地区的买家订单。

环球资源的使命是："以适当资讯，在适当时机，通过适当渠道，连接全球买家及供应商"，另外还通过一系列中文媒体协助海内外企业在大中华地区行销，其中包括网站、印刷及电子杂志、研讨会及贸易展览会。环球资源在中国设有超过 40 个办事机构，公司的中文媒体拥有逾 400 万名网上注册用户及杂志读者。

1.4.2　环球资源发展现状

作为一个 B2B 多渠道的国际贸易平台，环球资源以外贸见长，主要为专业买家提供采购信息，并为供货商提供综合的市场推广服务。环球资源在 2007 年推出中文内贸网，帮助中国的内贸公司和希望进入中国市场的海外公司拓展新业务，其优势在于线上和线下业务整合，推广效果好。通过环球资源，超过 118 万名活跃买家（包括全球顶级零售商）在复杂的海外市场上进行有效率的采购。同时，供应商借助环球资源提供的各种有效媒体，向遍布超过 240 个国家和地区的买家推广和销售产品（图 1-8）。

图 1-8　环球资源买家服务

环球资源提供全面的贸易媒体和出口推广服务，包括 14 个行业网站、13 本月刊及 18 本数字版杂志、超过 90 本采购资讯报告以及每年在 9 个城市举行 73 场专业的贸易展览会。每年，来自逾 262 000 家供应商的超过 570 万种产品信息，通过环球资源的各种媒体到达目标买家。仅在环球资源网站，买家社群每年向已核实供应商发出的采购查询就已经超过 1.27 亿宗。

1. 用户规模

截至 2011 年 12 月 31 日，环球资源买家社群拥有 1 181 077 位活跃的国际买家。

2. 为用户提供的独特服务

（1）已核实供应商。环球资源专业团队实地走访供应商至少三次，严格核实供应商的信息，并为已核实供应商提供第三方审核服务——优易宝认证。优易宝认证是来自第三方认证机构的信用审核报告。

（2）供应商信誉报告。环球资源为买家提供供应商信誉报告，涵盖企业状况、股东资料、营业执照等多达 13 类不同法律及商业范畴的信息。这些报告由环球资源与新华信及邓白氏公司（Dun & Bradstreet）合作提供。

（3）供应商评估服务。环球资源与必维国际检验集团（Bureau Veritas）合作，为买家提供涵盖供应商的生产设备、产能及产品质量等多项能力的评估信息。

3. 环球资源内贸网

2007 年 11 月，环球资源推出全新中文内贸网（www.globalsources.com.cn），致力于推广内贸 B2B 服务。简体中文版的环球资源内贸网拥有强大功能，宗旨是：线上线下、贸易平台，包括已核实供应商体系、海量搜索结果、专用供应商目录及产品资讯速递等，旨在帮助全球供应商向中国内地的 B2B 专业买家推广产品。面对互联网上浩如烟海、鱼龙混杂的供应商信息，买家需要迅速将可靠的供应商与问题供应商区分开来，环球资源内贸网买家询盘统计显示，已核实供应商收到的询盘数量是待核实供应商的 10～20 倍，询盘质量也普遍较高。

4. 在线展会

环球资源 2011 年春季特别推出了一项全新的服务——在线展会，这种全新的展会模式能帮助买家在展前提前查阅参展商的产品，预先与参展商安排会面时间；并且只有实体参展商才能够参与在线展示，所有展示商品均经过核实，从而避免了电子商务中可能存在的欺诈风险。在线展会通过不同展区分类快速浏览参展商展位图像，便于比较展品；展后还可方便买家查阅展位及展品图片，观看参展商采访及研讨会录像。

1.4.3   B2B 电子商务运营模式分析

创立于 1971 年的环球资源公司，其核心业务是通过一系列媒体促进进出口贸易，盈利来自杂志和光盘中的广告、B2B 网上交易业务。其运营模式主要为订单管理、目录服务、B2B 电子商务系统。

（1）会员结构。环球资源的会员结构，主要为大型企业高端会员。

（2）品牌优势。作为一家有 40 多年历史并在纳斯达克上市的公司，环球资源在国外的知名度比较高，具有品牌优势，是进入中国做采购目录并开展 B2B 网站建设比较早的公司，积累了一定的客户基础。

（3）环球资源为行业提供媒体及出口市场推广服务，供应商采用四项基本服务，包括网站、专业杂志、展览会和网上直销服务进行出口市场推广，并且同时提供广告创作、教育项目和网上内容管理等支援服务。

（4）买家查询。环球资源买家社群通过环球资源网站 Global Online 向供应商发出信息查询。

（5）环球通（Global Sources Direct）服务，协助供应商通过 eBay 网站进行营销。

（6）环球资源推出包含全网搜索在内的 2.0 商务平台，其核心是全新的搜索模式。环球资源网的用户可以在"认证供应商"、"未认证供应商"、"全网"三个范畴内进行搜索。其全网搜索采用的是商业垂直搜索模式，用户只需登录环球资源即可搜索出包括阿里巴巴等在内的来自全网的供应商信息。环球资源网为买家提供更多的供应商选择，从而吸引更多的买家，达到"卖家吸引买家、买家带来卖家"的效果；并依靠全网垂直搜索打造 B2B 电子商务入口，降低用户对其他 B2B 平台的依赖，增强自身的用户黏度。

1.4.4　案例启示

环球资源在中国的发展，不仅仅是搭建一个网络平台，而且对供应商做出审核，包括大宗买家最为关心的品质问题，如供应商所取得的第三方认证、信誉评级，已符合不同国家的安全及质量标准及相应的生产程序；供应商证明他们没有聘用囚犯及童工；供应商证明他们制造的产品不含有来自濒临灭绝动物的成分，且没有使用不环保的原料。然后将网上注册的供应商分为两类，一类是已经核实的，另一类是未经核实的，通过这样的手段建立诚信。行业细分的贸易平台关注买家价值，通过一站式行业搜索引擎充分满足买家采购所需，已核实供应商体系凭借严格审核及第三方认证赢取买家信任。

与国内 B2B 公司注重不断扩大规模的理念不同，环球资源更着重解决如何找有价值的供应商，如何对其做出专业的品质认证等一系列买方关心的问题。环球资源董事长韩礼士这样表达自己对 B2B 的理解，"买卖双方在诚信、品质上建立的信用关系从来都是在现实空间上达成的，而线上只是提供一个'沟通和资讯的平台'"。

作为拥有 40 余年历史的国际贸易服务商，环球资源最大的优势之一是拥有自己的杂志和展会，可以向企业提供线上和线下的打包服务，同时在全球积累了大量的专业买家及其相关行业资源，能够为企业带来足够的商业信息机会，并且通过各种认证方式提高信息的可信度。环球资源十分了解西方买家的习惯，西方买家评价环球资源网站是逻辑性非常强的一个网站。环球资源网中文内贸网依托环球资源网的各方面资源，针对中高端用户提供线上线下相结合的整合服务，能够与其他 B2B 网站做到差异化竞争。

环球资源重视海外买家，与国内 B2B 厂商的明显区别是定期公布经过审计的活跃买家数量，可以说环球资源是"以买家为主导"的 B2B 平台，这与国内绝大多数 B2B 平台"以卖家为主导"的方式有很大不同。其比较优势之一在于高质量的海外买家，这些买家都是通过海外买家社区开发部门开发且具有第三方买家数据认证的。对于担心遭遇海外诈骗的国内卖家而言，环球资源网是一个信誉较高的平台。但是环球资源也存在门槛较高的问题，主要面向大型企业高端会员且会员服务收费高，难以吸引中小企业客户。同时网站的设计及版面按照西方买家的习惯，不符合中国用户的习惯，整体来说是没有采用本土化策略。

1.5 案例 3：慧聪网

1.5.1 案例背景

慧聪网的创办者——北京慧聪国际资讯有限公司成立于 1992 年，在国内多个行业打下了牢固的基础，这个基础是慧聪网今日发展的重要保障。2003 年 12 月 17 日，北京慧聪国际资讯有限公司在香港创业板上市，前期的商情报价、广告代理、市场研究、市场营销策划、媒体监测、展示公关等系列活动则全面扶持了慧聪网的发展，依托慧聪商情数据库和传统信息服务的基础，为企业和采购者提供 B2B 网上信息发布与查询、企业主页、信息定制、网上广告、网上交易等网络增值服务。

作为 B2B 电子商务服务提供商，依托其核心互联网产品——买卖通以及雄厚的传统营销渠道——慧聪商情广告与中国资讯大全、研究院行业分析报告为客户提供线上、线下的全方位服务，这种优势互补、纵横立体的架构，对中国 B2B 电子商务行业产生了深刻的影响。

2009 年 2 月，慧聪网顺利通过 ISO 9001 质量管理体系认证，成为国内首个引入该标准的互联网公司。截止到 2012 年 12 月 31 日，慧聪网注册用户超过 1 500 万个，买家资源 1 300 万个，覆盖行业 40 余个，业务范围已经拓展至全国上百个城市，在 13 个城市拥有分公司，服务团队约 2 883 人，销售收入 5.49 亿元人民币，是国内具有影响力的 B2B 电子商务公司。

慧聪网以专业、创新和迎合需求的服务与产品，来提高电子商务社区买卖双方的交易机会，为扩大国内乃至国际贸易创造机会。通过整合、转型、升级与创新，不断探索。慧聪网 2012 年度的财务报告数据显示，目前其约 75％的收入来自互联网，约 15％的收入来自会议，仅 10％的收入来自早期传统的纸质媒介。

1.5.2　慧聪网主要产品及服务

1. 买卖通

买卖通作为慧聪网 B2B 业务的核心产品，从 2004 年推出就为中小企业建立起了以垂直行业为特色的全方位网上诚信贸易平台。买卖通不仅为客户提供产品展示、精准搜索、买卖速配、人工专属服务、商务直通等功能，还为会员企业提供行业资讯定制、网上洽谈、网络智能经营等综合电子商务服务，具有快速获得商机的优势，慧聪网委托第三方认证公司为企业提供资质认证。买卖通分别设有基础会员（年费 2 380 元）、金牌会员（年费 9 000 元）和 VIP 会员，截止到 2013 年年初付费会员达到 15 万个。

慧聪网不断升级买卖通产品功能，增加炫铺功能升级，与企业微博互通，推出行业买卖通 3.0 及 4.0 版本；同时继续强化多个领先行业的特色化产品，如智能指导商家网上经营活动的"黄金罗盘"，为网商智能识别、网罗潜在客户的"买家雷达"、"金牌掌柜"、"智能化炫铺 2.0"等更为丰富的买家采购应用功能。

2. 采购通

2012 年 5 月，慧聪网上线发布了采购通，它的口号是"为您轻松找到优质供应商"，体现了采购通的定位与服务内容。采购通通过一站式采购服务，满足采购商"紧急采购"、"常规采购"、"大额采购"、"地缘性采购"多层次的采购需求，为采购商增加采购渠道，降低采购成本。

经过"买家认证"，采购商可以建立"买家商铺"，可在线随时发起线上采购需求，之后经过比价，挑选合适的供应商，整合并管理采购资源。依据采购情况，买家可获得并悬挂"优企勋章"，从而吸引更加优质的供应商等。采购通充分发挥了买家的主动性，使采购行为变得更加方便、快捷、高效。其具体功能包括：

（1）多模式发布求购：为买家提供 5 种采购发布模式。这 5 种模式是：① "常规发布求购"，买家填写固定表格即可发布采购信息。② "批量发布采购"，买家可以通过输入不同字段一键发布多条采购信息，也可以选择上传 Excel 格式的产品清单，由买家服务人员将清单转化为求购信息。③ "定制速配采购"，买家可以通过细化采购要求进行有目的的精准搜索。系统将根据用户要求，自动排除不符合要求的供应商，提高采购效率，如对供应商所在地、供货地、价格区间等内容设定限制。④ "指定私密采购"，买家可以仅向有合作意向的供应商发布采购信息，该信息只有被指定的供应商可以查看。⑤ "一键转发求购"，运用此功能，买家可随时将中意的询价留言或供应信息一键转发为自己的求购信息。

（2）速购定制：通过细化采购信息，以搜索到最符合要求的供应商，从而减少过量搜索结果带来的困扰，提升买家的主动性，设置限制条件后不是被动地等待供应商上门，而是主动搜索符合条件的供应商，帮助"急于求成"的采购商快速找到中意的货源。

（3）采购跟进管理：可以将有意向的供应商分为"关注我的卖家"和"我关注的产品"两类，分别进行管理，随时添加、去除相关供应商。

（4）供应商管理：对合作过或正在合作的供应商进行分级管理，随时查询供应商的状态及供货情况，及时调整供应商资源库。

（5）专场采购会：即采购洽谈会，包括网络洽谈、驻站洽谈和自助采购三种形式。其中自助采购又可分为公开采购和私密采购两种。买家可在提交申请后，对报名参加该次会议的供应商进行集中审核、管理，卖家可以集中管理推荐和指定给自己的专场采购会，查看自己已报名的会议。

3. 搜索产品

搜索产品已经成为慧聪 B2B 业务的重要产品之一。随着搜索引擎产业的蓬勃发展，搜索服务成为众多中小企业宣传品牌、获取商机和达成交易的重要工具。慧聪在推出搜索滚排、黄金展位等的基础上，进一步升级搜索产品，其中"金榜题名"搜索产品包括关键词搜索中的滚动排名服务、黄金展位服务、超级展位服务。

慧聪网在设计"标王"产品时，引入第三方搜索引擎的网络广告模式。慧聪网认为"B2B＋搜索"的电子商务营销模式，能够帮助企业一方面获得慧聪网自有商务流量，另一方面还能获得合作搜索引擎的流量，从而增加企业交易的机会，与百度、谷歌、搜狗、搜搜和网易有道以及 360 搜索等搜索引擎同步推广产品和服务，从而实现企业精准营销的目标。"标王"产品在慧聪商机搜索结果页面占有醒目位置，提供广告服务，依托慧聪网与百度、谷歌、搜搜、搜狗四大中文搜索引擎良好的合作关系，获得搜索引擎强大的曝光率和巨大的流量。

4. 网络广告

网络广告服务为中小企业拓展市场提供了有效的推广平台，慧聪网各行业网站和各行业内知名企业建立战略合作，帮助企业全方位推广品牌和产品服务。

5.《慧聪商情广告》

1991 年 6 月 15 日《中国商情快报》出版，意味着"慧聪商情"模式出现在市场上，开创中国商情报价广告业务的先河，这是中国第一份服务于行业的专业采购指南媒体。1998 年，《慧聪商情广告》经国家工商行政管理总局（简称国家工商总局）正式批准并允许在全国发行，成为以商情报价、产品广告、产品技术信息为主的印刷品广告信息媒体。它的信息量庞大、及时、集中、针对性强，能有效地方便行业内厂商与用户查询，成为供需双方信息沟通的渠道之一。

目前，《慧聪商情广告》已深入到数十个行业领域，在不断地探索中得以迅速发展，作为传递信息量最多、覆盖范围最广的商情广告媒体，每月在全国 20 多个城市 20 余个行业共出版 85 种，总发行量近 60 余万册。慧聪公司多年积累形成的深入行业、科学分类、每周更新十几万条产品、价格与企业信息的数据库，是中国最大的商情数据库，为用户提供丰富多样的产品和服务，为厂商、各级经销商和关注市场的社会各界人士提供全面的市场信息和商业机会。另外还有作为与行业生产商、供货商、管理机构和用户沟通桥梁的《中国行业资讯大全》，它是一本对行业信息、产品技术、行业黄页信息进行系统化编整的行业商务年鉴，从产业市场、政策、企业、产品、渠道建设、黄页信息等多方面进行纵横双向的深度表述，全面涵盖业界网上网下精粹信息。

1.5.3　慧聪网运营分析

1. 垂直细分，线上线下整合

2010 年，慧聪网被拆分为三家面向不同用户区服务的公司，分别是工业品电子商务公司、消费品电子商务公司和慧聪邓白氏研究院。前两者的主营业务为电子商务，而后者则为市场调查和咨询服务。变革后的组织结构中，工业品公司进行原材料和工业品领域的电子商务服务，即建立供应商和制造商之间的联系；消费品公司则重点关注消费品市场，即建立制造商与最终用户之间的联系，通过其内部对垂直行业 B2B 的资源调整，达到打通整个产业链的目的（图 1-9）。

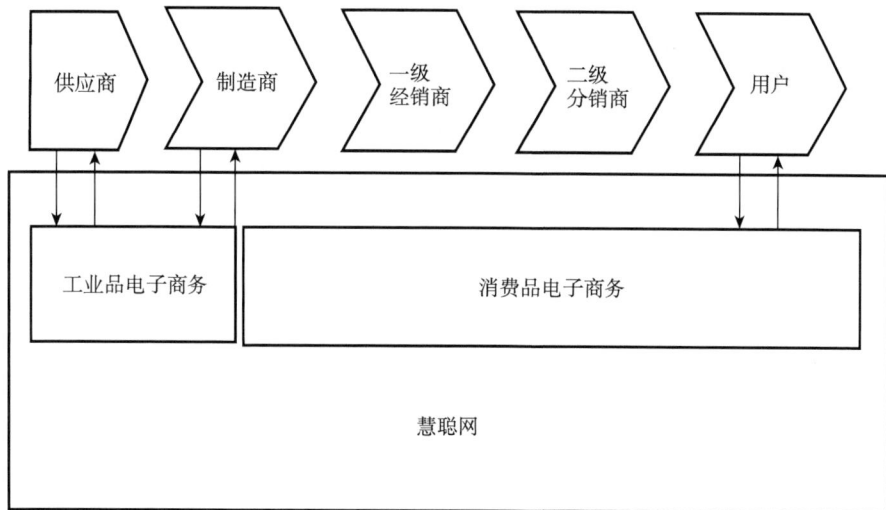

图 1-9　慧聪网的垂直细分，线上线下整合打通产业链

与阿里巴巴的打造电子商务生态系统不同，慧聪网以垂直行业作为服务窗口，但是在打造产品和服务体系上，需要利用自身资源，结合垂直行业特点，优化现有电子商务流程，从而最大效率地提高 B2B 电子商务的贸易成功率。尽管目前国内 B2B 电子商务的盈利模式基本相同，即会员费＋广告＋增值服务作为收入来源，但是从综合型 B2B 和垂直型 B2B 网站的这两种模式来看，网站内容运营方面是有区别的。慧聪网具有资讯优势，这也是垂直细分 B2B 网站的特点，即资讯内容的服务要比综合型更具有高附加值。这完全源于其服务的行业特点，通常垂直网站的行业（钢铁、化工等）对行业信息具有极高的依赖性，尤其是对产品的价格、技术的发展以及行业内企业动态等资讯，对企业的生产和投资都具有极高的参考价值。

B2B 电子商务的另一个特点是线上和线下服务融合，慧聪网选择组建买家服务部门，负责筛选买家信息，确保信息的真实性和准确性，让买卖双方真实、放心采购，以挖掘买家需求作为目标，开发采购交易会和买团牵手等围绕行业供需的活动作为手段，充分融入行业的发展之中，获得行业的认可。采购交易会在线上和线下均可举办，线上交易会主要以慧聪网买卖通的即时通信工具（instant messaging，IM）——慧聪发发作为载体，买家部在网络上开辟采购专区，受邀的买家和核准报名参加的卖家供应商，在约定时间进入网络聊天室，就产品和采购进行洽谈，最终达成合作意向。线下交易会则以固定会场，聚集卖家供应商展台，买家进入会场后可以与卖家供应商自由洽谈，买家部则在其中进行撮合，帮助买家找到合适的卖家供应商。慧聪网采购洽谈会每年超千场，实现了"天天线上洽谈，周周线下签单"。

2. 买卖通对中小企业集中地的强力推广

慧聪网通过深入到中小企业集中的地方，如将路牌广告做到三级以下城市，另外在一些区域平面媒体上的广告投放也十分具有针对性，在全国近百个城市设立分销网点和服务体系。除此以外，慧聪网还谋求代理商代理买卖通产品的销售，进行渠道的扩张。

慧聪网一方面转化传统用户为买卖通的用户，这些企业是慧聪网的核心用户，它们对慧聪网非常了解，对买卖通也十分熟悉，因此转化率很高；另一方面号召阿里巴巴的用户来尝试买卖通这一交易平台，争夺阿里巴巴的用户，这些用户既用阿里巴巴的平台，也用慧聪网的平台，因为这部分用户对 B2B 电子商务的理解非常深入。

3. 慧聪网行业专属服务的优势

慧聪网的行业专属服务走的是差异化道路，在平台加行业垂直策略下，以信息覆盖的全面和精准度、广泛的互动性表现出行业覆盖面广和针对性强的优势。

（1）精准的求购信息。慧聪网买家专员会通过技术辅以人工的方式为行业客户精选求购信息，包括最新的求购、采购会、招标信息，随后通过邮件、商务中心、短信、IM 等多渠道第一时间发给客户，一条最多只匹配给 10 个供应商，而且客户可以对求购信息的数量及质量做评估。

（2）一对一的专家咨询服务。慧聪网目前拥有广电、电子、教育、酒店、制鞋、塑料、汽车配件、安全防护等多行业约 500 多位专家，分别来自全国各行业协会、院校、研究所的技术、管理等领域。如此庞大的专家群造就了企业与专家的交流平台，不论企业规模大小、地理位置远近，企业都可以通过专家平台有针对性地向专家咨询先进的管理经验、营销策略、技术发展、行业政策法规等问题。

（3）线上、线下结合的推广方式。一方面，会员可以被收录入当年行业大会名录；另一方面，产品信息将被定向、定时地以邮件、电话、IM 等形式发送给符合购买企业产品条件的优质买家。

1.5.4　案例启示

慧聪网依托纸质媒介进驻 B2B 电子商务领域，在纸质媒介上拥有很多忠实的客户，通过网络平台及先进的搜索技术，开始为中小企业搭建诚信的供需平台，提供全方位的电子商务服务。与阿里巴巴相比，慧聪网的强势项目在于行业企业，诸如工程机械等行业。慧聪网联合百度、谷歌、搜搜、搜狗四大搜索平台，推出"电子商务＋搜索引擎"模式，让中小企业客户能更便捷地投放广告。这种扬长避短的合作对用户非常有利，"标王"的出现让商户的信息在互联网上的传播效率更高、传播速度更快，优秀的推广策略配合四大搜索引擎也让受众群体在搜索时得到更加统一的答案。

慧聪网通过线上的"标王"搜索、买卖通、采购通和微门户帮助买家与卖家速配，通过资讯和服务对接使用户迅速掌握行业和行情动态，同时通过线下的各种洽谈会、交易会、展会、工商业目录和黄页促进业界沟通与活动，加强线上线下营销的互补效应，使 B2B 电子商务效果最大化，提高交易成功率。

➤ 案例思考与讨论

1. 请组成三个案例讨论小组，分别扮演阿里巴巴、慧聪网、环球资源三个B2B 电子商务企业，从市场机会、商业模式、技术趋势、法律问题、社会影响、安全问题以及行业影响等方面进行分析和评价，以案例讨论小组为单位写出案例分析报告。要求：

（1）内容准确，引用近期数据；

（2）叙述简明扼要，避免空话、重复；

（3）严谨易懂，数据、资料注明出处，除文字外，应多采用图表方式表达。

2. 信用体系是有效解决 B2B 电子商务交易中诚信问题的关键，试对比分析阿里巴巴的诚信通与慧聪网的买卖通的特点。

3. 中小企业如何有效利用 B2B 电子商务平台开拓市场？

第 2 章

B2C 电子商务案例

2.1 B2C 电子商务概述

2.1.1 B2C 电子商务

B2C 电子商务指的是企业针对个人开展的电子商务活动的总称。

B2C 电子商务按照所销售商品的种类分为综合类 B2C 和垂直类 B2C；按照服务主体分为自主销售式 B2C 和平台式 B2C。自主销售式 B2C 由企业自建网站，服务于本企业需要，产品销售相关各环节由运营商完成，如凡客诚品、京东商城、当当网、卓越亚马逊、苏宁易购等；平台式 B2C 由电子商务企业建立网站提供交易平台，并不负责销售相关环节，如天猫商城。

B2C 电子商务的交易流程一般包括：客户在网上选择商品→下购买订单→商家确认订单→消费者付款→商家安排发货，具体步骤如下：

（1）客户进入 B2C 电子商务网站，如果有分站点，选择进入网上分站。

（2）客户浏览商品，选购商品，一般有"购买"按钮，将商品加入到"购物车"。

（3）客户选择商品完毕，进入支付流程。已注册用户，一般填写用户名和密码就可以结算；未注册用户，一般需要先注册，按要求填写相关信息，确认无误后结算。

（4）当客户登录或注册后，一般需要填写送货信息，包括送货地址、联系电话，检查无误后确认订单。

（5）订单生成后，网站系统确认客户的订单及相关信息。

（6）商家安排发货。

在支付方式上，各 B2C 电子商务企业有所差异，有商品送到，客户验收后付款，也有客户下单后，通过网上银行或支付宝等第三方支付渠道付款，商家确认收到货款后安排发货。在发货方式上，有商家安排快递或专人送货上门，也有客户到指定网点提取，不同的方式一般会涉及不同的费用。

2.1.2 我国 B2C 电子商务发展概况

我国平台式 B2C 呈现快速发展的趋势，推动平台式 B2C 交易规模增长的主要因素有两个方面：一方面因素存在于供给层面，越来越多的传统企业开展电子商务，或为购物网站供货，或直接开设网店销售商品，极大地丰富了消费者的选择。家用电器、化妆品、运动用品、食品药品、家装等细分市场均呈现快速增长态势。定位为网购世界中的第五大道或者香榭丽舍大道，希望成为中国乃至世界 B2C 的新地标的天猫，拥有 4 亿多个买家，5 万多家商户，7 万多个品牌。对于传统企业来说，平台式 B2C 为其市场打开新的通路，既可以更快地树立品牌形象、增加销量、扩展销售范围，也可大幅节省销售成本，并迅捷地得到顾客的反馈讯息，了解市场需求，方便在今后的发展战略中做出更灵活的反应。另一方面因素存在于需求层面，网络购物用户规模稳步增长，用户对网络购物依赖程度加深，单一用户网络购物消费支出增加。网络购物环境的日益改善增强了消费者的信心，2010 年 7 月网店实名制正式施行，天猫等平台式购物网站建立的诚信保障体系，降低了消费者网购的心理门槛，推动网络购物应用在网民中的渗透。

垂直类 B2C 是整合某类产品的不同生产商、批发商、零售商的商务行为。这一类型的交易平台市场相对稳定，进入门槛相对较低，企业通过扩大同类型产品线和产品系列，培养用户形成购物习惯，并提供多样化支付手段，完善售前及售后服务，把握机遇在细分的垂直领域内做大，再经过发展对产品线进行广泛延伸，对网站的建设、商品陈列展示、信息管理系统的智能化等方面逐步细化，可以为客户提供更加直观、人性化的服务，客户数、网站流量、成交金额均达到一定规模且相对稳定，并能在现有品牌信用的基础上，作为大流量平台吸纳其他 B2C 企业的入驻。我国一些成功的垂直类 B2C 网站现已发展成为综合类 B2C 企业，如当当网、卓越亚马逊、京东商城等已经成为我国 B2C 行业的龙头，占领了 B2C 市场的大半份额。

2.1.3 B2C 电子商务竞争状况

根据艾瑞 2012 年 B2C 电子商务交易额排名，年交易额过百亿元的购物网站有 5 家，分别是天猫商城 2 072 亿元、京东商城 660 亿元、苏宁易购 188 亿元、QQ 商城 115 亿元、亚马逊中国 105 亿元。交易规模较大的 B2C 电子商务集中在综合百货、数码家电行业。我国 B2C 电子商务网站向规模化运营方向发展，同时表现出巨大的城乡差异，北京、上海、广州等几个特大城市的电子商务发展迅速。

易观智库《2013 年第 1 季度中国 B2C 市场季度监测报告》数据显示，B2C市场前三甲份额之和占整体市场的 70％以上，如图 2-1 所示。B2C 市场进入巨头的角逐阶段，市场集中度进一步提升，伴随着市场竞争的加剧，B2C 市场的马太效应愈加明显。中国电子商务研究中心监测数据统计，2012 年天猫商城依托淘宝网的流量导入，注册用户达 1 亿人以上；名列第二位的是京东商城，其注册用户突破 8 000 万人；名列第三位的是苏宁易购，在线注册用户（包括红孩子）达 3 000 万人；当当网、国美在线分别以 1 000 万人、500 万人注册用户排名行业第四位、第五位。大型 B2C 电子商务企业为了争夺市场份额而频频发动的价格战成为拉动 B2C 平台交易规模攀升的直接驱动力，如"双十一"和"双十二"，在拉动交易规模增长的同时，将更多消费者的注意力由线下转移到了线上。

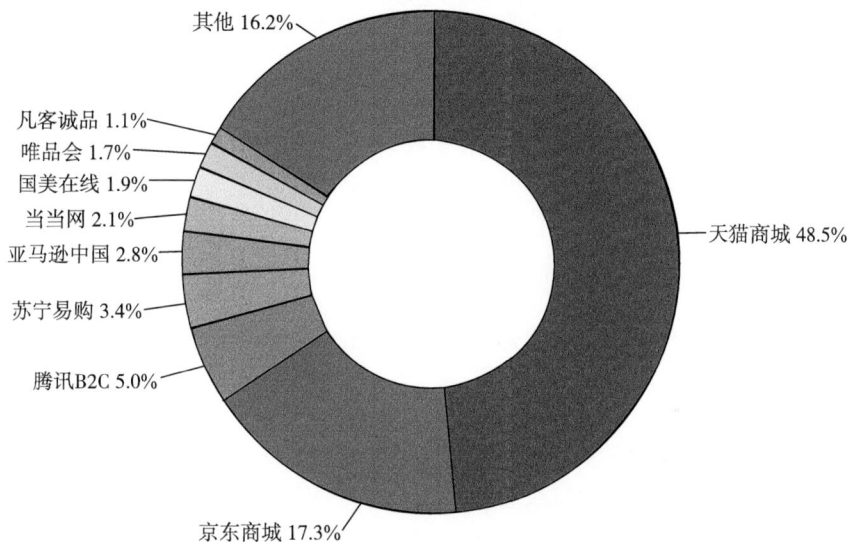

其他 16.2%
凡客诚品 1.1%
唯品会 1.7%
国美在线 1.9%
当当网 2.1%
亚马逊中国 2.8%
苏宁易购 3.4%
腾讯B2C 5.0%
天猫商城 48.5%
京东商城 17.3%

图 2-1　2013 年第 1 季度中国 B2C 市场份额

资料来源：易观智库《2013 年第 1 季度中国 B2C 市场季度监测报告》数据

我国 B2C 电子商务发展逐渐成熟，传统的制造商和实体渠道商，如海尔、苏宁、国美等，纷纷自建在线渠道开展 B2C 电子商务，面对严峻的市场竞争及低成本竞争优势的衰退，B2C 电子商务企业充分利用既有电子商务平台，积极重构企业价值链，获取新的竞争优势。开放电子商务平台标志着 B2C 电子商务企业的盈利模式从单一的实物销售向复合的多元化方向发展，也代表着电子商务与实体经济日益融合的发展趋势。

对 B2C 电子商务企业而言，传统的制造商和实体渠道商具有成熟的供应链体系和丰富的客户服务经验，既能充分利用无限的互联网展示空间拓展产品种类、满足顾客无限的长尾需求，又能节约有限的线下库存、运输等运作资源，降低后台运营成本。对传统的制造商和实体渠道商而言，B2C 电子商务企业具有强大信息系统支撑下的电子市场运作能力，利用其开放的电子商务平台有利于自身完善市场覆盖、规避独立开展电子商务的风险。

没有开放电子商务平台时，B2C 电子商务企业的主要目标是利用信息技术降低交易成本及运作成本来最大化顾客价值，其主要的盈利模式是平台销售商品的进销差价，竞争优势源自有效的产品信息发布、便捷的网上交易及支付和高效的物流配送所支撑的低价销售策略。在开放的电子商务平台上，B2C 电子商务企业的主要目标则是通过产品种类的扩张等方式提高平台的网络渗透率，同时也凭借网络渗透性的提高来吸引更多的供应商进入电子商务平台，盈利模式的构成主要是对交易额扣点获取收益，可以说是"网上商业地产商"。其竞争优势源自两方面：一方面通过延长价值链扩大了电子商务平台涉及的市场范围和产品种类，增加了顾客的黏性和平台的渗透性；另一方面也能通过与制造商或实体渠道商的协调及共享价值链，实现前台网上产品信息发布、网上交易与订单支付以及后台物流运输配送和服务的成本规模效应。正如 2007 年亚马逊公司提出的名为"Fulfillment by Amazon"的平台开放策略：亚马逊公司将自身平台开放给第三方卖家，将其库存纳入到亚马逊的全球物流网络，为其提供在线交易及支付、拣货、包装以及终端配送的服务，亚马逊则收取服务费用。通过该方案，亚马逊提升了在线用户的体验，直接提高了平台的客户黏性。

2.1.4　网络团购——传统 B2C 领域的新模式

1. 网络团购简介

网络团购（online group shopping）是指一定数量的用户通过互联网渠道组团，以较低折扣购买同一种商品的商业活动。团购网站按照团购商品种类分为实物类和服务类团购网站，按照团购网站收入模式分为平台式和自主式团购网站，如表 2-1 所示。

表 2-1　网络团购分类及特点

分类标准	类别	特点	实例
团购商品种类	服务类为主	消费有地域性，无法批量生产	拉手网、美团网、点评网
	实物类为主	商品消费无地域性，可批量生产	淘宝聚划算、聚美优品

续表

分类标准	类别	特点	实例
团购网站 收入模式	平台式团购 网站	团购网站仅为团购活动提供交易平台，不介入团购商品的定价、配送等实际交易环节；收入来自佣金服务费收入	淘宝聚划算、QQ 团购
	自主式团购 网站	团购网站负责团购活动前后的各个环节、包括商户联络、商品定价、商品配送及售后服务；收入来自与商户组织团购商品	拉手网、美团网、点评团、高朋网

网络团购是近年来电子商务发展的新趋势，作为传统 B2C 领域的一个新型分支应用，整合了电子商务、线下消费、Web 2.0、互联网广告等因素，其商业模式极具创新性。网络团购起源于美国 Groupon 团购模式，该模式使消费者、商家、网站运营商各取所需，让资源分配得到最大优化。Groupon 是全球网络团购服务提供商，该公司向消费者提供包括酒店、宾馆、香薰以及其他产品和服务的折扣活动。Groupon 的竞争对手包括 LivingSocial 和亚马逊，在 Groupon 的招股说明书中，该公司还把谷歌和微软列为竞争对手。

Groupon 成为继 Twitter、Foursquare 之后备受关注的新型 Web 2.0 模式，在中国也引起了创业者和投资者的关注与仿效。

国内团购网站紧随 Groupon 如雨后春笋般涌现，出现了美团网、拉手网等数千家团购类网站，但由于市场壁垒低、竞争激烈等原因而导致用户满意度差、诚信问题严重。中国特殊的市场行情和有待成熟的网络消费习惯，决定了实现本土化创新是网络团购模式生存和发展的关键。国内外团购企业发展历程如图 2-2 所示。

2. 网络团购的特征

（1）成交数量限制。团购交易成立的前提条件是购买数量需达到最低数量；由于生产、配送等方面的问题，通常团购活动也会设置数量上限。

（2）价格折扣低。团购交易的目的之一就是通过集体购买，获得较低的价格折扣。

（3）时间限制。团购交易属于阶段性的商业促销活动，不是商家持续性策略，因此一般团购活动都会有时间周期。

（4）小额支付。目前国内网络团购交易涉及的金额多是小额支付。

（5）商品毛利高。团购活动本身属于促销行为，目的在于吸引消费者的重复

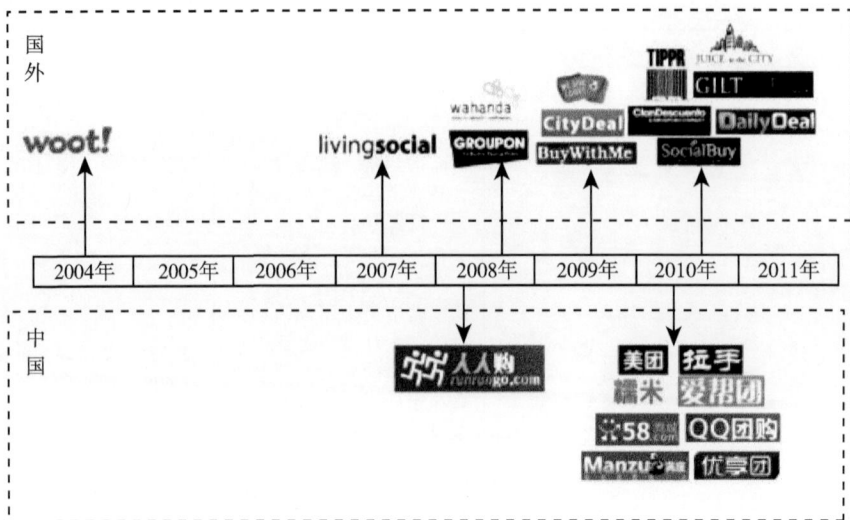

图 2-2　国内外团购企业发展历程

消费。因此只有商品生产的边际成本低或毛利水平高，才能支持低折扣销售。

3. 网络团购的本质分析

从消费者（customer）的角度分析，网络团购是一种网络购物方式。与传统的 B2C、C2C（customer to customer，即消费者对消费者）电子商务不同，网络团购是一种 C2B（customer to business，即消费者对企业）的模式，众多的消费者聚合起来，与商家进行谈判和交易，团购网站在其中起到中介的作用。网络团购既适合有商品的一方，通过低价团购的方式将商品批量售出，也适合有共同需求的人群，集体购买同款商品，享受折扣。

从商家（business）的角度分析，网络团购是一种营销方式。与传统的网络品牌广告、搜索广告不同，网络团购采用每日一团形式，实现了商品的特写式曝光，完成商品的销售，本质上属于 CPS（cost per sale，即按销售付费）的付费方式。网络团购既适合新产品的推介，也适合尾货的清仓，同时也是商家品牌营销的方式之一。

中国互联网络信息中心（China Internet Network Information Center，CNNIC）发布的《中国互联网络发展状况统计报告》显示，截至 2013 年 6 月底，我国团购网民数为 1.01 亿人，使用率为 17.1%，较 2012 年年底提升 2.3 百分点，团购网民规模增长了 21.2%，保持了较高的增长率。团购行业从 2011 年的掠夺式扩张，到 2012 年的大范围洗牌，再到目前的商业模式逐步调整，并开始向产品端回归。2013 年上半年，团购网民增长的驱动力量主要来自于团购行为的常态化，部分网民一般是在进入消费场所后才用手机查询并购买团购券。根据中国电子商务研究中心数据监测，截止到 2012 年年底全国共诞生团购网站 6 177 家，尚在运营中的团购网站 2 695 家，覆盖城市城镇数量 675 个，全年交易额 348.85 亿元。2012 年团购市场份额统计，独立团购网站占据了团购市场 58％的份额，以聚划算、京东团购和 58 团购为主的团购平台占据 42％的市场份额。独立团购网站排行榜前十名依次为美团网 13％、高朋网 7％、拉手网 6％、大众点评 5％、糯米网 5％、窝窝团 5％、千品网 2％、满座网 2％、嘀嗒团 1％、聚齐网 1％，十强团购网站占据了整个团购市场 47％的市场份额，而以聚美优品、知我网、Like 团、喜团网、团购王、品质团等为主的中小综合团购网站和垂直细分团购网站占据 12％的市场份额。

始于 2010 年的中国网络团购市场发展迅速，而且竞争激烈。交易的商品涵盖化妆品、服装箱包等实物类商品和餐饮、休闲、美容美发等本地生活服务。在市场快速成长的过程中，自主式团购网站的运营从原来的以本地生活服务为主，向以本地生活服务、实物类商品兼营的方向发展；实物类商品成为团购网站的重要商品品类，主要是因为相对于服务类商品来说，实物类商品可实现全国范围的销售，能以较低开拓成本实现较大业务规模，可分摊团购网站营销推广成本，同时亦满足了用户的多方面需求。此外，团购网站的交易形式较为多样化，不仅沿袭了 Groupon "一日一团" 的交易形式，还呈现出 "一日多团"、"团购＋秒杀""团购＋LBS（location based service，即基于位置的服务）" 等多种交易形式。

由于团购活动流程长，以及中国本地生活服务商户信息化程度低、服务品质参差不齐的现状，团购网站出现大量问题，甚至大批的服务类自主式团购网站在市场竞争中被淘汰，因此需要做好商户的筛选及管理工作，建立涵盖从商户到消费者的整个链条的系统化、精细化的服务流程体系。从长期趋势上看，社交化、移动化是中国服务类自主式团购网站发展的方向，团购模式向更大范围拓展、更广区域扩展、与更多营销方式结合，加入社交化元素有助于提升用户的黏性，而与手机结合，则能够准确定位用户位置，从而提高活动推荐的精准程度。

2.2　案例 1：当当网

2.2.1　案例背景

目前，我国的网上书店主要有四种类型：一是由传统书店扩展而成的网上书店，主要是新华书店依托实体书店的经营产品开展网上销售，如北京图书大厦网络书店（www.bjbb.com）等；二是出版社开办的网上书店，我国 500 多家出版社中，已建立网站的有 349 家，占 62％，如人民出版社的人民书市等；三是非出版业资本建设的网上书店，如当当网（www.dangdang.com）、亚马逊中国；

四是外贸出版公司开设的网上书店,主要针对海外读者的图书销售服务。

当当网作为全球最大的综合性中文网上购物商城,由国内出版机构科文公司、美国老虎基金、美国 IDG 集团、卢森堡剑桥集团、亚洲创业投资基金(原名软银中国创业基金)共同投资成立。当当网于美国时间 2010 年 12 月 8 日在纽约证券交易所正式挂牌上市,成为中国第一家完全基于线上业务、在美国上市的 B2C 网上商城。

当当网自 1999 年 11 月正式开通,已从早期的网上售书拓展到网上销售各品类百货,包括图书音像、美妆、家居、母婴、服装和 3C 数码等几十个大类,其中在库图书、音像商品超过 80 万种,百货 50 余万种;注册用户遍及全国 32 个省、市、自治区和直辖市,每天有 450 万个独立 UV(unique visitor,即独立访问者),每天要发出 20 多万个包裹。当当网还不断追随互联网技术变革,2012 年 7 月推出数字阅读器"都看",随后陆续推出 iPhone、Android、WP 等智能手机客户端。

除图书以外,母婴、美妆、服装、家居家纺是当当网重点发展的四大目标品类。2013 年 5 月,当当网服装尾品汇上线,另外还大力发展自有品牌当当优品。在业态从网上百货商场拓展到网上购物中心的同时,当当网大力开放平台,目前当当平台商店数量已超过 1.4 万家,同时当当网还积极地走出去,在腾讯、天猫等平台开设旗舰店。

当当网自己运营仓储环节,由第三方物流供应商负责配送,物流体系包括位于六个城市的十大物流中心,在全国 11 个城市设有 21 个仓库,共 37 万多平方米,提供货到付款(cash on delivery,COD)服务的城市超过 750 个,并为联营商户开通货到付款服务,在北京、上海、广州、深圳、郑州、成都、武汉、沈阳、无锡、福州、济南等 21 个城市开通"当日订,当日达"服务,在 158 个城市提供次日达服务,在 11 个城市提供夜间递服务。当当网在销售图书为消费者服务的同时,还帮助出版社提高单本书的销量,并有效地延长了出版物的寿命。其不受上架周期和顾客地域性偏好的限制,为出版社尤其是专业、学术出版社提供了窗口支持和读者,使知识的传播变得更加有效。

2.2.2　当当网成功的运营模式

1. 快捷的信息服务是网上书店突出的优势

在出版业日益发达、图书的品种数量不断丰富的今天,读者要想从数以万计的图书中挑选到满意的图书越来越困难。特别是随着图书品种的不断增加,图书商品内容的质量差别也越来越大,读者对图书内容的质量也越来越关心。因此,提供快捷的图书信息服务成为读者了解图书、引起购买欲望和实现购买的重要依据。网上书店通过搜索引擎,获得几乎无限量的图书信息、精美的动态广告及专家、网友对图书的评论。网站上的排行榜,更直观地告诉用户哪本书最热门,触发用户的购买冲动。当当网图书销售额的 30％都来自排行榜，网络书店注重网站的服务功能和各类资讯的有效性、及时性、互动性，以信息服务为纽带，把作者、出版社、书商、书店、读者紧密地联系起来。除了基本的图书信息介绍，当当网还提供在线阅读服务，便于读者了解图书内容信息；同时，还设计了畅销榜推荐、滚动式广告、主编推荐、最新上架、独家定制、重点关注、持续热销、热搜图书、热评图书、特价书、清仓甩卖等栏目，以满足不同喜好的顾客；在畅销书榜方面实时记录、及时更新，提供日畅销榜、周畅销榜、月畅销榜、年度畅销榜以及历年畅销榜、五星书榜、终身五星书榜等栏目，利用畅销书榜使读者信服，达到强力推荐图书的目的。这样既有利于吸引读者购买，也避免了读者因不了解图书内容而退货的后患。

2. 为用户量身打造个性化图书推荐系统

网上书店的图书品种多而齐全，是传统书店无法比拟的，即使中国最大的书店——北京西单图书大厦的图书品种也仅有 20 万种，而网上书店不需要书架来展示图书，只要依托出版社或实体书店即可最大限度地提供可供产品，同时也保证了图书品种齐全，可供图书量大大超过任何一家传统书店，为网上书店的经营提供了很好的基础。

"全品种"的产品策略是其图书经营成功的关键。消费者在浏览图书时，品种的齐全性是其重要的诉求，当当网为消费者提供"更多选择"正切合用户的核心价值。卓越网采用差异化竞争，尝试用"精品化"来应对当当网的"全品种"策略，但最终失败，很快亚马逊便收购了卓越网。由此可以肯定，"全品种"是网上书城的最佳产品策略之一。

当当网拥有 80 万种图书音像商品，而实现网上购买的关键还需要灵活多样的交互方式和用户定制功能。当当网凭借多层面算法及数据源的融合开发出"个性化推荐系统"，基于海量用户行为进行数据挖掘，实现精准推荐。对用户暂存商品、书架、购买数据、相似用户购买数据进行分析，最大限度挖掘潜在需求，提升推荐准确率，从而使用户的购买和选择更为轻松便利。用户可以随时修正自己的喜好，系统会立刻自动为用户计算并重新推荐商品，个性化推荐系统还可以根据用户喜好为用户进行畅销书和新书的个性化榜单推荐，根据浏览历史推荐百货及图书等商品，并找到志趣相投的朋友，用户越活跃，推荐就越准确。

个性化推荐系统渗透到当当网购物流程的各个环节，如搜索页、单品页、"我的当当"页面、购物车、暂存架、个性化邮件等。例如，打开当当网的任一单品页，都可以看到该商品的"最佳拍档"，用户往往可以从中发现自己感兴趣的其他商品。当当网致力于 B2C 平台的技术创新，在 ERP（enterprise resource planning，即企业资源计划）管理、商品搜索、用户评论、SNS（social network services，即社交网络服务）社区等领域不断进行技术积淀，推荐系统大大提升网站推荐准确率、挖掘顾客潜在需求，增加用户黏性及商品购买转换率。

3. 优惠的交易价格是网上书店吸引读者的法宝

低折扣的交易价格能够吸引更多消费者购买所需要的书籍。传统书店的进货折扣一般在 6.5 折左右，最低情况下也不过 6 折，而当当网进货价一般都在图书标价的 5 折左右，上下浮动不超过 10%，网上书店在价格上占绝对优势才能够采用低价格牢牢吸引住顾客。现在，几乎所有的购书网站都开设了会员、积分、费用预存等活动以提供优惠。

当当网自主研发的"智能比价系统"，通过互联网每天实时查询所有网上销售的图书音像商品信息，一旦发现其他网站商品价格比当当网的价格还低，将自动调低当当网同类商品的价格，保持与竞争对手的价格优势。

4. 理想的配送条件是网上书店发展的方向

作为网上书店系统中重要的环节，不断地完善配送条件，形成高速度和低成本配送，是网上书店发展的方向。网上书店的配送基本都是限于网上书店总部所在城市，配送能力还比较弱，一般都要依赖邮政系统或第三方物流系统进行配送，时间较长，成本也较高。当当网建立了自己的配送体系，在配送中心所覆盖的范围内，配送时间为 1～2 天，而其他地区则根据配送地点、配送方式等因素而相应延长。从配送的区域和配送方式可以看出，当当网主要关注国内市场，不断设置配送中心，完善国内的配送网络，目前已实现 800 城市货到付款、150 城市次日送达。

5. 完善的售后服务是网上书店竞争的武器

网上书店通过个性化服务设计吸引读者注意力，利用缺书登记、在线咨询实现网上查询零障碍，同时提供货到付款的放心购买服务。当当网根据每个顾客不同的偏好和兴趣，找出其需求特点，进行动态化细分，然后针对不同的目标顾客设计不同的服务方式。当顾客再次光临书店时，网站会完整地列出以前的购买清单，供顾客再次购书时参考，并会依据顾客过去的购买经历，适当地筛选新书和搭配相关书籍推荐给顾客。在退换货服务方面，客户需要申请，经同意后可以退换货，即"上门退货，当面退款"的服务承诺：客户购买商品 7 日内（含 7 日，自客户签收商品之日起计算）因质量问题提交退货申请且审核通过，在当当自营配送范围内，当当网提供免费上门退货当面退款服务（礼品卡、礼券、首信外卡支付除外）。

当当网实施各种活动支持和鼓励读者写书评，提供在线阅读功能，强化读者对图书的认知程度，重视畅销书榜的作用，强化读者的购买欲望。总之，完善的售后服务，促进了网上书店的发展，满足和刺激了读者的购书需求，是网上书店竞争的有力武器。

2.2.3　案例启示

在 B2C 电子商务市场，送货速度、商品品质、支付的安全性和便捷性是广大网购消费者最为关心的问题，正品、快捷、方便是用户简单而核心的诉求。为了提升客户服务质量，当当网在保证正版书籍供应的同时，结合我国国情，既采用网上支付也鼓励消费者使用现金进行支付，发展更加传统的货到付款方式，进一步承诺"送货上门"。配送范围及送货速度的提升改善了当当网的服务质量，提高了用户忠诚度。

中国网络购物市场仍处在销售规模扩展的阶段，其一方面源自网民以及网络购物用户规模的快速增长，另一方面源自网络购物用户购买品类的多元化。当当网依靠图书音像等出版物产品的在线销售奠定了其在中国 B2C 网上零售市场的品牌地位，也积累了千万的用户规模。但是，出版物网上零售市场已经逐步进入成熟阶段，其市场规模的增幅呈逐年下降的趋势，相比其他细分市场垂直 B2C 厂商的快速发展，当当网仅依靠出版物已难以保证增长速度和市场份额不下滑。

平台式电子商务网站在用户黏性方面有先天优势。网购用户都希望一站式购物解决所有需求，而垂直类电子商务厂商经营的品类如果消费周期长，不需要经常重复购买，很难形成持续的黏性，只能通过不断地购买流量来获取新用户以维持销量，造成其市场成本居高不下。B2C 厂商依靠其商品品质和服务的保证来保持对用户的持续吸引力，而对于当当网而言，品类的扩充也是其减少用户流失和保证发展速度的必经之路。一方面用户的购物需求呈多元化增长，另一方面销售规模需要新的推动力，因此当当网的经营品类正不断进行扩展。除了传统主业——图书业务之外，当当网的百货、电器等新业务也在强势增长，数码、服饰、化妆品、家居等百货产品成为后续发展的重心，此外，当当网还进军电子书市场。

伴随 B2C 电子商务的快速发展，市场竞争愈演愈烈，当当网在创业初期的市场优势已不再明显，而苏宁易购、京东商城等综合性 B2C 电子商务企业开始兼营图书业务，尽管 2012 年上半年，当当网销售图书出版物规模超过 20 亿元，占图书出版物在线零售市场 39％的市场份额，亚马逊为 24 ％，京东商城为 12 ％，天猫为 6％，但众多厂商为了争取市场份额，周而复始重复着价格战，使得毛利润每况愈下。为了应对市场剧变，当当网在天猫、QQ 网购等平台开店的同时，也吸引国美电器、酒仙网、淘鞋网、乐淘、乐蜂等电子商务入驻，还上线特卖频道"尾品汇"，与唯品会瓜分尾货特卖市场。

2.3　案例2：苏宁易购

2.3.1　案例背景

目前我国家电网络零售模式大致可以分为四类，即家电生产商网络零售模式、家电零售商网络零售模式、第三方家电网络零售模式和门户网站商城，其对比分析如表2-2所示，目前以京东商城为代表的第三方电子商务零售的规模较大。家电是一类标准化、同质化程度较高的产品，比较适合在网上展示、销售。按照体积的不同，家电产品一般被分为小家电产品和大家电产品。小家电包括厨房小家电（电饭煲、微波炉、豆浆机、咖啡机、洗碗机、抽油烟机等）、生活小家电（饮水机、电熨斗、加湿器、电话机、电风扇等）、个人护理电器（剃须刀、电吹风、血压计、按摩器、脱毛器等）；大家电主要有洗衣机、电视机、空调、冰箱、热水器、家庭音响、冷柜等。影响消费者选择家电网购平台的主要因素有产品（品牌、种类、质量、价格）、网站特点（平台的资历和信誉、访问速度、购物流程的便捷性）、配套体系（物流、支付）和客户服务（服务水平、退换货的方便程度）。

表 2-2　四种家电网络零售模式特点分析

项目	家电生产商网络零售	家电零售商网络零售	第三方家电网络零售	门户网站商城
代表企业	海尔、松下等企业自建的网上商城	国美、苏宁等网上商城	B2C：京东商城、新蛋商城等 C2C：淘宝网、易趣等	新浪商城
优点	产品的信誉度高、售后服务有保证	产品种类多、依托强大的零售实体店，物流和售后服务有保障	拥有电子商务运营的丰富经验，价格优势明显	可提供强大的资讯服务，具有丰富的平台运作经验
缺点	产品品牌较单一，网站流量小	网络零售价格优势不明显，网络销售的技术、服务及运营模式都需要提高	售后服务不完善，物流配送还存在一些问题	商品数量少，售后支持不足

作为传统家电连锁卖场，近年来国美、苏宁一直以并购、开新店等方式加速扩张，使得家电零售连锁渠道的垄断性不断加强，同时家电连锁以其标准化、规模化和复制性优势，在一、二级市场建立起强大的分销网络，企业自建渠道与第三方渠道并存，以谋求加强渠道控制。由于家电零售连锁的垄断，生产厂商的议价能力大大减弱。一方面，零售商把家电产品的价格尽量压低；另一方面，家电

厂商还需向零售商缴纳一系列的费用，包括进场费、装修费、展位费、节庆费、促销费等种类繁多的项目。以上原因导致家电厂商对渠道的控制力降低，进而影响了利润空间。为了加强渠道控制，很多企业开始自建销售渠道，通过专卖店经营，厂商可以较为自主地控制产品价格，使产品的利润率有所保证。但是自建销售渠道还是存在一定的风险，主要原因如下：①自建渠道的投入成本太大、管理难，大多家电厂家无法承受；②自建渠道也容易与其他销售渠道产生冲突，不利于渠道的扩张；③自建渠道的产品品牌较单一，很难吸引到大量的消费者前来购买。

随着网络购物的发展，家电类商品的网购规模也在持续增长，网络销售渠道的优势渐显，家电厂商开始投入到网络零售渠道的建设当中，由此形成了传统渠道与新兴网络渠道并存的局面。但是新兴网络渠道的发展还存在种种限制，优势突出还需时日。其主要存在以下几种限制：①家电网络购物主要覆盖一、二线城市，相对于传统渠道覆盖面窄；②消费者的网络购物习惯还需培养；③网络购物的相关配套体系还需完善，家电网络购物还存在着实物展示、售后服务等方面的限制。表 2-3 对比家电传统零售产业链和网络零售产业链发现，家电 B2C 网络零售模式具有非常明显的优势，主要体现在其扁平化的渠道结构上。

表 2-3　家电行业传统零售产业链与网络零售产业链的特点分析

项目	传统零售产业链	网络零售产业链
渠道	封闭链条，家电产品需经过各种中间渠道分销，最终抵达消费者	渠道扁平化，B 类商户多样，直接面向终端消费者
利润	家电厂商议价能力逐步削弱，中间商环节繁多，渠道成本高，利润层层过滤	无论是家电制造商、代理商还是经销商，只要有商品来源，即可通过网络开展零售业务，家电厂商或中间商可通过网络渠道提升利润率
消费者	用户选择产品时需耗费大量的时间和精力	用户选择增多，网络提供更丰富的产品选择及多家产品比对
售后服务	具有多年的销售经验，售后服务水平高	发展时间短，售后、客户服务方面还存在欠缺

1. 苏宁易购概况

苏宁易购（www.suning.com）是苏宁云商旗下的 B2C 网上购物平台，于 2010 年 2 月 1 日正式上线，经营品类现已涵盖 3C（computer，communication，consumer electronic，即计算机、通信、消费电子产品）、传统家电、图书、百货、日用品、金融产品和虚拟产品等。

苏宁易购创立初期，形成以自主采购、独立销售、共享物流服务为特点的运营机制，以商品销售和为消费者服务为主，同时与实体店面协同，定位为服务店面、辅助店面，虚实互动，为消费者提供产品资讯、服务状态查询，以及作为新产品实验基地，将消费者购物习惯、喜好的研究反馈给供应商，提升整个供应链的柔性生产、大规模定制能力。2011年，苏宁易购加快发展，上线图书频道，在产品拓展、页面设计、购物体验等方面全方位推进、完善，全年实现销售收入约59亿元，2012年9月以6600万美元收购红孩子公司，承接红孩子及缤购两大品牌和公司的资产、业务，全面升级苏宁易购母婴、化妆品的运营，全年销售规模为183亿元。2013年6月，苏宁易购实行云商模式，线上线下同价，价格统一成为苏宁多渠道融合的重要标志。

2. 苏宁云商的实体店面连锁网络

苏宁云商（原苏宁电器）1990年创立于江苏南京，是商务部重点培育的"全国15家大型商业企业集团"之一，品牌价值956.86亿元。其自2004年7月在深圳证券交易所上市以来，连锁网络覆盖大陆地区272个地级以上城市，拥有连锁店1604家，中国香港地区拥有连锁店30家，在日本市场拥有连锁店11家，海内外销售规模2300亿元，员工总数18万人，先后入选《福布斯》亚洲企业50强、全球2000大企业中国零售业第一，中国民营企业前三强。

2009年，在国内市场领先的基础上，为了积累国际化经营的经验，并吸收海外电器连锁行业优秀的经营管理理念，苏宁电器收购日本LAOX公司。同年12月，苏宁电器收购香港镭射电器，进入香港市场，并将以香港为海外发展的桥头堡，探索国际化经营的道路。

以消费者需求为核心，苏宁不断创新店面模式，从第一代空调专营店发展到第七代超级旗舰店，形成了以超级旗舰店、旗舰店为主，中心店、社区店、精品店、乡镇店相互补充的店面业态组合，遍布城乡的连锁网络，为中国亿万家庭提供了方便、快捷、周到的家电生活服务。

本着稳健快速、标准化复制的开发方针，苏宁电器形成了"租、建、购、并"四位一体、立体化开发的格局，保持稳健、快速的发展态势，建立了覆盖直辖市—省会城市—副省级城市—地级城市—发达县级城市—乡镇六级市场的连锁网络。为构建稳定、优质的旗舰店经营平台，苏宁电器以店面标准化为基础，通过自建开发、委托开发等方式，在南京、北京、上海、天津、重庆、成都、长春、青岛等数十个一、二级市场核心商圈全力推进自建旗舰店开发，截至2013年3月31日，已覆盖全国272个地级以上城市，共计拥有连锁店1604家，其中常规店1500家（旗舰店328家，中心店421家，社区店751家）、精品店2家、县镇店92家、乐购仕生活广场店10家，连锁店面积合计达674.06万平方米。

在实体网络开发的同时，苏宁电器以"苏宁易购"为品牌，全面加快虚拟网络的规划与建设，创新网络营销，联手一系列热播节目，并有效利用热点，将品牌营销和事件营销有机结合，广泛提升苏宁易购年轻、时尚的品牌形象。同时围绕高效顾客响应，依托 B2B 平台，与国内外数万名知名家电供应商建立了紧密的合作关系，通过商品协同、供应链协同、市场协同、人才协同、沟通机制协同等，打造利益共享的高效供应链。

2.3.2　苏宁易购的核心竞争力分析

1. 物流体系

物流是连锁经营的核心竞争力，苏宁云商在全国建立了区域配送中心、城市配送中心、转配点全国三级物流网络体系，依托 WMS（warehouse management system，即仓储管理系统）、DPS（data processing system，即数据处理系统）、TMS（transportation management system，即运输管理系统）、GPS（global positioning system，即全球定位系统）等先进信息系统，实现了长途配送、短途调拨与零售配送到户一体化运作，平均配送半径 200 千米，日最大配送能力 80 多万台/套，并率先推行准时制送货，24 小时送货到户。

苏宁易购的物流配送体系分为两部分，即小件商品与大件商品配送体系。易购网站接到订单后，系统立刻进行分析，如果是小件商品，系统就会将其转入小件商品的配送系统处理；如果是大件商品，系统将其分配到相应的地区，再反映到该地区的库存系统，如果有货，系统就会为其指定物流中心发货。

针对网购商品的特点和细分化的需要，苏宁在原有物流基地发展的基础上，建设能够满足苏宁易购需要的第四代物流基地和第五代自动化仓库，以及城市自营快递体系，实现小件商品的远距离快速配送响应。2011 年年底，苏宁第五代自动化仓库的首个项目——南京雨花基地全自动化仓库建成并投入使用。这是苏宁与世界领先的物流技术与设备供应商——德马泰克合作的第一个高度自动化物流中心，通过引进国际先进的准时化精细管理配送系统，实现了更强大的 3C 小件配送能力。该仓库采用了立体存储、语音拣选、电子标签拣选、自动包装等技术，可以满足 300 万件货品的存储需求，每小时处理 5 000 个订单，以及满足 350 家门店调拨，实现方圆 200 千米的 24 小时送货，大大提升了小件商品的拣选效率，从而节约了配送时间。

1）自动化技术加快订单履行速度

在重视客户体验的电子商务时代，苏宁易购意识到提高订单履行能力、快速响应客户需求的重要性，只有缩短接受客户订单至配送货物的整个周期，才能处理更多的业务，获得更多的收入。为此，苏宁易购投资打造了适用于 B2C 业务的快速订单履行系统。

苏宁易购认为，更快地履行订单的能力意味着保护和提高品牌意识和品牌知名度、美誉度，以维持快速的发展态势。围绕提高订单履行速度这一课题，苏宁易购分析整个订单履行周期，采取了整合系统，运用自动化技术等方法来加快订单履行速度。

（1）整合系统。苏宁易购以德国 SAP 公司的软件系统为平台，整合 WMS、TMS、WCS（warehouse control system，即仓储控制系统）等系统，通过相互之间的接口，构成整个信息管理系统，实现履行速度的提高；同时订单履行的提高也支持了企业与新顾客、现有顾客的关系。图 2-3 为苏宁的运输管理系统。

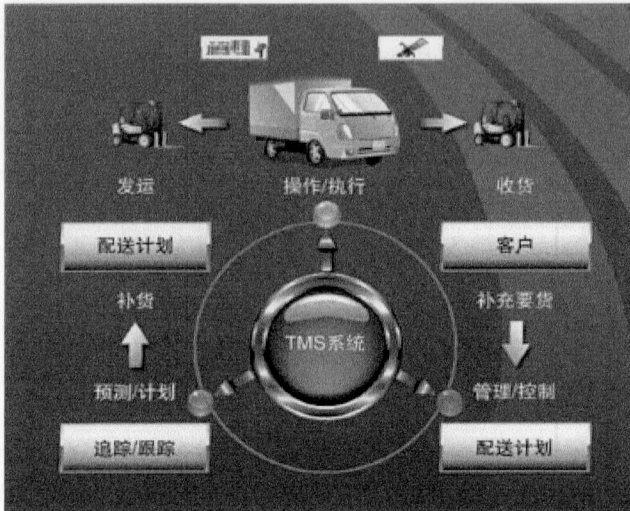

图 2-3　苏宁的运输管理系统（TMS）

（2）采用自动化技术。首先，将基于纸质化的订单分拣流程自动化，实现更快的订单履行速度。通过实施多订单同时分拣实现更有效的批量分拣，在一定程度上加速订单履行流程，促进生产能力和客户满意度的不断提高，最终实现与客户的重复交易，获得更多的订单。其次，通过使用自动化系统来分析和确认快速流通的商品，更迅速地使这些商品接近出货区域；通过缩短分拣点之间的距离以及缩短从分拣点到准备出货的储存点的距离，能减少货物的整个运转周期。最后，通过了解分拣商品的物理特征，优化整个订单履行过程。对那些经常使用混拼托盘和包装的运作而言，自动化技术更能提高订单履行速度。通过使用先进的德国 SAP 公司的实施软件及自动化设备来提前确定最优堆垛和最优包装安排，自动化技术将工人从复杂的且单调乏味的工作中释放出来，并且节约了经常需要重新配置和重新包装所浪费的时间，重新配置和包装已经成为工人通过试错法找到有效的堆垛和包装的解决方案的必经之路。

同时，有了自动出货计划，工人能根据预先指定的集货箱进行分拣，因此加速了包装的步骤并简化了托盘混拼的过程，这样商品能比以前更快地走出配送中心的大门。

自动确认通常用来提高准确率，当然它同样也能极大地提高实施的速度。通过条形码和标准重量，检查的步骤很容易就能实现自动化，在确认集货箱内货物与预期相符的同时，也消除了来自整个分拣、包装和运输流程的时间和费用。

2）订单履行流程

苏宁易购的订单履行管理系统主要分为三个过程，即订单接收及处理、订单拣选和订单配送。订单履行管理系统其实就是对上述过程实施计算机管理的系统。

（1）订单接收及处理。订单接收过程一般通过苏宁易购网站完成。接收后的订单经过系统审核，然后形成正式订单。由德国 SAP 公司开发的系统对所有订单进行管理，包括接收时间、订单明细、处理情况、执行过程等。通过审核的订单将进入配送中心进行预处理，包括将订单分类（按照区域、路线、品类等），组建波次。订单的预处理尤其是波次处理是订单履行的一个关键环节，是订单调度及拣选优化的基础。

（2）订单拣选。在配送中心内部，订单拣选是在 WMS 系统下进行的，其特点如下：①WMS 系统和 WCS 系统紧密结合，覆盖了仓库的整个作业环节。德国 SAP 公司的 WMS 系统和德马泰克的 WCS 系统在收货、质检、上架、补货、拣选、包装、分拣、集货、发货等各个环节紧密结合，分工合作。②自动化库内使用 AS/RS（automated storage and retrieval system，即自动存取系统）技术：实现托盘自动化存取，解决苏宁高峰期备货存储位不足的问题；动态在线补货到拣选区域，节约了空间，简化了补货步骤。③使用 miniload 设备：小件商品自动化存储、补货到拣选货位，大大降低了高架库的输送负载压力，使得前述的动态补货在技术上成为可能；一些不满 1 托盘的货物可以进入 miniload 区域，减少了高架库区大量半托盘的可能性，提高了高架库的利用率；补货到拆零区域，也是对目前苏宁拣选面严重不足情况的很好的解决方案。④使用电子标签和语音实时提示进行拣选。相比传统 RF 拣选，对操作者而言，语音拣选在拣选过程中可以随时进行双手操作，可以有更好的拣选效率；电子标签的使用简单、迅捷，是快物动量拆零区域的最佳拣选方式。

根据客户订单、路向信息，货物被自动化输送到拣选区、包装台，自动分拣出货。周转箱、拖板、托盘、纸箱等承载单元都与订单或者订单任务关联，在拣选区域会按照拣选任务的目的地和工作状况，自动实现转向，无需人工干预，提高系统效率。货物经过分拣机条码阅读器扫描后，自动到达目的滑道，再进行其他分拣作业。

拣选过程比较简单，一般通过 RF 完成，配合输送系统和 AS/RS 系统进行。操作人员只要按照系统的要求和提示完成相应操作即可。拣选完成后，需要经过拆单、并包、复核、打印、包装、分拣、集货等一系列过程，最终完成拣选的库内作业，等待发运。

（3）订单配送。运输与配送过程管理是订单履行管理的重要环节。完成拣选的订单将按照区域进行配送。当委托第三方配送时，拣选完成的订单需要进入到第三方物流公司的仓库等待拼车配送。但大部分订单采用直接配送的方式，这样会赢得宝贵的时间，成本也会进一步降低。

订单履行管理还将订单的实时状态在网上发布，让客户能实时了解订单的执行情况。

事实表明，订单履行是所有电子商务企业基本的运作需要。在需求快速变化的今天，那些可以以较快速度完成订单履行全过程的企业将在竞争中占据优势，进而主导市场。

苏宁物流网络体系已经完成从点到面、从广到精的全面升级。目前，苏宁物流网络不仅实现了从采购仓储、干线物流到区域专配和城市快递点的配套建设，针对消费者的快递服务也已实现本地送、半日达、次日达、24 天免费托管、门店自提、社区自提机。

截至 2013 年上半年，苏宁在全国已建成拥有 16 个大型物流基地、12 个全国配送中心、58 个区域配送中心、200 个城市配送中心、5 000 个物流配送点，建立了收、发、存、运、送的供应链管理信息系统，所有物流信息通过系统在仓库、配送点、连锁店、快递员之间准确、高速地传输，实现了商品销售后快速配送到区域内任何地点，最终实现了高效率、低成本的物流运作。

2. 售后与客户服务体系

苏宁售后一直以"保障销售、塑造品牌、贡献利润"为目标，并具有"专业、自营、规模、创新"的特点。苏宁的售后服务围绕消费者推进服务品类拓展和精细化服务，以达到全方位满足消费者需求，提供专业、可信赖的安装维修服务，全面提升苏宁服务口碑和美誉度。目前，苏宁在全国已建立 3 000 个售后网点，近 3 万名专业售后人员，近 5 000 人拥有国家安全培训机构资格证书。售后服务网点按照合理化行政区域、居住对象密集程度、整体片区分割、极大覆盖服务区域的原则，分布在大中小各级城市及乡镇，构成了中心城市、地县及乡镇的三级纵向售后网络，一、二级城市网点覆盖率达到 100％，三、四级市场网点覆盖率达到 89％以上。完善的售后服务确保在 24 小时之内快速响应顾客需求，并针对同一故障、同一部件提供 90 天维修质保期。

苏宁全国呼叫中心拥有近 3 000 个客服坐席、5 000 名专业客服人员，为顾客提供 7×24 小时服务，遵循"一个电话解决一切"的原则，24 小时为顾客提供咨询、预约、投诉和回访等服务。呼叫中心通过组织整合、流程再造、标准建设，为门店消费者提供稳定、专业、高效的服务保障；为 B2C 消费者打造开放、智能、具有网络特色的信息交互平台；为 LAOX（创建于 1930 年的日本家电连锁公司，苏宁于 2009 年收购，成为其第一大股东）、自主产品、苏宁置业提供专家式的服务支持，实现从服务型向综合型呼叫中心的转型。

作为中国最大的专业电器服务商，苏宁服务网络布局原则采取"先销售网络一手、深销售店面一级、快用户需求一步"的原则，超前而深入布局服务网络，全面实现"有电器销售的地方就有苏宁服务网络配套建设"，连锁服务网络全面覆盖。完善的售后与客户服务体系不仅促进其品牌建设，传统零售企业健全的规章制度、规范的内部管理，也使得其经营风险相对较低。

3. 信息化

信息化也是苏宁云商的核心竞争力。苏宁云商建立了集数据、语音、视频、监控于一体的电信级数据中心，实现了海内外 600 多个城市、数千个店面、物流、售后、客服终端运作和十多万人的一体化管理，拥有 4 000 多名专业 IT（information technology，即信息技术）人员、自主知识产权与自主开发能力，其信息化建设入选中国商业科技 100 强、中国企业信息化 500 强（第 44 位）。

2005 年以来，苏宁云商先后携手 IBM、SAP、思科等世界知名 IT 企业开展信息系统建设战略合作，打造国际化一流信息平台。依托 SAP/ERP 系统，苏宁电器完成了涵盖 SCM（supply chain management，即供应链管理）、B2C、BI（business intelligence，即商业智能）、WMS、TMS、CRM（customer relationship management，即客户关系管理）、Call Center、OA（office automation，即办公自动化）、SOA（service oriented architecture，即面向服务的体系结构）、HR（human resource，即人力资源）等十多类、120 多项的信息应用模块开发，实现了"高效采销运营、精益客户服务、精细内部管理"三位一体的全流程信息管理，并致力于为消费者提供更加迅捷的购物体验与智能化的家居生活。

4. "店商＋电商＋零售服务商"的独特定位

面对新的市场竞争，2013 年苏宁开始实施云商模式的发展战略，这也是互联网时代的零售模式，可概括为"店商＋电商＋零售服务商"，其核心是以云技术为基础，整合前台后台、融合线上线下，服务全产业、服务全客群。云商模式打造实体连锁、电子商务两大前端开放平台，并开放后端物流、IT、金融等服务后台，经营全品类。

（1）积极推进开放平台战略，打造具有"全平台开放、全品类共建、全网络共享"的开放平台，加速"超电器化"战略进程。实施全行业最具竞争力的招商政策，提供便利的运作平台，围绕重点商品品类加快完善品牌 SKU（stock keeping unit，即库存量单位）丰富度，同时不断优化物流平台、金融平台、数据平台，为商家提供多样化的增值服务。

（2）产品与市场拓展方面，上线保险、旅游、彩票、团购、电子书、食品酒水等频道，同时综合运用开放平台、战略合作、并购等方式，拓展产品品类，完成综合类购物网站布局。2012 年 10 月，凡客诚品、乐蜂网已入驻苏宁易购平台，双方在各个环节紧密协同，开启了苏宁易购与优质垂直类电商战略联盟的序幕。

并购让苏宁易购在短期内快速获取了家电品类之外的运营团队和供应链管理资源。一方面，市场容量大、关联产品多的母婴和化妆品有巨大的产品需求，全国有 1 亿个婴幼儿、2 亿个 80 后"准父母"，并且 80 后父母习惯网络购物；另一方面，红孩子客户以女性消费者为主，这与苏宁易购原有客户群体形成客户资源的互补，有效提升市场规模的同时通过专业技术、人才的对接，为苏宁在百货类供应链管理能力、客户研究能力、市场推广能力与服务保障能力等方面带来帮助，持续优化客户体验。

创新促销模式，将促销常态化概念引入互联网领域，构建促销品牌。通过"E18"活动，将电商行业的"全网底价日"价格战变为常态化、模式化，即每月的 18 日，苏宁易购都举行大规模网购促销活动，单月是主打品类和频道，双月是全网促销。

（3）加快线上线下经营体系的全面融合，核心是线上线下同价。整体架构的整合升级需要店铺（体验和自提）、支付（易付宝和相关金融公司）、物流（完全按照开放物流配送的规格建设的物流中心）、信息数据（数据中心与云平台）等资源整合成为一个更健全的开放体系。这样才能保证千余家实体门店、良好的物流配送网络、数千家售后服务网点为苏宁易购提供全方位的服务支持。门店成为苏宁易购的体验中心和自提点，有助于提高用户体验；苏宁 20 多年积累的供应链整合能力，降低了苏宁易购的采购成本，也能保证为消费者提供更便宜、更实惠的产品；积累多年的德国 SAP 公司开发的信息系统能够支撑 3 000 亿元的销售规模，为苏宁易购的高速增长提供信息支撑。通过统一采购、运营，苏宁易购实现了线上线下的全面共享。在购物流程及环节方面，从商品搜索查找、购物收藏、订单提交、金融支付、物流交付与售后服务等方面实现全流程的融合。

"店商＋电商＋零售服务商"的独特定位，使得苏宁易购对苏宁云商而言成为"科技苏宁，智慧服务"的市场门户，不仅仅是零售企业的概念，更是一个通过互联网、物联网技术，依托高效的全品类供应链、个性化的多媒体交互界面、丰富的应用服务内容、覆盖全国的物流网和服务网，为消费者提供全方位服务的综合生活平台。苏宁易购作为这个庞大系统的集成门户，向供应商、消费者和其他合作伙伴全面开放，成为苏宁运营、服务的中枢，建立面向商品供应商、内容供应商、服务供应商、物流供应商的在线开放、智能协同的生态体系。

2.3.3 案例启示

依托于苏宁云商的苏宁易购，借助线下千家连锁门店、庞大用户群体，构成

"苏宁易购"品牌的强大影响力。零售交易的开展需要实现商品的转移和交换，物流的管理水平直接决定电子商务企业的运营效率和经济效益，与苏宁云商共享信息资源、仓储物流、采购供应链以及培训管理等系统，大大降低了苏宁易购的运营成本。采购方面，苏宁易购依靠苏宁云商千亿级的采购平台与强大的供应链支撑，与国内外厂商的直接合作及长期建立的信誉度使其具有产品价格方面的谈判优势。在品牌、产品品类方面，苏宁易购的商品比其他 B2C 网上商城更丰富，价格方面也具有一定的差异化。

不同于京东商城、当当网等"纯粹"的 B2C 电子商务企业，拥有传统零售业实体店面连锁经营背景的苏宁易购在拓展网上业务的初期，实施以"实体门店为主，网络商店为辅"的策略。但其由垂直类 B2C 向综合类发展的动机，一方面来自扩大规模的内在需要，另一方面则是提供更多的产品和服务以加强用户黏性的外在需要。

在实体店面方面，苏宁的运营很成功，发展也很快，但是苏宁易购对于网上用户而言，与京东商城、当当网、天猫等还存在很大的差距，需要加快推进自身电子商务平台的建设、完善、运营与推广，将现有线下资源进行合理整合，移植到线上层面来，并吸取其他优秀 B2C 服务商的运营经验，不断创新，从而加快立足于 B2C 市场，并获得更多市场份额。真正实现全品类、全方位、全客户的"云服务"是一个任重而道远的目标，苏宁易购要通过丰富的产品建立数据库，同时苏宁实体店应该成为线上苏宁的增值载体，线上与线下协同，为供应商提供更广阔的发展平台以及销售平台。

苏宁易购的发展历程，反映出苏宁希望成为中国的"沃尔玛＋亚马逊"——既注重实体门店又注重网络渠道的云商模式。目前，苏宁易购完成了"店商＋电商＋零售服务商"的全面布局，即全品类线上＋线下零售商，产品包括家电、百货、金融产品、虚拟产品、增值内容的全面服务，类似美国商业龙头沃尔玛。而其为消费者提供与实体完整无缝的线上用户体验，又类似美国电子商务巨头亚马逊，苏宁电器也将公司名称更名为"苏宁云商集团股份有限公司"，以转型云服务模式。亚马逊始终在创新，并且每一次都能够走到时代的前面，当人们习惯把它看成"全球最大的网上零售书店"时，它开始经营百货；当人们将其视为"网上沃尔玛"，是一个 B2C 平台时，它引入第三方商户，打通了 B2C 和 C2C，引发了电子商务领域的一场商业模式革命；当人们以为它安于消费者市场时，它又面向企业用户推出了"弹性云"；当大家刚刚接受"云服务"的时候，它出人意料地推出了 Kindle，为出版业和信息终端带来了颠覆式创新。那么，苏宁易购若要推进转型升级，打开新的发展空间，将会是机遇与挑战并存。

2.4 案例 3：团购网站的鼻祖——Groupon

2.4.1 案例背景

Groupon 创立于 2008 年 11 月，总部位于美国芝加哥，是提供网络团购新型服务的美国企业，依托线下整合能力和美国市场成熟的网络消费习惯，提供在线团购服务，并依此整合 SNS 和 LBS 等平台，创建聚合本土商家、用户及广告主的产业链和商业生态圈。

2010 年 5 月，Groupon 收购德国团购网站 CityDeal，开始大规模的国际扩张，到 2011 年年底在全球 47 个国家和地区开通国际站点，之后放慢国际扩张步伐，截至 2012 年 2 月增加的泰国站，目前在菲律宾、新加坡、中国台湾和中国香港等 48 个国家和地区有团购业务。

2010 年 12 月，Groupon 拒绝谷歌 60 亿美元的并购邀请，选择独立发展。在备受美国证券交易委员会和市场的质疑中于 2011 年 11 月 4 日在纳斯达克上市，但上市后增长陷入停滞，持续亏损。2012 年，Groupon 的营业收入为 23.3 亿美元，其竞争对手 LivingSocial 的营业收入仅为 5.4 亿美元。《福布斯》将其描述为"全球增长最快的公司之一"，这一由 20～30 岁的年轻人组建的公司，曾经创造了 2 241% 的年增长速度，创办仅 3 年就成功登陆纳斯达克。

1. 创新模式

Groupon 是"团"（group）和"优惠券"（coupon）的合成词，与传统网络团购不同，Groupon 通过线下业务团队发展商户，在该网络平台上一天只提供一次团购，一般从零点开始，参与团购的用户数达到一定规模后，团购即开启。

2. 团购产品

团购的产品多为服务类产品，Groupon 创建以来所团购的产品以餐馆、酒店、美容、健身、SPA 等服务产品为主，这些产品都不需要通过物流配送到客户手中，而只需要通过网站系统提供给顾客有效的电子凭证，并且把用户的名单发送给合作商家就可以。这样既节省了物流成本，提高了利润，还减少了物流带来的许多工作和问题，同时业务团队具有极高的议价能力，能提供极大的折扣。

3. 交易方式

当参团人数达到团购要求后，系统会给用户发送电子凭证，同时为商家提供用户名单，现实交易由用户和商家达成，团购网站不需要参与到其中。

4. 激励机制

作为网站的激励，用户每邀请一个朋友注册并当其在 72 小时内达成一笔交易时将获得 10 美元现金；此外，用户在参与中也会获得 Groupon 所给予的优惠券、奖品等特殊回馈。

5. Groupon 发展历程

Groupon 的发展历程如图 2-4 所示。

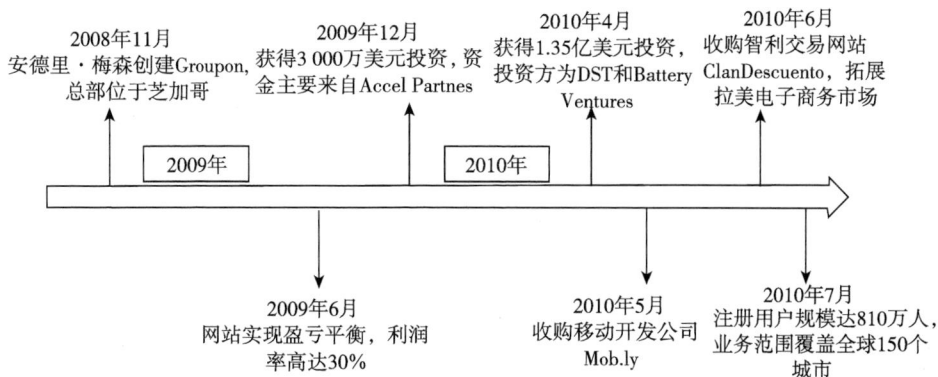

图 2-4　Groupon 发展历程

2.4.2　Groupon 商业模式分析

作为全球最大的团购网站，Groupon 的注册用户超过 1.5 亿人。但由于模式简单，进入门槛低，网络团购市场竞争日趋激烈，Groupon 的商业模式也在外界不断的质疑中摸索前行。

Groupon 的主要竞争对手 LivingSocial 成立于 2007 年，其服务范围遍及美国 26 个城市，运营模式与 Groupon 不同，即不限定团购用户的数量，用户激励机制是：如果某用户通过邀请链接邀请 3 位好友参与某个团购活动，那么该用户就能免费获得此次团购商品。另外，奢侈品团购网站 GiltCity 不同于 Groupon 的是，其每笔团购商品持续的时间为一周，每周更新一次。成立于 2010 年的 Tippr 团购网站，其服务遍及美国 25 个大城市，该网站每天显示 3 项团购，每天至少更新一项团购，其营销模式是每项团购参与的用户越多，该团购商品的价格就越低，但 Tippr 限制每项团购的最低价格。

1. Groupon 的主要特点

其主要特点如下：①每天主推一款折扣产品；②每人每天限拍一次；③产品多为本地生活服务；④业务运作需要庞大的线下团队，每开辟一个新的市场，都会派其线下团队的成员深入当地考察，了解所在地的高品质服务与优秀的本地商户，通过一对一的方式与其进行沟通；⑤网站收入主要来自交易佣金。

2. 创新商业模式

Groupon 不断推出引领潮流的创新项目来占领市场。

（1）创新团购模式：每天一团、本地化团队和社交网络的融合，是 Groupon

创新商业模式的基点。它在线上通过 Twitter、Facebook 和 RSS（really simple syndication，即信息聚合）、邮箱订阅等方式通知和联结用户，线下则通过本地团队的议价能力获取商户资源，从而实现团购网站、用户和商家三方的共赢。

Groupon 不仅为商户提供广告推广的单一服务，2012 年 9 月还上线 Groupon Payments，10 月又推出 iPad 版的 POS 设备，向越来越多的商户提供移动支付和 POS 机解决方案；Groupon 还收购了餐厅预定和评论服务商 Savored，涉足在线预定领域。从布局可以看出，Groupon 在不断深化产业链，通过不断创新给本地商户提供一站式的推广销售、客户关系管理、支付处理等服务，为实现盈利提供更多路径。

（2）社会营销：在网络团购中引入社会性网络，Groupon 努力增加其网络影响力和用户黏性，通过其强大的议价能力为用户提供便利，影响和改变用户的生活方式。而且通过专利产品 SmartDeals，可以在正确的时间将正确的团购项目推送给正确的用户。

（3）移动平台：收购移动开发公司 Mob.ly，扩展移动互联网平台业务、整合位置服务，进一步丰富了其网络外延和用户的交互选择。通过积极布局移动互联网，根据用户的位置和个人偏好向他们发送商品和服务的折扣信息，消费者可以直接通过 Groupon 网站和移动应用获得服务。一般的团购消费只能在网站上，该团购结束后才能开始在线下使用，但"Groupon Now!"可以实现即买即用，提高了灵活性和方便程度，用户可以在餐馆里用手机下单购买团购券即刻消费，这正是借助移动平台实现的销售数据即时传输。

（4）高额佣金：向商家提取 30%～50% 的佣金，商家则获得了爆发性的客户流和广告效应。

（5）个性化定制：依据用户性别、购买历史等数据向其推送个性化的团购信息，弥补了一天一团的局限，提升了 Groupon 的灵活性。

3. Groupon 注册流程

第一步：访问 Groupon 网站，点击注册；也可通过 Facebook 账号登录。

第二步：发送激活邮件，返回邮箱激活 Groupon 账号。

第三步：通过链接、邮箱、Facebook、Twitter 邀请朋友，成功邀请一个可获 10 美元现金。

第四步：设置用户账号信息，包括隐私、邮件、信用卡等。

4. 运作流程

Groupon 式团购属于电子商务中的另一种特有的模式——C2B（customer to business，即消费者对企业）。C2B 模式的核心，是通过聚合为数庞大的用户形成一个强大的采购集团，以此来改变 B2C 模式中用户一对一出价的弱势地位，使之享受到以大批发商的价格买单件商品的利益。Groupon 式团购网站运用自身平台的广告效应，通过与商家合作提供超低折扣的商品与服务吸引消费者，为商家进行体验式广告宣传，从而获得自己的利益。团购活动实现三方共赢，即团购网站获得交易佣金收入、用户资源，商家获得用户消费、广告宣传，用户获得高性价比的商品和服务，如图 2-5 所示。

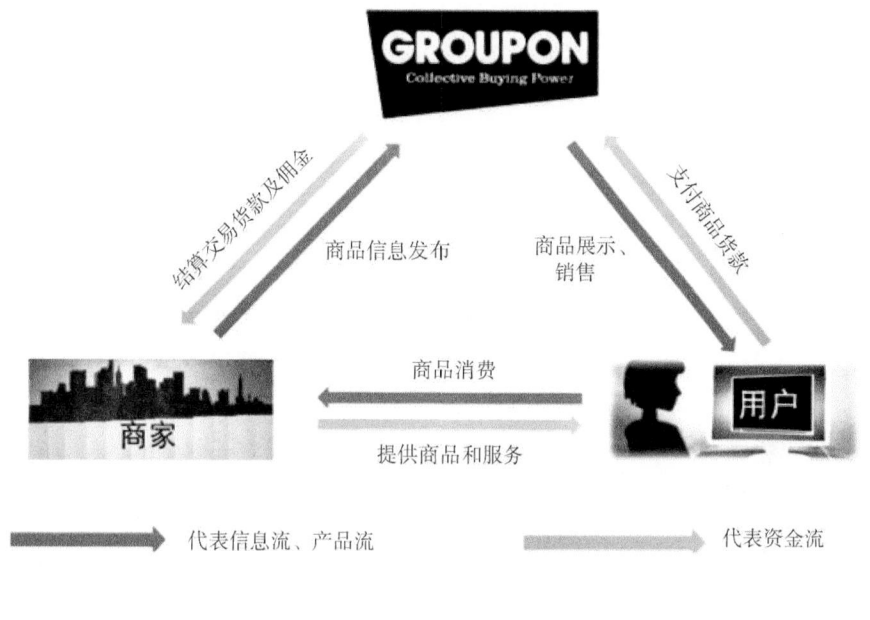

图 2-5　网络团购三方共赢

1）Groupon 用户分析

（1）50％的用户每周外出两次以上，习惯使用 Facebook、Twitter、博客或其他社交媒体。

（2）66％的用户每天浏览 Groupon 的团购信息。

（3）用户特征：年轻、高学历、多为单身女性、上班族、有一定经济基础、愿意为自己喜欢的东西花钱。

2）Groupon 商家分析

（1）商品特征：以餐饮等服务类产品为主，边际成本和物流成本较低，容易通过网络平台进行交易。

（2）Groupon 与商家结算的周期是两个月，网上团购活动结束当天结算1/3，一个月后结算 1/3，两个月后收结算剩余的 1/3。

2.4.3　案例启示

1. Groupon 模式兴衰的原因

Groupon 于 2008 年成立，恰逢金融危机时期，消费者消费欲望不足，商家经营乏力，而团购恰恰能刺激消费，Groupon 一经推出便受到了商家和消费者的追捧，由此很快进入了激进的发展期，业务迅速发展到全美，吸引了百万注册用户，又用不到一年的时间，把业务延伸至全球。随后 Groupon 加大市场营销力度，通过收购、广告以及其他营销活动抢占市场份额和扩大用户群，海外扩张也为其带来用户数的激增。

Groupon 早期的成功一方面来自于本地化运营，以服务类业务为主的运作与传统的实物类产品的电子商务相比，具有较强的地域性。Groupon 在每个城市的业务由本地团队负责，开拓当地商户资源，不盲目进行扩张。其早期的成功另一方面来自于网络营销，通过整合社交网络服务，一方面依靠 SNS、微博等社交媒体宣传业务，达成与用户间的沟通，另一方面通过用户间的社交网络进行口碑营销，迅速扩大网络影响。

因为拥有极强的可扩展性，在全球范围内都可以复制 Groupon 模式，这又导致互联网明星企业 Groupon 由盛转衰。不同于 B2B、B2C、C2C 电子商务模式，网络团购需要将消费者聚合才能形成交易，其核心在于需求聚集和数量折扣。互联网团购与一般网络购物活动最大的区别在于，它是一种合作型商务，消费者必须合作以形成数量上的优势，从而获得商品价格与服务的折扣。从消费者的角度来看，团购活动的动因是消费者总是希望购买到物美价廉的商品或服务，消费者的消费行为则取决于他们的收入水平、消费能力和对商品的偏好等因素。从商家来看，商家为了在激烈的市场竞争中立于不败之地而追求规模经济。随着团购市场参与者越来越多，消费者的低价需求与商家追求的数量规模会有一个均衡点，打破这个均衡，团购网站的利润下降是必然的趋势。

Groupon 的衰落还源于本地化服务类业务的网络团购，需要将有同样购买意向的消费者通过团购网站等互联网渠道聚合起来，在一定的时限内，以较低的折扣价格从商户购买生活服务，这些交易要素的组合机制较网络购物复杂，需要更多的创新才能突破。而 Groupon 的全球高速扩张和高企的成本也使得早期的优势难以延续。

2. 中国企业发展网络团购服务的挑战

面对 Groupon 团购模式的巨大潜力，中国企业在进驻网络团购市场时应把握其成功的核心原因和关键要素，并通过本土化创新充分发挥其效力。与此同时，网络团购市场的巨大发展潜力和商业价值，吸引分类信息网站、传统电子商务巨头和门户网站相继进入这一市场，必将导致竞争进一步加剧。

（1）市场竞争加剧。由于进入门槛低，大量团购网站进入这一市场，加之网站本地化创新能力不足，市场同质化状况严重，未来将进入洗牌调整。

（2）用户习惯仍需培育。用户规模增长和用户行为教育需要经历较长的市场培育期，国内信用卡消费和网络购物习惯仍有待成熟，不利于二、三线城市推广。

（3）运营成本较高。业务需要规模较大的团队进行线下运作，人员成本巨大，初期会产生较大的资金链压力。

（4）商业内涵有限。单一的每天一团所延伸的商业内涵有限，面临成为大型互联网企业附加功能的尴尬。

3. 本土化创新是网络团购的突破点

由于中国和美国在互联网基础设施、商业环境、文化环境和消费习惯等方面存在较大差异，网络团购服务的本土化创新是这类模式生存和发展的关键。

（1）团购模式。每天一团的商业内涵有限，单一团购企业应寻求模式的突破，在活动数目、种类、时间等维度上进一步细分或个性化。

（2）团购产品。依托网站已有用户资源，深入了解用户行为及特征，提供有针对性的商品或服务，形成网站自身的独特风格和用户群。

（3）用户体验。在竞争加剧的市场中，优化购买流程和售后服务，加强与用户、商家之间的沟通，积极解决纠纷，提升网站的信誉度，是培养用户黏性、在竞争中取胜的有力手段。

（4）积分管理。每日一团的做法很难保证用户天天参与，保持用户的高关注度极为必要。如何从众多的团购网站中脱颖而出成为用户经常关注的网站，用户积分体系至关重要。

现在 B2C、C2C 的市场持续进行低价促销，其优惠程度超过某些团购商品，消费者从团购开始返回网购。如何保持、提高团购的吸引力成为各团购网站所面临的难题，若是只考虑优惠不顾及产品质量，势必直接降低消费者信任度，因此在考虑盈利的同时更应该保证产品质量，并完善网络团购交易机制。

➤ 案例思考与讨论

1. 当当网在创立时自称为"中国的亚马逊"，而美国的亚马逊自 1995 年创办至今，始终致力于创新，从网上书店到网上沃尔玛，继而推出云服务，近几年一直保持 30% 的年增长率。试对比中国和美国 B2C 电子商务的差别，分析互联网从早期的"鼠标＋水泥"模式发展至今，仅仅将电子商务作为销售渠道是不够的，B2C 电子商务的本质究竟是什么？怎样整合网上交易和传统贸易的优势？

2. 对照比较网上家电零售和传统的实体店面家电零售的优势与劣势，以国内家电行业中国美、苏宁的网上商城为例，通过查找数据等文献资料，对比两个竞争对手的在线战略,详细分析两个网站的设计风格、商品分类、物流配送、促销手段、会员服务等方面的异同。

3. 分析团购网站运营的关键要素有哪些?

第3章

C2C 电子商务案例

3.1　C2C 电子商务概述

3.1.1　C2C 电子商务

C2C 电子商务模式，是指网络服务提供商利用计算机和网络技术，提供有偿或无偿使用的电子商务平台和交易程序，允许交易双方（主要为个人用户）在其平台上独立开展以竞价、议价为主的在线交易模式。

eBay 开创了 C2C 电子商务运营模式，通过让大量的卖家和买家使用其平台进行商品的销售与互动来达到盈利的目的，eBay 则以收取成千上万卖家的广告费、交易费、会员订阅费和买家的服务费、交易费和会员订阅费作为收入来源。

1.C2C 电子商务的构成要素

C2C 电子商务主要由三方主体构成：卖方、买方和电子商务网站。三方之间以网络购物为目的，相互交换和交流信息流、物流及资金流。首先，C2C 电子商务网站作为第三方服务平台在买卖双方之间起着链接双方交易的纽带作用，主要解决双方的信息流问题，是整个购物过程的核心。其次，围绕着三方主体要素还有众多支撑要素的内容：第三方支付平台及网上银行为其解决资金流问题；物流及邮递部门着力解决物流问题。

eBay 的成功正是凭借完整顺畅的信息流、物流和资金流。卖家的信息流主要体现在交易前的商品分类目录、搜索引擎、比较购物与主题频道，交易时的立即买卖交易程序和通过 Skype 的交易谈判，以及交易后的电邮沟通、买家评价和聊天室等。和国内 C2C 电子商务物流不同，eBay 采取的是物流联盟的方式，与外部的物流公司建立合作联盟。由于战略联盟带来的信息化水平的提高可以带动提高商家的服务水平，最终达到提高顾客满意度的目的，因而很少有因为物流而降低顾客满意度的现象发生。eBay 通过 PayPal 以及整合美国已有的网上支付外部资源来解决交易双方的支付问题，在支付流程上，支付先于物流，通过与物流公司签订合同，物流公司可以享受增加在商品价格上的 15%～20% 的利润，但同时也要将资金押在第三方服务公司，以保证买主收到货后再交钱，这样做可以保证交易双方的交易安全，防止欺诈现象的发生。

2. C2C 网站结构分析

C2C 电子商务网站需要保证买家和卖家在同一个交易平台完成信息流、物流、资金流的交换和交流过程，因此具备双边的市场结构。同时随着 C2C 电子商务发展的成熟，网站已经不仅仅是为双方提供交易的平台，更重要的是在交易环节中为顾客提供人性化服务，如很多 C2C 网站都建有论坛、社区。可以说，C2C 网站已经发展成为一个集购物、娱乐、交友等为一体的综合性网站。图 3-1 为 C2C 电子商务网站功能结构图。

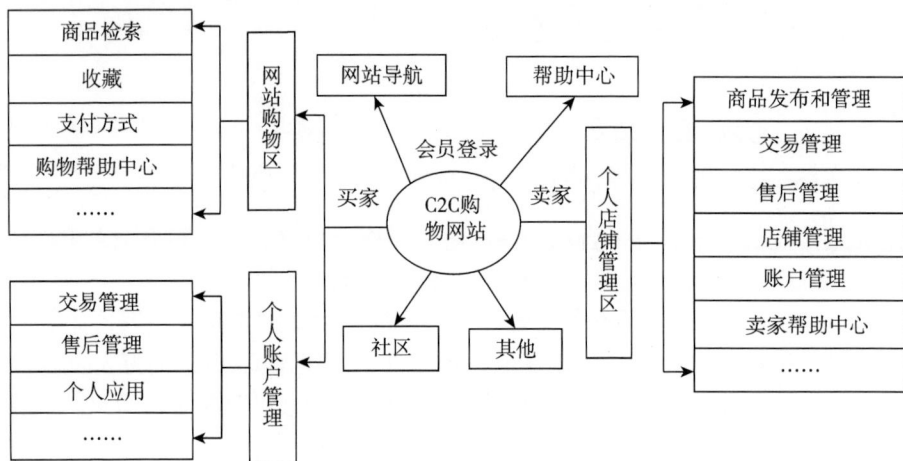

图 3-1   C2C 电子商务网站功能结构

3. C2C 电子商务盈利模式分析

近年来随着电子商务的快速发展，C2C 电子商务网站也慢慢成熟并开始盈利。从产业价值链的角度可以看到，其盈利模式不仅仅是局限于交易平台，还包括网上支付、信用认证、即时通信、物流等配套服务。其主要是通过以下几个环节盈利：通过交易平台为用户提供相关增值服务收费，如根据交易额向卖家收取一定的佣金；带动广告服务而盈利，为卖家店铺或者企业提供相关的网页广告而获得收入；利用支付平台资金转账的时间差赚取利息和部分手续费；为卖家提供收费的保障性信息服务，如卖家需要向平台购买信息认证服务来提高自身的信誉。

3.1.2　C2C 电子商务特征

C2C 电子商务主要具有以下特征：

（1）为买卖双方进行网上交易提供信息交流平台。电子商务将传统的交易搬到了网上，C2C 电子商务更是将传统的商业领域从 B2B 和 B2C 扩展到了 C2C，为上网进行物品买卖的人们提供了一个发布和获取信息的平台。网站允许卖家在其上发布待出售的物品的信息，允许买家浏览和查找别人拟出售的物品的信息，也允许买卖双方进行交流。电子商务最根本也是最基础的特点就是交易中信息交流方式的变化。因此，提供信息交流平台、改变信息交流方式、扩大信息交流范围是 C2C 电子商务平台提供的最根本也是最基础的服务。C2C 电子商务平台提供了将网上交易的双方联系起来的信息服务，其扮演的是类似于传统商务交易中的中介者的角色。随着 C2C 的快速发展，现在 C2C 电子商务平台除了提供物品拍卖服务外，也同时提供一口价买卖（即待出售的物品的价格是固定的）、网上商城（即模拟传统的商城，聚集了大量的品牌专卖店）、团购（即多个买家联合起来购买同一种物品）等多种信息服务，以便更全面地满足不同卖家和买家的需求。

（2）为买卖双方进行网上交易提供一系列配套服务。C2C 电子商务平台为买卖双方进行网上交易提供信息交流平台，但这只是一项最基础的服务。除此之外，C2C 电子商务平台还必须提供一系列配套的服务，才能使交易顺利地进行并且最大限度地发挥网上交易的优势。电子商务中的三个基本要素是信息流、资金流和物流，C2C 平台提供的信息交流平台解决了信息流的问题，物流服务则是在交易成功以后，一般由卖方自己通过快递企业将商品送到买方的手上，资金流通过第三方的支付平台来进行。同时，C2C 电子商务平台又需要为其用户提供便捷的通信工具，一般包括留言、电子信件、聊天工具乃至语音通信工具等，对于不少用户而言，网上交易不仅仅是一种交易，也是一种娱乐。

（3）用户数量多，且身份复杂。由于绝大多数 C2C 电子商务平台对于所有人是开放的，任何人都可以免费注册成为网站的用户，因此 C2C 电子商务平台可以将大量的买家与卖家联系起来。首先，很多卖家同时又是买家，即不少用户都同时具有买家和卖家的双重身份。其次，在 C2C 电子商务平台上开店的用户有些并不以赚钱为目的，而只是为了出售一些自己已经不需要了的物品，甚至有些只是将其作为一种娱乐。但是，又有不少用户恰恰相反，他们不仅是以赚钱为目的，而且希望能够在网上进行具有一定规模的销售。

（4）商品信息多，且商品质量参差不齐。既然有着数量众多的卖家，自然也就有着数量众多的待出售的物品。C2C 电子商务平台上不仅有人们日常生活中的常用物品，如衣服、鞋帽、化妆品、家电、书籍等，也有各种各样的新鲜事物,如游戏点卡、个人收藏、顶级奢侈品等。由于突破了地域的界限,人们可以享受来自其他城市的特色产品乃至海外的各类商品。此外,商品的质量也是参差不齐:既有全新的,也有二手的;既有正品的,也有仿冒的;既有大工厂统一生产的,也有小作坊个人制作的。总之,C2C 电子商务平台就像把我们传统的大商场、特色小店、地摊和跳蚤市场统统融合在了一起。

(5) 交易次数多,但每次交易的成交额较小。由于 C2C 电子商务中参加交易的双方尤其是买家往往是个人,其购买的物品往往又都是单件或者少量的,因此和 B2B 的批量购买相比,其每次交易的成交额是比较小的。这充分体现了C2C 电子商务具有交易次数多,但每次交易的成交额却较小的特点。

(6) 与 B2C 的差异。B2C 交易平台针对的客户群体是更加关注商品品质的消费者,例如,天猫商城吸引了线下品牌商和分销商的入驻,从而保障了产品质量和档次。C2C 交易平台针对的网购对象是寻求个性化需求和低价的消费者,因此成为小店家、兼职网商提供小批量生产、小规模经营以及买卖二手货的集市。另外,在盈利模式方面,C2C 交易平台采用“免费”模式。B2C 交易平台则采用“佣金”模式,通过收取交易佣金、年费、服务费为商户提供更好的服务,订单流程管理、客户管理、商品管理、财务管理等实施型系统软件,直接作为业务后台提供给商户使用。

3.1.3　我国 C2C 电子商务发展状况

综合 B2B、B2C、团购等电子商务交易模式,C2C 具有较低的交易费用、便捷的信息搜集、经营规模不受限制、更大的销售范围和销售力度、扩大的货源和高度电子化的支付手段等特点,使买卖双方的交易易于进行。因此,C2C 成为我国近年来发展极快的一种电子商务类型,结合了中国特色的国情,从一开始走的就是混合发展模式。和美国 eBay 巨头不同,在线拍卖并不是国内 C2C 主要的业务内容,如淘宝网的经营就是以网上零售占了其总交易额的绝大部分,可以说中国的 C2C 丰富了 eBay 最初定义的内容。

我国 C2C 电子商务在线购物市场的网上交易量、网购人数、网购次数等保持着较高的增长,CNNIC 的研究报告表明,85%的消费者选择 C2C 类购物网站进行交易,城市网民中使用 C2C 购物网站消费的规模急剧增长,更多的人在C2C 网站进行网购交易使得 C2C 类电子商务发展很快。根据中国电子商务研究中心监测数据显示,截止到 2012 年 12 月,中国网购的用户规模达 2.47 亿人,同比增长 21.7%,实际运营的个人网店数量为 1 365 万家,同比减少 15.7%,自 2008 年来首次出现下滑。淘宝网现有职业卖家 600 多万家,每天停运或倒闭的网店数量近万家,绝大多数网店卖家辛苦经营一年后,却面临无钱可赚、乃至亏本的尴尬局面。C2C 市场集中度很高,淘宝集市居垄断地位,占全部市场份额的 96.40%，拍拍网占 3.40%，易趣占 0.20%，如图 3-2 所示。目前我国 C2C 电子商务呈现出以上述三家公司为主的格局，最初的竞争是易趣遥遥领先，但是淘宝网的免费策略对易趣的领先产生冲击，同时吸引了大量的易趣用户，但是若淘宝网不能够再持续免费策略而准备开始收费时，同样也将遭到拍拍网免费服务的威胁。

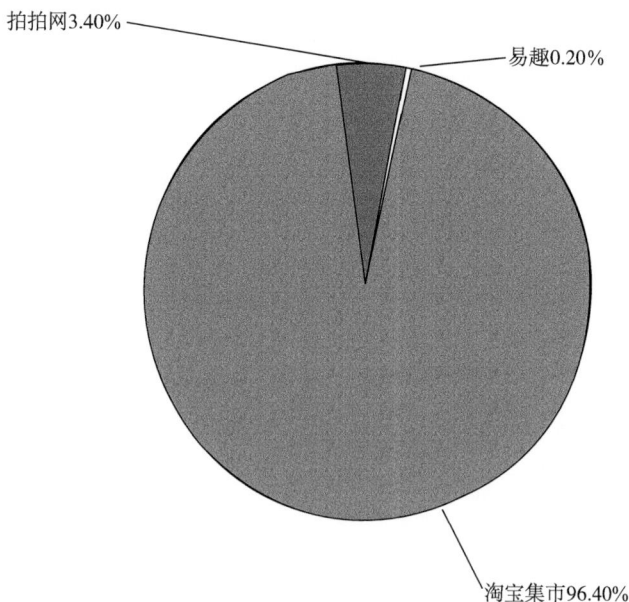

图 3-2　2012 年中国 C2C 电子商务平台市场份额

资料来源：中国电子商务研究中心《2012 年度中国网络零售市场数据监测报告》

　　随着网络零售市场的日益发展和用户对网购要求的不断提高，C2C 市场竞争日渐集中化，淘宝网一枝独秀的局面从未被打破过，短期内也很难改变。C2C 市场的竞争优势是依靠卖家积累的信誉等级、店内提供的货品规模、高质低价的商品以及优质的送货服务，为自己累积固定的消费群体并吸引新的消费者进入，这样的卖家逐渐建立起自己的商业壁垒，从而占据行业的垄断地位。例如，淘宝网形成了一批皇冠卖家，这些卖家在逐步建立起自己的品牌与信誉体系的同时也为淘宝网带来了客观稳定的收入。

　　另外，C2C 市场正在向移动网络平台拓展，伴随着移动互联网浪潮的到来，手机 C2C 交易模式满足了消费者随时随地都能网络购物的需求，基于无线电子商务领域的移动网络平台市场拓展将为今后的 C2C 电子商务市场带来更为可观的收入。再有，大多数 C2C 运营商为了实现自己的长远发展，已经开始向 B2C 经营模式转变，寻求更大的发展空间，消费者也从单纯地追求物美价廉转向了寻求信誉与质量的双重保障，因此 C2C 网店在价格方面的优势将会逐渐被 B2C 网店的信誉、产品质量等方面的优势替代。随着 B2C 市场的迅速发展、更多传统企业的进入以及 C2C 市场受到信誉体系的限制等，个人网店鱼龙混杂的时代已经过去，接下来的优胜劣汰还将继续，个人网店将在不断规范中发展前进。

3.2 案例 1：淘宝网

3.2.1 案例背景

淘宝网成立于 2003 年 5 月 10 日，由阿里巴巴集团投资创办，当年的交易额只有 2 000 万元。淘宝网在推出一年后，便超越易趣成为市场占有率第一的 C2C 电子商务网站。随后其迅速发展，呈现出爆发式增长的趋势，2004 年交易额迅速攀升至 10 亿元，2005 年交易额 80 亿元，2006 年占据 C2C 电子商务领域 72% 的市场份额，2007 年由单纯的 C2C 平台向综合网络零售商圈转变，大淘宝战略正式被提出，年交易额突破 400 亿元。淘宝网卖家出售全新或二手商品，选择以一口价形式或拍卖形式售货，目前网上的商品绝大多数是以一口价的形式出售的全新商品，拍卖类交易的数量在总交易数量中所占的比重比初创时大幅下降，只占到全体交易的一小部分。

2011 年 6 月淘宝网进行了重组，细化拆分为淘宝集市（taobao marketplace）、淘宝商城（2012 年改名为天猫，tmall）和一淘（etao）三个独立的公司，拥有绝对优势的市场份额、丰富的商品类型和庞大的用户数量，近 5 亿名注册用户，每天有超过 6 000 万人的固定访客，每天的在线商品数超过 8 亿件，平均每分钟售出 4.8 万件商品。截止到 2012 年 11 月 30 日，淘宝网和天猫的总交易额突破 10 000 亿元，占全国社会消费品零售总额的近 5%。

随着规模的扩大和用户数量的增加，淘宝网从单一的 C2C 网络集市变成了包括 C2C、团购、分销、拍卖等多种电子商务模式在内的综合性零售商圈。

3.2.2 淘宝网的发展策略

1. 淘宝网建设初期成功的营销推广

淘宝网在成立之初，国际知名 C2C 巨头 eBay 在中国已经占有一席之地，可以说淘宝网是 C2C 市场的一个跟随者。但是，淘宝网却在短短的两年之内打败 eBay，并且在消费者中建立了广泛的知名度，逐渐成为中国 C2C 电子商务领域的领军者，这与淘宝网的营销推广是密不可分的。

（1）与门户网站组建战略联盟。淘宝网在经营了一段时间，已经具有一些知名度之后，开始与知名的门户网站合作，如与搜狐、中国电信的 21CN 网站、MSN 等门户网站建立战略联盟，进一步推广自己的业务。淘宝网与 MSN 的合作更是突破了 MSN 在各国一贯跟 eBay 合作的惯例，使淘宝网迅速提高了知名度并获得了广大网友的认可。

（2）利用热卖电影做宣传。淘宝网在 2004 年开始创新地尝试在热卖电影中插入植入性广告，如与《天下无贼》的合作，之后又和其他大热的贺岁片，如《手机》、《头文字 D》等影片合作，在淘宝网上拍卖这些影片的道具。由于这些电影的主要观众以高学历的年轻人居多，而这些人正是淘宝网的目标客户群。淘宝网利用与传媒的合作进行宣传，达到了事半功倍的效果。

2. 优秀的网站质量

作为 C2C 电子商务模式经营的网站，淘宝网在布局设计、内容设计、虚拟社区、个性化、交流沟通、链接设计和商务功能等方面都设计得非常出色。

（1）网站界面设计。网站布局是美学感官和功能性的结合。作为一个以功能性为主的网站，淘宝网的网站界面设计简单明了，方便操作。主页的服务导航分类包括购物、生活、互动、工具、其他五部分，商品分为服装、鞋包、配饰、运动、珠宝、数码、家电、美妆、母婴、家居、食品、百货、汽车、文娱、本地生活、虚拟 16 个大类，为使用者提供有针对性的信息。从美观的角度上看，网站的设计、布局搭配合理，给用户的感觉很有条理，色彩与文字相结合，给网民以亲切、友好的感觉。鉴于淘宝网的使用者多是有目的地寻找自己所需要的商品，因此网站在主页最明显的位置设置其搜索栏，并且用户可以根据自己的特殊需要进行高级搜索，也可以使用简单搜索随意浏览，通过比较选择最适合自己的物品。淘宝网搜索页面底部的左端还设置有"说说我使用搜索的感受"，以供使用者随时提出自己的意见，包括通过搜索是否能找到想要的宝贝、宝贝排序是否合理、商品分类是否合理、筛选功能和一行四图显示是否方便等。

（2）内容设计。在内容设计方面，淘宝网主页以产品的名称分类为主，分门别类非常细致。首页主要以文字为主，对于有些热卖或者有活动的商品直接配以图片来为商家做广告，也更方便买家浏览；产品页面则以图片为主，使买家对商品的情况有了直观的感受，在每个产品的浏览页面都附有客户评价和"如实描述"、"发货速度"、"服务态度"的分值，可以使客户了解其他买家的使用感受。作为 C2C 电子商务模式的网站，要做到以客户为中心，就是对客户最关心的价格、潮流等进行特别的强调，以刺激用户的购买欲。此外，在淘宝网站的最下端，有进入阿里巴巴集团各分站点的链接，如全球速卖通、中国雅虎、天猫、聚划算、支付宝等阿里巴巴旗下公司的链接。

（3）商务功能。淘宝网的商务功能设计得非常便利，例如，用户注册时会自动生成支付宝的用户；可以将想买但是还没有最后决定的商品暂时放进购物车，以便日后购买；在收货地址方面，淘宝网可以设置 10 个收货地址，使用户无论走到哪里都可以使用账户，极大地方便了用户。

（4）虚拟社区。淘宝网的虚拟社区下设帮派、淘宝论坛、小分队等版块。虚拟社区为淘宝使用者提供了一个很好的交流平台，淘宝买家可以在这里分享自己淘到的宝贝，分享自己的淘宝经验，也可以在这里发表自己对某个商家的商品、服务或者信誉方面的不满。

3. 丰富的交易管理工具和服务

淘宝网提供各类工具和服务，帮助卖家与消费者加强沟通、优化产品页面、掌握网店运营状况、开展促销活动，既提高卖家交易额，同时也为淘宝自身增加收入来源。目前，淘宝网卖家常用的工具及服务包括阿里旺旺（即时通信类）、淘宝旺铺（页面优化类）、淘宝助理（店铺管理类）、淘宝直通车（竞价搜索类）、数据平台（数据分析类），还有淘宝联盟、站内广告位、钻石展位、超级卖霸等广告服务。

2004 年推出的阿里旺旺是一款即时通信工具。即时聊天工具和网络购物联系起来，可以与店主及时沟通信息，查看交易历史、了解信用情况，买卖双方可以针对双方各自的需要进行及时、有效的交流，从而促进交易的达成，并且阿里旺旺的聊天记录亦可作为解决日后买卖双方发生纠纷的凭证。作为细分的即时聊天工具，阿里旺旺整合了沟通交流与交易管理等多种功能。

诞生于 2003 年 10 月的第三方支付工具支付宝，标志着打造网络消费中最关键的一环——信用体系构建的开始。截至 2012 年 12 月，支付宝注册账户突破 8 亿个，日交易额峰值超过 200 亿元人民币，日交易笔数峰值达到 1.058 亿笔。创新的产品技术、独特的理念及庞大的用户群，吸引了越来越多的商家和合作伙伴选择支付宝作为自己的在线支付解决方案。目前除淘宝网和阿里巴巴外，有超过 46 万个商家和合作伙伴支持支付宝的在线支付和无线支付服务，范围涵盖了 B2C 购物、航旅机票、生活服务、理财、公益等众多方面。这些商家在享受支付宝服务的同时，也同时拥有了一个极具潜力的消费市场。目前，支付宝已经跟国内外 160 多家银行以及 VISA、MasterCard 国际组织等机构建立了深入的战略合作关系，成为金融机构在电子支付领域的合作伙伴。

3.2.3   淘宝网的盈利模式以及问题分析

1. 增值服务

淘宝网增值服务收入包括会员关系管理、网店模版、图片空间、统计软件、库存管理、货到付款功能租用等。卖家使用这些特定工具是需要付费的，而淘宝网不断进行研发，为卖家带来便捷的同时也培养了卖家的使用习惯，一个完善的增值服务开发会吸引大量的卖家租用，这也给淘宝网带来了更多的盈利。

2. 竞价排名

竞价排名等有效的广告模式成为淘宝网盈利的一个来源。淘宝网页面硬广告以及链接为卖家提供品牌宣传和展示推广，卖家按照不同价格自主选择广告位置。例如，设置的展示平台有钻石展位、淘宝直通车、淘宝客等，可以满足不同的卖家需求。钻石展位是为更高推广需求的卖家设置的，卖家想要在钻石展示位置进行商品展示推广，需通过竞价排序，按照展现计费。淘宝直通车是为专业卖家量身定制，主要通过关键词竞价按点击付费进行商品精准推广的服务。淘宝客是为卖家提供网站以外的流量和人力来帮助推广商品，收费则是按照成交计算，每成交一笔交易后卖家向淘宝网支付佣金。

淘宝网凭借自身的流量、平台、技术优势，为广告主提供搜索竞价、品牌展示以及广告联盟等营销服务，本质上是通过 C2C 平台产生的以流量、影响力获得广告营收的媒体商业模式。根据统计，2012 年"大淘宝"（即淘宝网、天猫和一淘）的广告营业收入为 172.2 亿元，同期百度的广告营业收入为 222.5 亿元，可见淘宝网广告营业收入规模之大，已占据整体网络广告市场的 22.9%。

3. 社区平台

淘江湖是淘宝网推出的 SNS 活动平台，给淘宝用户提供了一个真实的好友互动平台。在这个社区里，每个用户都可以有效地与家人、同事、同学保持即时互动，同时可以及时了解好友最新状态与购物动向，在交流的同时用户也可以获得相关的购物经验以及建议。淘江湖推出众多社区游戏，这些游戏加强了淘宝用户的黏性，进而为淘宝带来了收入。

4. 淘宝网存在的问题分析

淘宝网作为中国 C2C 电子商务的后起之秀，成立初期在两年的时间里以免费开店等一系列策略打败易趣，并将其远远甩在身后，成为行业的领军企业。目前的淘宝网虽然还保持领先的地位，但是来自易趣、拍拍网等 C2C 网站和京东商城等 B2C 网站的竞争也很激烈。腾讯的拍拍网依托于腾讯 QQ 的庞大用户群以及 2.5 亿个活跃用户优势资源，有可能成为淘宝网强大的竞争对手。淘宝网目前的知名度和高市场份额没有任何其他电子商务企业可以撼动，但其也存在一些问题，如盈利能力、假货横行、信用问题等都在困扰着淘宝网。

（1）信用体系存在缺陷，交易额过多集中到信用等级高的"老店"。由于淘宝网采用信用等级累计制度，先来淘宝网开店的卖家，积累了高信用等级，淘宝网的搜索制度引导买家去高信用等级的卖家处购物，导致新卖家无法挑战老卖家，因此对新卖家缺乏吸引力。

在创立初期为追求交易额的快速增长对于信用体系的管理相对宽松，但在淘宝网的高速发展过程中，刷钻等行为造成淘宝信用体系的混乱，当卖家不再诚信经营、依赖刷钻时，买家不再认可卖家的信用值。有些店铺通过信用炒作提高自己的信用值，然后大批量售卖假冒伪劣商品，导致网络交易平台上假货泛滥，交易的风险大大增加。

（2）纠纷解决机制尚待逐步完善。由于交易平台上的卖家众多，平台需要对卖家进行有效管理，并在交易纠纷发生时能够有效维护消费者的利益。虽然淘宝网推出 7 天无理由退换货、假一赔三、虚拟闪电发货、数码与家电 30 天维修、第三方质检、先行赔付等消费者保障服务，但实际执行中仍存在问题界定模糊、解决周期长等问题。例如，网上产品介绍与实物不符、产品欺诈等问题，缺少强制性规范和手段进行有效查处，存在监管缺失、执法缺位。

免费使得淘宝网对卖家的管理相对松散，C2C 交易平台对各卖家在网上发布商品的质量、安全性和合法性以及广告的真实性难以控制，此外，还存在 B2C 对 C2C 的替代性竞争。针对这些问题，淘宝网拓展 B2C 市场，以弥补 C2C 业务的弊端，采取在 C2C 中融入 B2C 的嵌套式发展模式，在 2008 年 4 月 10 日推出淘宝商城，后于 2012 年 1 月 11 日正式更名为天猫。一方面是淘宝集市，即完全免费的淘宝网站继续按原来的方式运行，花样繁多价格低廉的产品仍然是主要的消费门户；另一方面天猫提高准入门槛并且增加收费的项目，对中小商家进行清理和整顿，规范假货问题，提高信誉，修正因为假货横行和信誉问题而导致的不利局面。此外，天猫对商家收取一定的费用，既丰富了淘宝网的盈利手段，也给卖家提供了更多的服务和宣传，促进卖家业务的发展。天猫的成功运营使得淘宝网离零售巨头的定位更近，也更加全面。

3.2.4　案例启示

免费模式使淘宝网赢得了与 eBay 易趣竞争的胜利。这一阶段淘宝网更多考虑的是扩大市场份额、战胜 eBaey 易趣而非盈利。2003 年淘宝网的市场份额仅为 7.8%，而当时的 eBay 易趣则为 72.4%，相差悬殊，并且一个是免费模式，一个是收费模式。如果说淘宝网最初的市场定位为草根 C2C，对百姓大众很有亲和力，使淘宝网成为大众化生活购物平台。那么经过 10 年发展，淘宝网现在定位于优质 C2C 交易平台的提供者和管理者，增强交易平台功能，加强配套服务管理，尤其是支付宝和阿里旺旺的组合优势，通过全面关注赢取用户，支付宝满足了更多担保交易的支持，而阿里旺旺则迎合了中国消费者确认商品的问询习惯。

淘宝网根据市场变化进行阶段推广和战略联盟，通过先免费争取网站流量，再培养用户体验，帮助卖家赚钱，帮助买家省钱，最大限度压缩中间环节成本，最终达到买卖双方双双受益。初期在易趣的封锁下，淘宝网借助户外广告、广播、电视、报纸等传统媒介进行宣传，在电子商务还不是很发达的阶段，传统媒介使淘宝网的宣传得到极大的成功。随后淘宝网依靠数量众多的中小网站做联盟推广，实现优势互补、资源共享。MSN 给淘宝网带来了高端用户，与雅虎的战略合作使淘宝网又增加了一个承载平台。

淘宝网凭借创新，不断超越，在很大程度上改变了传统的生产经营方式，也改变了人们的生活消费方式，倡导诚信、活跃、快速的网络交易文化，互助、轻松、时尚成为淘宝网上"淘一代"的重要特征。多样化的消费体验，影响并改变着淘宝网上的消费者、商家的流行态度和风尚趋势，从淘便宜、淘方便到淘个性，体现出了淘宝网强大的竞争力和创新力。

淘宝网自 2003 年成立至今，经历多次升级和变革，依靠阿里巴巴 B2B 平台的优势，为在淘宝网开店的店主提供货源，以为卖家解决货源问题吸引了大量卖家。经过 10 年发展，淘宝网 C2C 已经慢慢沉淀为一种"基础层"，并且担当起孵化器的角色——聚划算、天猫、一淘等基于 C2C 业态逐渐成长起来。淘宝网从无到有，从一个小小的网购平台到一个电商生态系统——"大淘宝战略"，成为电子商务的基础服务提供商，为电子商务参与者提供"水"、"电"、"煤"等基础设施，繁荣整个网络购物市场，通过提供销售平台、营销、支付、技术等整体服务，衍生出一个"开放、透明、分享、责任"的新商业文明。

3.3　案例 2：易趣

3.3.1　案例背景

易趣（www.eachnet.com）于 1999 年 8 月由邵亦波和谭海音在上海创立，成立之初，公司在上海一个两居室的民居内办公，两位创始人是当时仅有的两名员工。2002 年 3 月，美国 eBay 公司注资 3 000 万美元取得了易趣 33.3％的股份，更名为 eBay 易趣，随后又以 1.5 亿美元收购易趣 66.6％的股份，开始把美国的商业模式大规模复制到中国，易趣迅速发展成为国内当时最大的在线交易社区。2004 年 9 月 17 日，易趣与美国 eBay 平台成功整合，eBay 易趣的用户能与来自美洲、欧洲以及亚洲各国的 1 亿多个用户进行网上跨国交易。同年 10 月，易趣推出"安付通"网络安全交易保障服务，其设计兼顾了买卖双方的利益，同时推出的"安付通保障基金"也为交易双方提供了安全性保障，降低了双方的成交风险。

2005 年 1 月 13 日，易趣注册用户突破 1 000 万人，在国内网上拍卖市场保持领先地位。同年 5 月，易趣宣布大规模下调物品登录等费用；同年 9 月，贝宝（PayPal China）与易趣平台对接；同年 12 月，易趣正式推出"免费开店"。

2006 年 1 月，易趣与高清晰的网络语音沟通工具 Skype 实现全面对接，为买家和卖家提供了更畅通、直接的沟通渠道，促成双方交易成功；实施"安全支付"计划，所有卖家在登录商品时被要求选择安付通或贝宝作为付款方式之一；同年 6 月，与 TOM 在线合作，推出国内首个基于 WAP（wireless application protocol，即无线应用协议）技术的手机购物平台，并向其网站两千万名用户提供免费的交易信息短信服务；同年 8 月推出一项全新服务——易趣销售助理；同年 12 月，与 TOM 在线成立新的合资公司，eBay 和 TOM 在线持股分别为 49％和 51％。

2010 年 2 月，易趣正式推出海外代购业务，为买家提供代购美国购物网站商品的服务。

2012 年，易趣不再是 eBay 在中国的相关网站，成为 TOM 集团的全资子公司。

易趣秉承帮助几乎任何人在任何地方能实现任何交易的宗旨，以竞价、一口价及定价形式，为买家提供价廉物美的各式商品，为卖家提供一个网上创业、实现自我价值的舞台；既拥有品种繁多、价廉物美的国内商品资源，又推出方便、快捷、安全的海外代购业务。

3.3.2　易趣的"全球集市"

1. 早期创业的成功经验

（1）易趣网上交易的商品早期既有二手货，也有新品。易趣没有单纯模仿经营二手商品拍卖的 eBay 的一个很重要的因素就是，美国具备较高的消费水平，在美国市场上，二手物品来源非常丰富，但中国的情况大不一样，如果缺乏足够的二手物品来源，没有大量的物品在网站上成交，就不能实现规模收益，网站盈利将很难实现。当越来越多的用户开始尝试将新品放到网上来卖，而买家的响应又非常积极时，易趣鼓励商品范围扩张。易趣网站上商品的分类从初期的 300 多个细分类发展到 15 大类、150 多个二级分类、500 多个三级分类，覆盖电脑网络、通信器材、体育用品、服装服饰、居家生活、办公文教、旅游休闲、爱好收藏、书籍音像等多个商品流通领域。

（2）创业之初，易趣重点发展 C2C，当网站越做越大引起中小企业的关注时，易趣欣然接纳了它们，吸收中小企业加盟网上交易。很多企业级卖家希望通过易趣清理库存及过季的产品，由于是正规企业的产品，不仅信誉和质量都有极大保障，价格也非常的便宜，这些企业级卖家不但没有影响到个人卖家的生意，反而因为吸引了更多买家上网购物，让网上人气愈发兴旺。

（3）交易方式随需而变。随着新品的激增，原有单一的拍卖式交易方式显然已不能满足需要，易趣推行的定价销售方式受到了用户的欢迎。特别是当越来越多的正规企业加入到卖家的行列中来时，他们要求加快成交的速度。定价销售与原来的拍卖销售结合在一起，提供给用户多种服务选择，满足不同人群的需要，于是易趣适时推出了一系列全新的交易方式，包括无底价竞标、有底价竞标、定价出售、一口价成交等交易方式。例如，一些从事珠宝类商品交易的卖家就喜欢定价交易，这样效率比较高；而一些喜欢竞拍氛围的网友还是可以选择时间较长的拍卖，但最终以定价方式销售的商品比例不断增加。

2. 失败的教训

作为中国最早创立的拍卖网站，以及后来成为全球最大的网上拍卖公司 eBay 的子公司，易趣拥有强大的资金和品牌优势，并且围绕网上拍卖进行了广泛的市场运作和开创性的推广。例如，2004 年 8 月 16 日，张娜拉、蔡琳、安七炫等 14 位韩国偶像明星的 17 件私人物品在 eBay 易趣上进行为期一周的慈善拍卖；2005 年 5 月 23 日，周杰伦携其首次参与外形设计的新款 Aria J Ⅲ MP3 播放器赴上海为"J Ⅲ网上店"落户 eBay 易趣揭幕，拿出亲自签名的私人物品，如 T 恤、帽子和卡片收纳本进行拍卖。

但在与淘宝网竞争的过程中，一方面伴随着 eBay 的全球整合带来的动荡，易趣在与 eBay 全球平台对接时，并未考虑到中国的市场特点，更没有很好地处理由于平台变动给用户带来的不适与不满，导致易趣以前的系统被彻底弃用，服务器搬迁至美国，伴随而来的是系统的崩坏、买家的流失等一系列问题。另一方面对于淘宝网的威胁，易趣在市场推广上对其施以窒息式的遏制，与新浪、搜狐、网易、TOM 在线等门户网站达成独家广告协议，以独家排他性合作条款签下几乎所有优质网络广告资源。但这些没有阻止淘宝网对易趣的蚕食，2004 年年底，淘宝网在中国在线拍卖市场上的占有率急剧攀升至 41%，eBay 为 53%。

易趣的盈收手段来自 eBay 的收费模式，向卖家收取每件商品 1～8 元的登录费，因此易趣竭力阻止卖家与买家私下沟通、私下交易，以确保交易佣金不会流失。而这让淘宝网采取免费模式的竞争策略得以实施，并凭借阿里旺旺和支付宝等增值服务产品使易趣的买家群体犹如虹吸效应般流向淘宝网。直至 2008 年，易趣终于采用全面的免费策略，但也为时已晚。

此外，针对中国本土市场的开发，易趣缺乏符合中国人网络购物习惯的功能，易趣的网站界面是英文翻版，而且面对市场竞争的反应滞后，淘宝网于 2003 年推出支付宝和即时通信工具阿里旺旺，而易趣直到 2004 年才使用安付通，2005 年将通信软件 Skype 引入交易。

3. 海外代购服务

依托 eBay 的全球资源，易趣将业务重点由国内在线交易向全球拓展，于 2010 年 7 月 20 日推出"全球集市"，为国内网购用户打造不出国门全球购物的便捷服务。海外代购服务方式是用户通过易趣，选择并拍下需要购买的 eBay 网站（www.ebay.com）或其他海外电子商务网站上所销售的商品，并通过易趣安付通完成付款，易趣在收到用户付款后确认用户订单申请，根据用户所拍下商品信息的指示，帮助用户在 eBay 网站或其他海外电子商务网站上购买其所指定的商品。

在易趣"全球集市"上，用户可以方便地挑选到各国各具特色的商品，这得益于易趣独有的 eBay 全球集市、PayPal 海外商户的资源。在易趣"全球集市"上除中国馆外，还设有美国馆、加拿大馆，国内用户除了能便捷购买到海外商品外，还能随时了解海外畅销商品、时尚流行趋势。

此外，易趣还提供自助代购，目前可以购买美国、英国、加拿大、澳大利亚、德国五个国家的 eBay 网站商品，以及非 eBay 网站商品，即美国支持信用卡支付的网站商品。当用户在易趣上没找到想代购的商品，或需要代购品牌官网和海外零售网站的商品时，可以使用"自助代购"功能，只需按提示填写代购商品的网址、价格、重量等一系列信息，系统将自动计算出预估到手价，支付后即可完成整个代购过程。

国内用户在易趣"全球集市"购买海外商品的流程和普通网购相差不多，基本步骤是：挑选满意的商品→确认购买并成功完成支付→等待商品到货，具体流程如图 3-3 所示。

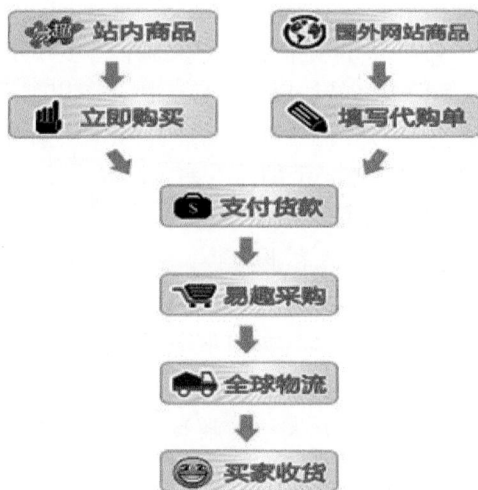

图 3-3　易趣海外代购流程

价格、质量等都是国内网络代购用户较为关注的问题。相比其他国内网络代购渠道，易趣代购收费透明，代购费在 6%～10%，汇率按照当天的实时汇率来结算。预付金额＝商品代购价＋差价（10%可选）＋国际物流费＋加固费用（可选）＋遗失保险费（可选）＋关税/清关费用，其中加固费用每个包裹收取 70 元人民币。商品价格会同时展示所在地原价和人民币到手价及换算方法，让买家清楚了解每一样商品的实际成交价格；使用安付通、国内信用卡或网上银行、汇款等多种方式都可完成支付。易趣向用户收取代购服务费的具体标准如表 3-1 所示，消费税预收商品价格的 10%，再根据实际支付多退少补。

表 3-1　易趣代购费收取标准

商品价格＋当地运费＋消费税	代购费
25 美元以下（含 25 美元）	20 美元
25 美元（不含 25 美元）～50 美元（含 50 美元）	全部费用（商品价格＋运费＋税）的 12%
50 美元以上（不含 50 美元）	全部费用（商品价格＋运费＋税）的 10%

　　代购海外商品产生较高的国际物流费用，让有意尝试网购海外商品的网友望而却步。在易趣"全球集市"可选择快捷的单包直发和低价的合包整发两种方式，满足不同用户对物流速度和价格的多样化需求。制约国内用户购买海外商品的因素除支付、物流外，还存在语言不通等常见的问题，在易趣"全球集市"各国商品除有当地语言描述外，均会被翻译成中文供网友参考比较。

3.3.3　案例启示

　　易趣最早将网络购物的概念带入中国，2003 年其市场份额已经达到 73%。而成立于 1994 年的 eBay 是全球著名的 C2C 网站，2003 年年底其市值已达 190多亿美元，全球注册用户 9 500 万个。被 eBay 收购后的易趣历经坎坷、起起伏伏，对中国用户缺乏深入了解、面对淘宝网的免费策略摇摆不定、跨国管理与决策周期冗长等让易趣渐渐丧失其先入优势。失败的综合因素有很多，其中一个关键因素就是忽略用户的体验和感受。虽然后期 TOM 在线接手成立新易趣，在界面上从很多细节的地方关注用户体验，如加入在线导购、社区更人性化等，而且开始采用本地化的团队运作、服务器搬回中国等贴近国内用户的策略，但频繁易主影响了易趣的品牌形象，也使得系统的稳定性受到了影响。面对淘宝网的竞争，易趣丧失了及时响应本土市场变化、迎合用户需求快速更迭、改进功能的能力，先发的规模优势吸引的大批商户和买家被竞争对手抢夺。

　　易趣选择海外代购业务作为提高买家人气的突破口，一方面迎合了人民币加速升值刺激更多网民通过网络渠道从国外代购商品的契机，另一方面能够发挥易趣区别于国内其他 C2C 平台的海外背景优势，通过与美国 eBay 的无缝对接，将eBay 资源与自身业务进行整合，令其代购业务具有易趣特色。

　　目前网上的海外代购分为两种形式，即专业海外代购网站和个人代购网店。前者可以提供更完整的海外代购流程和服务；后者一般在淘宝网站上开家网店，为顾客提供代购服务，价格比专业海外代购网站更加便宜。易趣拥有专业的采购团队，并采取先由海外商家发货到易趣美国物流中心，然后由易趣海外团队进行检查和重新包装，再为顾客发货的配送方式，当商品出现问题时，客户可与易趣的专业客服团队联系进行退换货。易趣正是通过自身专业的代购团队和美国eBay的声誉及规范的管理模式，在一定程度上消除了买家海外购物的顾虑，才吸引了用户购买，加上国际运费及关税税率明确化，产品的价格信息就更加透明了。但面临商品品类限制以及竞争和海关政策等因素，易趣依然面临扩大用户群范围和政治经济等不确定性。因此必须具备完善的代购模式、运输周期短的物流模式、丰富的上架商品以及明显的价格优势，易趣才能长期生存和发展，否则将被淘汰出局。

➤ 案例思考与讨论

1. C2C 电子商务模式目前存在哪些问题，发展趋势是什么？

2. 淘宝网和易趣同是 C2C 交易平台，但市场定位及客户群体存在哪些差异？

3. 如果淘宝网现在开始采取收费政策，能否有效解决诚信问题？若实行交易收费，将对淘宝网业务有哪些影响？

4. 对易趣的海外代购进行 SWOT（strengths, weakness, opportunities, threats, 即优势、劣势、机会、威胁）分析，为其未来发展提供建议。

第 4 章

电子商务物流案例

4.1 电子商务物流概述

4.1.1 电子商务与物流

电子商务的蓬勃发展拉动了巨大的物流需求。根据 2007 年 5 月修订的中华人民共和国国家标准《物流术语》(GB/T18354-2006) 中对物流所作的定义，物流是物品从供应地向接收地的实体流动过程，根据实际需要将运输、储存、装卸、搬运、包装、流通加工、配送、信息处理等基本功能实施有机结合。

在电子商务环境下，物流已经不仅仅局限于传统的仓储和配送业务，还包括市场预测、库存管理、生产和销售计划制订等。物流的概念和功能得到了扩展和延伸，客户对物流增值服务的需求越来越高。配送是指物流配送企业根据用户的订货要求，进行一系列分类、编码、整理、配货等理货工作，按照约定的时间和地点将确定数量和规格要求的商品传递到用户的活动及过程。

快递与物流是有区别的。快递是指快递公司通过铁路、公路和空运等交通工具，对客户货物进行快速投递。广义的物流主要包括零担货运、快递、空运和海运等，因此快递只是广义物流的一部分，而狭义物流俗称货运。快递与狭义物流的区别是：快递是点对点的方式，速度快，通常是指小件物品的快速投递；狭义物流通常是仓对仓的方式，收货人员需自行上门取货。另外，由于主要投递小件物品，快递报价通常是按公斤计算的，而狭义物流报价则是按照吨位计算的。

随着物流理论与实践的不断深入发展，出现了第三方物流（third-party logistics，简称 3PL 或 TPL），是由相对第一方发货人和第二方收货人而言的第三方企业来承担企业物流活动的一种物流形态。它通过与第一方或第二方的合作来提供其专业化的物流服务，它不拥有产品，不参与商品买卖，而是为顾客提供以合同约束、以结盟为基础的、系列化、个性化、信息化的物流代理服务，包括设计物流系统、EDI（electronic data interchange，即电子数据交换）功能、报表管理、货物集运、选择承运人、货物流系统、海关代理、信息管理、仓储、咨询、运费支付和谈判等。

电子商务的出现大大促进了第三方物流的发展。第三方物流提供者在特定的时间段内按照特定的价格向使用者提供个性化的系列物流服务，这种物流服务是建立在现代电子信息技术基础上的，企业之间是联盟关系。电子商务打破了时间和空间的限制，实现了全球范围内、全天候的服务。电子商务这种跨区域、跨时域的特点，要求物流活动也具有跨区域、跨时域的功能。对大多数企业来说，企业的资源是有限的，往往不能够自己完成这样的物流活动。第三方物流公司可以提供门到门的服务，并且拥有相关领域的专业资源和经验，能够以较低的成本，保质保量地完成物流任务。因此，第三方物流在电子商务背景下蓬勃地发展起来。

总之，物流是电子商务的主要组成部分，网上交易解决了信息流、商流、资金流问题，但无法解决物流问题，物流是实现电子商务的保证。另外，电子商务物流与物流电子商务是两个不同的概念，物流电子商务是电子商务与物流进行资源整合而产生的另一种新型模式，又称网上物流，即物流企业通过互联网能够被更大范围内的货主客户主动找到，贸易公司和工厂能够快捷地找到性价比最适合的物流企业。网上物流致力于把世界范围内最大数量的有物流需求的货主企业和提供物流服务的物流公司都吸引到一起，提供中立、诚信、自由的网上物流交易市场，帮助物流供需双方高效达成交易。

4.1.2　我国电子商务物流发展现状

1. 电子商务物流服务模式

目前，我国电子商务物流服务模式主要包括以下三种：

（1）自建物流。电子商务企业为了满足自身物流业务的需要，自己建立物流系统，包括企业自己投资购置物流设施设备、配置物流作业人员，自主组织和管理具体的物流业务，以进行电子商务物流的运作，如海尔物流以及B2C电子商务企业京东商城、凡客诚品等。

目前我国物流服务存在的种种问题制约着电子商务的高速发展，尤其是季节性的快递企业"爆仓"问题以及频繁涨价等问题，使得大多数具有先行优势的电子商务企业在物流相关领域内做了巨大的投入。电子商务企业之间的竞争已经演变为物流与物流、供应链与供应链之间的竞争。自建物流可以给顾客提供更好的个性化服务，但是物流的建设需要经过前期的大量投入和长期运作后，其作用和利润才会显现，这必然会耗费企业大量精力。

（2）第三方物流。电子商务企业为集中资源和精力在自己的核心业务上，把自己不擅长的物流业务或者在某些区域暂时无法做到的物流业务，全部以合同方式委托给专业的第三方物流公司，电子商务企业通过 IT 系统对接与第三方物流公司保持密切联系，以实现对电子商务物流全程的管理与控制，如 B2B 电子商务企业敦煌网、C2C 电子商务企业易趣。

（3）物流联盟。这是一种介于以上两者之间的物流服务模式，是指电子商务企业与物流企业进行合作、优势互补所组成的物流产业链，电子商务平台在其中扮演产业链的中枢角色，对各方面的物流资源进行合理而高效的整合与利用，如阿里巴巴，包括其旗下的天猫商城、淘宝网。

自建物流与第三方物流的差异主要表现在如下六个方面：

（1）配送成本。自建物流比第三方物流的成本高，一方面由于自建物流只配送自己的商品，因此与服务于大量企业的快递公司，尤其是已形成规模的快递公司相比，无法达到规模效应；另一方面，自建物流起步晚，相对于已发展多年的快递公司缺乏资源优势，如与上下游的协作能力等，因此单件商品的平均配送成本相对较高。但从长远来看，电子商务企业自建物流的边际成本随着业务量的提升将呈递减趋势。

（2）配送及时性。第三方物流公司服务的客户多元，无法针对某一企业提供服务，采用第三方物流的电子商务企业配送准点率低的现象较普遍。另外，在某些特殊时期，如新年等假期，正是电子商务企业的购物高峰期，若完全依赖第三方物流会延误发货进度。此外，自建物流的电子商务企业，自有物流覆盖区域的广度和深度都不及第三方物流公司，因此自建物流的电子商务企业通常会在自建物流的基础上，与第三方物流进行合作。

（3）配送人员素质。自建物流的电子商务企业通常拥有较完善的员工培训机制、考核制度以及激励机制，而这些是小型的、区域性质的快递公司无法比拟的，这也造成了两类企业中快递人员服务水平的差异。

（4）新型服务推进。自建物流拥有自己的配送团队，相应的新型服务更易于实行。例如，京东商城在自建物流后，用户可随时查询订单配送状态，甚至包括快递人员的姓名和手机号；凡客诚品自建物流后，推出了当场开箱试穿服务。而这些服务若由第三方快递公司来实现，则需要一定的对接时间，包括系统对接、细节谈判等，使得服务的推进速度变慢。

（5）品牌宣传。在自建物流的情况下，配送人员通常穿戴标有自己电子商务企业 Logo 的统一服装穿梭在城市的各个地方，无形中起到了品牌宣传的作用；而采用第三方快递，则仅是对快递公司的品牌宣传。

（6）资金回笼周期。在货到付款的情况下，采用自有配送团队，资金可实时收回；而采用第三方快递，资金回笼需要一定的周期，且需支付一定的手续费用。

综上所述，以上三种电子商务物流的服务模式均有各自的优缺点，在我国电子商务企业实际运作中都有应用。电子商务企业自建物流主要是期望提升用户的购物体验、加快资金周转以及品牌宣传带来的二次营销效果；而采用第三方物流多是出于成本的考虑以及第三方物流公司的专业化程度。由于第三方物流服务水平无法满足电子商务的快速发展，因此各大电子商务企业竞相自建物流。这在短期内可以解决当前市场有效物流服务能力不足的困境，有助于推动电子商务物流发展，但从长远来看，电子商务企业所建立的物流系统会造成在仓储、设备、系统、人员等资源上的浪费，增加电子商务企业资金和成本上的压力。

2. 不同电子商务模式的物流服务特点

电子商务的本质是商务，即实现商品所有权的转移，整个商务活动过程涉及信息流、资金流、物流，物流成为实现交易商品时间和空间价值的关键支撑。我国电子商务的爆发式增长，给物流发展带来了巨大的挑战。目前国内的B2B平台，如阿里巴巴、环球资源、中国制造网、慧聪网、我的钢铁网、敦煌网等，主要与国际物流企业，由传统运输、储运及批发贸易企业转型的物流企业，以及新兴的专业化物流企业进行合作，而且B2B电子商务物流受益于传统贸易物流，在我国的发展相对于C2C更为成熟，因此其服务水平相对较高。而国内主要的C2C平台，如淘宝网、拍拍网、易趣等，一般与国内民营快递企业合作，快递物流的准入门槛比较低，物流服务商的水平参差不齐。

在B2B、C2C、B2C三种电子商务模式中，B2B电子商务本身不能改变物流服务的性质，但伴随全球范围的采购活动，物流活动的区域和流程被拉得很长，物流业务从原来简单的买方或卖方委托的船运、空运、铁路运输以及相关的仓储和配送服务，扩展到更多的物流增值服务，如更换包装、简单加工、集运、分拨、报关等。B2B电子商务物流呈现单次配货量大、年配货总量稳定，并且产品种类简单、规格相对统一，一般是原材料、半成品或成品，社会总体交易额大、单笔交易额较大，传输量比较大、频次比较少，在配送中容易实现规模经济的特点。在我国，对于具有这种物流需求特点的B2B企业，经过多年发展而成熟的物流配送体系已经形成。电子商务企业将物流业务外包出去，同时由于B2B电子商务的全球性和开放性特点，物流网络化要求程度高，因此专业的第三方物流成为解决B2B电子商务物流问题的最佳服务模式。

C2C电子商务物流的特点是，交易产品主要为日常消费品，产品种类繁多、特性复杂，具有不同的物流服务需求，而且地区差异比较明显，货物交易数量因用户数量、产品种类而比较大；买卖双方地理位置分散，交易范围表现出很大的随机性，其客户分布随机、单次配送量小、配送频率高，使得C2C具有较高的物流成本，而 C2C 网站本身不会承担较高的物流风险和成本，必须把物流环节交给社会性的第三方物流快递公司，从而降低递送费用和节约递送时间。因此，第三方物流是解决 C2C 电子商务物流问题的主要服务模式。

B2C 电子商务物流特点是订单分散，单个订单本身的物流量小，而配送时间要求高。在电子商务三大支撑——信息流、资金流、物流中，物流瓶颈凸显，因为物流配送不仅能体现出一个 B2C 网站服务的专业性和人性化，更在很大程度上影响着用户对网站的好感、信任度，进而影响用户的重复购买欲望。

4.1.3　我国电子商务物流企业格局

我国快递物流业的迅速发展为电子商务服务业提供了重要保障，物流业作为生产性服务业的重要组成部分，在国民经济中的地位日益凸显，对经济和社会发展的作用进一步增强。2010 年，我国快递行业日业务量突破 1 000 万件，进入世界前三位。

随着我国电子商务的迅速发展和网上购物人数的逐渐增多，快递市场呈现出爆发式的发展。目前我国规模不等的快递公司有两万余家，快递业务量每年以 60%～120% 的速度递增。2010 年，国家邮政局颁发了 5 889 件快递业务经营许可证，占快递市场 90% 以上份额的快递企业依法获得了经营许可。

1. B2B 电子商务物流企业

作为近几年新兴的产业，我国 B2B 电子商务物流的特点是规模大、科技含量高，显示出新的经济增长点的巨大效能。我国 B2B 电子商务物流企业形成了如下格局：

（1）国际 B2B 电子商务物流企业。这些国际物流企业一方面为其原有的客户——跨国公司进入中国市场提供延伸物流服务，如丹麦马士基船运公司提供的物流服务；另一方面针对中国市场发展的专业化 B2B 电子商务物流需求提供服务，如 UPS（United Parcel Service of America，Inc，即联合包裹运送服务公司）、TNT（荷兰天地快运）等国际大型物流企业纷纷进入中国的快递市场。

（2）由传统运输、储运及批发贸易企业转型的物流企业。它们依托原有的物流业务基础和在客户、设施、经营网络等方面的优势，根据客户市场的发展和物流需求的变化，不断拓展和延伸其物流服务，以适应我国电子商务产业快速发展对物流提出的要求。传统国有交通运输与仓储大型企业实行资产重组与流程再造，加速向第三方物流企业转型，如中远物流、中铁物流、中外运物流、中储物流、中邮物流、中集物流、中海物流等。这些国有大型企业主要有三种转型途径：一是整体改造、提升为物流企业；二是整合内部物流资源，组建物流公司；三是与外方或国内法人实体组建中外合资或国内股份制物流公司。

（3）新兴的专业化 B2B 电子商务物流企业。新兴的专业化 B2B 电子商务物流企业，如广州的宝供物流公司、北京华运通物流公司等。这些企业依靠先进的经营理念、多样化的服务手段、科学的管理模式在竞争中赢得了市场地位，成为我国 B2B 电子商务物流产业发展中一个不容忽视的力量。

2. 零售电子商务物流企业

互联网的普及和网上零售的迅猛发展，催生了一批专门服务于大众网络购物的物流快递公司。以 EMS、申通、顺丰、圆通、韵达等为代表的电子商务平台合作物流公司引领了零售电子商务物流这一市场。

顺丰速运在所有的与电子商务合作的物流公司中一直独占鳌头，发挥了空运快的优势。申通、圆通、韵达等快递公司的网点全都覆盖北京、上海、西藏等 34 个省（自治区、直辖市），但是对于相对偏远的西部、北部城市，如新疆、西藏、内蒙古等地，多数的快递公司只到省会城市，如乌鲁木齐、呼和浩特等，而且价格更高。而 EMS 在偏远的城市优势比较明显，只要有邮局的地方 EMS 都可到达。在速度方面，申通、圆通、韵达的速度相差不大；顺丰的速度更快一些；EMS 速度较慢，但是被大多数网民认为是最放心的快递。申通快递自 2007 年 8 月正式涉足电子商务物流，已成为国内快递网络较完整、规模较大的民营快递企业。圆通速递的服务涵盖仓储、配送及特种运输等一系列的专业速递服务，并为客户量身制订速递方案，提供个性化、一站式的服务，使用自主研发的"圆通物流全程信息监控管理系统"，确保每一单快件的时效和安全，在电子商务关键的配送环节上，圆通依托淘宝网获得了较大的市场份额。

修订后的《中华人民共和国邮政法》于 2009 年 10 月正式实施，新邮政法第一次用法律的形式明确了快递企业的法律地位，确定了快递市场准入制度，规定了快递业务的基本规范，为建立统一开放、竞争有序的邮政市场提供了法律保障。这也促使国内快递企业与大型跨国企业 UPS、TNT、FedEx（the Federal Express，即美国联邦快递）、DHL（敦豪速递）等为代表的空运和速递型物流企业，以及以海运为主的如马士基和美集等大型国际海运企业，在同一平台上展开激烈竞争。外资物流企业利用自身雄厚的资金、完善的全球网络、先进的技术以及丰富的经验拥有强大的竞争优势。信息技术的发展使全球物流进入供应链管理时代，EDI、RFID（radio frequency identification，即射频识别）、GPS、供应链信息系统集成和物联网技术有助于建设高效、柔性的智能化物流系统。

■ 4.2　案例 1：顺丰速运

4.2.1　案例背景

顺丰速运（集团）有限公司于 1993 年在广东顺德创立，现总部设在深圳，是一家主要经营国内、国际快递及相关业务的服务性企业。

自成立以来，顺丰在大中华地区（包括中国香港、中国澳门、中国台湾地区）建立了庞大的信息采集、市场开发、物流配送、快件收派等业务机构，建立服务客户的全国性网络，同时也积极拓展国际件服务，目前已开通新加坡、韩国、马来西亚、日本及美国业务。

长期以来，顺丰不断投入资金加强公司的基础建设，积极研发和引进具有高科技含量的信息技术与设备，不断提升作业自动化水平，实现了对快件流转全过程、全环节的信息监控、跟踪、查询及资源调度工作，促进了快递网络的不断优化，确保服务质量的稳步提升，奠定了业内客户服务满意度的领先地位。

顺丰拥有庞大的服务网络，具有服务标准统一、服务质量稳定、安全性能高等显著优点，能最大限度地保障客户利益。顺丰每年投入巨资完善由公司统一管理的自有服务网络：从蜗隅中山，到立足珠江三角洲，再到布局长江三角洲；从华南先后扩展至华东、华中、华北；从中国内地延展到中国香港、中国台湾，直至海外。

顺丰在中国内地已建有 6 000 多个营业网点，覆盖中国内地 31 个省、自治区和直辖市，300 多个大中城市及 1 900 多个县级市或县区；1993 年在香港特别行政区设立营业网点，目前营业网点覆盖香港（除部分离岛）的全部区域；2007年在中国台湾设立营业网点，覆盖台北、桃园、新竹、台中、彰化、嘉义、台南、高雄等主要城市；2008 年在澳门特别行政区设立营业网点，覆盖澳门的全部区域；2010 年在新加坡设立营业网点，覆盖新加坡（除裕廊岛、乌敏岛外）的全部区域；2011 年在韩国、日本、马来西亚分别设立营业网点，覆盖该国全境；2012 年在美国设立营业网点，开通了中国香港、中国澳门、中国台湾、新加坡、马来西亚、韩国、日本出口至美国全境的派送业务，以及中国内地至美国13 个州的派送业务。

4.2.2　发展策略

1. 信息化建设助力"快件全生命周期管理"

多年来，顺丰一直保持着行业龙头的地位，并以年均 40% 以上的速度快速增长。2011 年，顺丰收入超过 151 亿元，在民营快递企业中继续排名第一。此外，其自建航空公司，拥有飞机 12 架、基层营业网点 6 000 余个、员工超过 15万人，服务网络实现对中国版图全覆盖，并拓展至海外市场。正是对信息化建设的高度重视和科学推进，成就了今天的顺丰。

对于物流快递企业来说，速度就是生命线。在信息化综合集成的基础上，顺丰根据物流快递的行业特性，提出了"快件全生命周期"的概念，牢牢抓住了速度这一生命线。企业应用"快件全生命周期"管理系统，收派人员全员配备手持终端设备,手持终端设备保有量超过 11 万只。

顺丰将快件全生命周期划分为客户、收派、仓储、运输、报关这五大环节:

(1) 客户环节。呼叫中心做到每一呼叫都可记录对应的通话原因,每个客户投诉都有完整的处理流程。通过呼叫中心系统数据记录统计,已整理出约 100 个解决方案,普通坐席人员可以有效处理 90％的客户来话,提高了工作绩效,呼叫中心结合后台的资源调度系统、手持终端系统,能够在快递业务中发挥巨大价值。

(2) 收派环节。手持终端程序的最大优势,就是减少人工操作中的差错,提高操作人员的工作效率。目前,顺丰使用的第四代手持终端系统,使收派员的工作效率提高了 20％以上。

(3) 仓储环节。顺丰的全自动分拣系统能连续、大批量地分拣货物,并且不受气候、时间、人的体力等因素限制,可以连续运行。同时,自动分拣系统单位时间分拣件数多,每小时可分拣 7 000 件包装商品,如用人工则每小时只能分拣 150 件左右,而且分拣人员不能在这种劳动强度下连续工作 8 小时。此外,自动分拣系统的分拣误差率极低,其分拣误差率大小主要取决于所输入分拣信息的准确性。顺丰的全自动分拣系统采用条形码扫描输入,除非条形码的印刷本身有差错或损坏,否则不会出错,系统识别准确率高达 99％。

(4) 运输环节。GPS 对车辆的动态控制功用完成了运输过程的透明化管理,可以对运输方案、车辆配置及时优化,运输成本综合降低 25％。

(5) 报关环节。数据交换采用加密机制,从根本上保证了数据信息安全,并能统一录单、审单与清关流程,提高报关及时性,降低物流通关风险。

早在 2001 年之前,基于市场需要,顺丰就引入了物流行业所需的简单系统,开始了信息化建设,并逐渐形成了适合自己的建设思路,一直把信息化建设作为企业发展的基础,并将信息化建设提升到企业战略高度,制定了企业信息化发展规划,从而为信息化建设的成功提供了坚实的保障。顺丰的信息化系统大致可以分为三大组成部分,即管理系统、业务支持系统与运营系统。管理系统是实现内部全方位管理的基础平台;业务支持系统是公司业务正常运作的重要基础保障;而运营系统是顺丰的核心业务系统,它可以保证每一票件从收到派的全过程安全。

物流全过程业务信息系统包括对客户下单、上门收件、运输调度、储存保管、转运分拨、快件集散、流通加工、信息服务等诸多物流功能要素的数据收集与监管,并且应与运作体制、标准化、电子化及自动化等方面的基础环境高度匹配。因此,顺丰的业务核心系统、客户核心系统、财务等信息系统均实现底层数据无缝对接,客户服务实现对客户管理系统的动态资源管理;收派服务环节应用GPRS(general packet radio service,即通用分组无线服务)业务;运输调度通过后台指挥中心实现对车辆全程车载监控、GPS 定位功能；转运分拨实现全自动分拣和半自动分拣方式，并在实体到达之前对运单信息分析，提前知晓快件流向；派件采用电子签收，短信到达通知的服务。

物流行业的信息化不仅包括物资采购、销售、存储、运输等物流活动的信息管理和信息传送，还包括了为物流过程中的各种决策活动如采购计划、销售计划、供应商的选择、顾客分析等提供决策支持。

目前，通过运用手持式数据终端、GPS、全自动分拣等，顺丰整合了包括航空货运、公路运输、铁路运输等在内的多种运输方式，在不同运输方式的衔接环节保持运作调度、信息流转和操作标准的高度融合和协调一致，从而确保快件安全、快速地送达客户手中。与此同时，顺丰充分应用计算机技术、网络技术及相关的关系型数据库、条码技术、EDI 等技术，高度集成物流系统的各个环节，借助信息技术对生产过程进行运筹和决策。

2. 快人一步，服务制胜

顺丰一直履行着"全年 365 天无休"的承诺，努力保持全国网络的正常收派，从未出现爆仓现象。顺丰规定客户呼叫收件后，收递员必须在 1 小时内揽件，责任到人。通过 2010 年研发的"时效管理系统"，顺丰实现对快件跟踪、时效预警、路由规划等系统全部环节的监控，做到"快人一步"。

从客户呼叫作为系统跟踪流程的起点，1 小时内取件，2 小时内到点部派送签收（即"收 1 派 2"），快递员将所收件送回"点部"（即四级中转站），运作员（专门负责在各级中转站进行分拣的人员）将其进行分拣后，在条形码上扫描一次，系统显示"已取件"；运送车将快件送达"分部"（三级中转站，每个分部之下，有若干"点部"），分部运作员将其再次分拣，这个过程也在 1 小时内完成，再送到"区部"（二级中转站），跨区域则需要运送至一级中转站——区域分拨中心。

做到快，就能赢。为了保证速度，在每个点部有 10～100 名收派员、仓管、组长和经理等，他们每天直接和客户打交道，负责收件和派件，正是这些"蚂蚁雄兵"，支撑起了整个顺丰庞大的快递网络。为了让业务开展得既快捷又省事，顺丰不断优化物流网络，根据数学模型计算出不同客户数量与不同商业流通频率下的服务半径。例如，二线城市市区的服务半径一般是 7 公里，这样可以确保基层收递员能在 1 小时内到达所属区域内任何地点，即一般城市市区点部的分布以约 7 公里为单位，做到最优拓扑结构。除了点部的分布要满足"1 小时交通圈"要求，在上一级中转站，也按照时效要求，设置 2 小时交通圈。为了确保既能有时效，又能节省成本，各级网点的交通车辆基本上都是定时按照规定的频率发车，就像公交车一样。分部每派出一辆车，都必须按照指定路线经过线路上的各个点部，以最短且最省时的线路绕回。

在跨省、跨区域之间的快件运送方面，顺丰速运 2009 年获得了民航局发布的公共航空运输企业经营许可证，自 2009 年 12 月 31 日起正式开航，先后自购 12 架全货机，同时也租用货机专营航空货运，成为国内第一家自己拥有航空公司的民营快递企业。目前，顺丰机队以 B757、B737 机型为主，飞机快递这种由联邦快递确立的创新模式，让顺丰在细分市场中的服务时效性方面获得竞争优势，实现了全天候、全年 365 天无节假日派送。

3. 创新

1）经营模式创新

顺丰在创业之初采取加盟制的方式，这种方式节约成本、扩张迅速。经过几年的高速扩张之后，这种经营模式与顺丰的产品定位之间出现了根本性的矛盾。顺丰所经营的是高附加值的快件业务，客户对价格相对不敏感，而是更重视速度和可靠性。而在松散的加盟体制下，管理很难到位，服务和速度无从体现。通过收权，2002 年顺丰从加盟制转为直营制，并在深圳设立总部，将自身定位于国内高端快递，成为国内仅有的两家采取直营模式的快递公司之一（另一家是国有的 EMS）。国外的 FedEx 和 UPS 皆采用直营模式，而国内一些快递企业囿于资金与实力采用加盟制进行市场扩张，存在无法保证服务质量、包裹延误和暴力分拣等弊端。

2）业务创新

顺丰不仅追求速度至上，更注重标准化业务流程和服务创新。自 2007 年起，顺丰在全公司内发起"寻找爱迪生"比赛。顺丰 2010 年发起的第四次营运工具设计创意大赛悬赏万元，请全公司 6 万名一线员工参与研发设计更适合操作的工具，包括快件装卸、搬运、分拣、集装、测重等操作环节。回单信封的设计员工荣获第一期奖金一万元，通过在运单反面增加回单信封，使回单快件操作只需把回单放入撕去面单的信封内即可，节省了文件封，刚刚设计出来就在深圳、北京等地试用，2010 年 8 月 1 日起全网推广，每月可省 5 000～85 000 元成本。

顺丰与清华大学共同研发的手持数据终端（俗称巴枪），具备 3G（3rd generation，即第三代移动通信技术）手机、GPRS、WiFi、蓝牙等功能，还有运费结算、查询收派件范围和拍照功能，创新的设计已有十多项专利，并为业务标准化服务。每个环节的工作人员都需要用巴枪扫描快件上的条形码，巴枪有 17 项菜单随时不断更新所在区域的待收件，系统会尽可能地优化收递员的出发时间和频率，以最俭省的路线完成尽量多的收递任务。外资快递公司早在 2000 年就已经实现了巴枪管理，顺丰 2003 年开始引进巴枪，开始是从韩国进口，每台 7 000 多元，重达 2 公斤，后来顺丰自己研发并不断升级产品，如今已是第四代，价值 3 000 多元。

3）营销创新

快递业的繁荣与业内竞争的加剧，使得顺丰通过不断创新提升竞争力、寻求在日益激烈的竞争中突出重围，通过先后搭建的三个电子商务平台——"顺丰 e 商圈"、"尊礼会"、顺丰优选，顺丰速运正在向上游的电子商务、第三方支付，下游的便利店快速扩张，完成产业链新的布局。

2010 年，顺丰尝试推出"顺丰 e 商圈"，从早期月饼业务开始，产品涵盖食品、电器、保险，2011 年 6 月，转型后的"顺丰 e 商圈"以有机蔬菜食品为主，而且销售送货范围仅集中在香港九龙、新界、香港岛区域。因产品价格及服务等问题，目前已停止了在内地经营。另一电子商务网站"尊礼会"（sfvip.com），销售各类消费卡、保健品、工艺品及节令商品，主要面向中高端商务人士，但由于未取得明显业绩，生存困难。这两次对电子商务领域的尝试性探索，因为定位不清晰，加上快递业本身缺乏电子商务运营经验而受挫。

顺丰优选网站（www.sfbest.com）于 2012 年 5 月 31 日正式上线，定位为以全球优质安全美食为主的网购商城。目前网站商品数量超过一万余种，其中 70% 均为进口食品，采自全球 60 多个国家和地区，全面覆盖生鲜食品、母婴食品、酒水饮料、营养保健、休闲食品、饼干点心、粮油副食、冲调茶饮及美食用品等品类，网站致力于成为用户购买优质、安全美食及分享美食文化的平台。

顺丰优选的成立使其实现了向产业上游的延伸，拓宽了顺丰速递物流的顾客来源。顺丰利用自己强大的配送系统，一方面优化了产业结构，提高了资源利用率，另一方面为企业多样化的发展提供了可能，此外还拓宽了营销渠道，从单一的接受客户订单转变成为自己服务的需求者，在主营业务方面化被动为主动。顺丰同时建有专业的冷冻库、冷藏库及针对特殊商品的恒温恒湿库房，在配送过程中实现全程冷链。

2012 年 8 月，顺丰优选申请到外经贸部门批准的进口商资质，充分运用物流优势和海外网点的布局，开展国内外直采业务。2013 年 1 月，顺丰优选的荔枝通过原产地直采、航空直达以及二维码溯源保证品质，同时荔枝包装盒上的二维码也可以帮助消费者追溯商品信息，如荔枝品种、重量、产地、采摘时间、装箱时间和发货时间。顺丰航空组织多个航班，在荔枝这些时令优选产品上给予优先权，以保证荔枝等食品快速送达消费者手中。另外，新鲜的樱桃、粽子、大闸蟹、水蜜桃这些时令水果和特产，也借助顺丰快递网络优势进行直采，减少了上游供应链的成本。生鲜类食品已成为顺丰优选的主要品类，占整体商品的 40%，销售曾一度达到全部品类的 57%。

2011 年年底，由顺丰控股的深圳泰海投资获得第三方支付牌照，成为除海航之外，获得第三方支付牌照的第二家物流企业。搭建自己的支付平台，是快递物流企业保证资金安全、降低金融成本的重要方式。至此，顺丰已覆盖了包括物流、网站、支付在内的所有电子商务要素。

　　4）服务创新

　　（1）合作便利店服务。为了给顾客提供更便捷、灵活的快递服务，顺丰与便利店等连锁机构合作，提供自寄自取服务，客户可在家或单位附近的顺丰授权合作店就近选择收寄快件，不必再为等待而烦恼，为客户提供了很大便利。一方面，更人性化的服务节约了客户的时间，为客户信息保密提供了可能；另一方面，合作便利店的无处不在也拓宽了其销售渠道，为营销管理的创新提供了新的参考。

　　人工成本占到了顺丰整个成本的 40%，以 20 个人的"点部"为例，一年的工资开支约为 120 多万元，加上支付房租、置办员工服装、车辆等，总花费可能要超过 150 万元。但是，除了收发快递之外，"点部"其实没有更多功能。如果将其改造成一个便利店，开支至少可以省下一半，而改造的办法，就是培养顾客的新习惯——将上门收派件变成顾客自己到店中收派件。这种便利店与快递的组合在国外早有先例，业内的常规做法是先做零售，当网点布局到一定程度后，再借力网点做快递业务。例如，日本便利店的快递收发功能已非常成熟，人们习惯于到距离家或者公司最近的 7-11 便利店收发物件，顺便购买一些日用品；在美国，UPS 和 FedEx 同样涉足零售业务，不过走的是并购的模式。2001 年，UPS 并购 Mail Boxes Etc（后更名为 The UPS Store）数千家门店，2004 年 FedEx 收购连锁便利店 Kinkos（后更名为 FedEx Office），这些门店除了出售日用品外，都同时经营文档处理、打印复印、照片冲印以及快递等业务。早在 2007 年，顺丰就在台湾采取了同样的策略。迄今为止，顺丰已经与全家、莱尔富、OK 便利店的 4 900 多家门店合作，开展 24 小时便利店取件服务。顺丰在台湾尝到了与便利店合作的甜头，将这一模式进一步复制到大陆市场。2011 年 10 月，顺丰在深圳与 7-11 便利店达成合作协议，将深圳地区的一百多家 7-11 门店变成了顺丰的"授权代办点"，同年 12 月，广州的 8 字连锁便利店也加入其中。在这些"授权代办点"，客户除了可以直接收、寄快件外，还可以享受一定的优惠，例如，1 公斤同城快递收费 9 元，省内 11 元，分别比其标准快递便宜 3 元和 2 元。在开展这种"挂靠式"合作的同时，顺丰也在建立自己的便利店。这一做法可以在一定程度上解决配送最后一公里的难题，但高昂的成本与投入对企业而言也是一个挑战。

　　（2）"逾限退费"服务。2013 年 7 月，顺丰开始对中国内地（不含中国香港、中国澳门、中国台湾地区）的标准快递、省内即日到或跨省即日到的用户，推出"逾限退费"服务。这一承诺对快递公司全流程管控、可视化查询，尤其是 IT 能力要求较高。

　　（3）微信查单服务。通过微信查询快件运单号，方便客户实时追踪快件状态，为客户提供更加轻松、便捷的服务。

4.2.3　案例启示

顺丰从成立初期只提供顺德与香港之间的即日速递业务，不断发展并迈向国际，现已成为中国速递行业民族品牌的佼佼者之一。积极、有序地发展陆上及航空速递网络，创新和完善的服务，是顺丰速运成功的法宝。顺丰探索客户需求，为客户提供快速、安全的流通渠道；不断推出新的服务项目，帮助客户更快、更好地根据市场的变化而做出反应；缩短客户的贸易周期，降低经营成本，提高客户的市场竞争力。顺丰的快速发展，得益于其专注于满足市场需求，致力于快速、安全、准确地传递客户的信任，不断拓宽服务区域。现代科技也为顺丰速运的发展注入了强大的活力，注重用科技提升服务，积极研发和引进先进信息技术和设备，先后研发和建立了具备行业领先水平的信息系统，逐步提升作业自动化水平，实现了对快件流转的全程信息监控、跟踪及资源调度。新技术的实现在促进快递网络优化的同时，也确保了顺丰服务质量稳定、客户满意。顺丰还致力于加强公司的基础建设，统一全国各个网点的经营理念，大力推行工作流程的标准化，提高设备和系统的科技含量，提升员工的业务技能和素质，努力为客户提供更优质的服务。

物流企业开展电商业务，一方面是受电子商务广阔的市场前景所吸引，另一方面则是成本的增长迫使物流企业寻找新的收入来源。物流行业竞争的加剧及利润的逐年降低，促使物流企业向产业链上游发展，通过提高附加值来增加收入，在一定程度上分摊单个快递网点的运营成本。2009 年，申通创办了"久久票务网"，专注于开展票务网上代购配送业务。2010 年，顺丰推出了"顺丰 e 商圈"；2012 年 3 月，顺丰推出礼赠平台"尊礼会"，主要面向中高端商务人士提供专业礼品服务，采用会员邀请制；2012 年，顺丰优选电子商务平台上线，从事进口食品、水果、酒类及其他物品配送。2012 年 7 月，申通投资的电子商务平台"爱买网超"正式上线，以食品和日化为主、百货和小家电为辅，但上线不足两个月即宣告失败。之前顺丰集团开展电子商务的两次尝试并不成功，其主要原因是物流企业发展电子商务面临着库存、供应链、运营管理等诸多挑战，物流发展电商的劣势表现为：供应商吸引力有限，产品品类受限；网站运营经验不足，比价能力有限。

4.3　案例 2：百年企业 UPS

4.3.1　案例背景

1907 年，为了满足美国私人信使与递送服务的巨大需求，富有创业精神的

19 岁青年 Jim Casey 从朋友处借来 100 美元创建了位于华盛顿州西雅图市的美国信使公司（American Messenger Company）。最初的服务是递送包裹、便条、行李以及餐馆的食物，大部分递送均为信使步行，稍远的行程则骑自行车。Jim 和他的合作伙伴 Claude Ryan 在人行道边的一间简陋的办公室运营公司的服务业务，尽管竞争残酷，但公司运转良好，这得益于 Jim Casey 严格的准则——谦恭待客、诚实可靠、全天候服务与低廉的价格。这些原则至今仍指导着 UPS，Jim 将其归纳为以下口号：最好的服务，最低的价格。

汽车和电话的使用导致信使业务下降，这个年轻的公司侧重于零售商店的包裹递送，并开始使用摩托车进行某些递送，1913 年使用第一辆递送专用汽车——T 型福特车，并改名称为"零售店包裹递送"（Merchants Parcel Delivery），开始使用固定的递送方式，即将地址定为某一街区的包裹与一部递送车辆结合起来，这样可以更有效地利用人力和机动设备，并且可以保持较低的价格。1919 年，其业务首次扩展到西雅图以外，达到加利福尼亚州的奥克兰，并采用沿用至今的名称"联合包裹运送服务公司"。1922 年，UPS 收购了洛杉矶的一家公司，首创"普通承运人"服务，既结合零售商店递送服务的许多特色和经营原则，又具有当时许多其他私人承运商甚至包裹邮政都不具备的特色，其与众不同的特色服务包括每日自动取件电话、对货到付款的发货人接受支票、额外递送、自动返还无法递送的包裹以及简化记录每周付款。UPS 能以与包裹邮政相当的价格提供更广泛的服务，而且还是当时美国少数几个提供普通承运人服务的公司之一。1924 年，UPS 首次推出一项技术创新——第一个处理包裹的传送带系统。虽然普通承运人服务最初限制在洛杉矶附近的一小块地区，但是到 1927 年已经扩展到距市中心方圆 125 英里（1 英里＝1.609 344 千米）的地区，同时 UPS 的零售递送服务也已扩展到包括美国太平洋海岸的所有主要城市。

1930 年，UPS 通过合并纽约市与新泽西州纽瓦克市（Newark）的几家大型百货商店的递送业务，将其业务扩展到东海岸。然而，20 世纪 40 年代与 50 年代的发展趋势促使 UPS 对自己重新进行定义。尽管 UPS 在 20 世纪 30 年代和 40 年代仍在继续扩展其零售商店的服务，但到了 20 世纪 50 年代早期，现实清晰地表明零售商店的合同服务是有限的，这促使 UPS 在核心业务集中在零售递送的同时，开始寻找新的机会。1953 年芝加哥成为第一个 UPS 在加利福尼亚州以外提供"公共承运人服务"的城市，"公共承运人服务"是指在所有客户（包括私人客户与商业客户）之间递送包裹。同时，UPS 决定在加利福尼亚州使用法律手段寻求授权的业务扩展，这触发了一系列空前的法律大战，由于"公共承运人服务"与美国邮政服务竞争，而且违背州际商业委员会（Interstate Commerce Commission，ICC）的规章。在接下来的 30 年间，UPS 不懈地进行了 100 次以上申请，以期获得其他业务授权。

　　1953 年，UPS 恢复了曾于 1929 年开办的全美第一个通过私营航空公司提供空运服务的包裹递送服务，当时由于大萧条，业务量匮乏而停运。恢复的空运提供到东海岸和西海岸主要城市的隔日到达业务，在定期安排的航线飞行，该服务被称为"UPS 蓝色标签空运"。在拓宽服务的同时，UPS 还向新的地域扩展，1975 年成为第一个在美国 48 个相邻州内的每个地址提供服务的包裹递送公司。1977 年，UPS 对美国所有 50 个州提供空运业务。20 世纪 80 年代，航空包裹递送的增长需求为 UPS 创造了新的契机，开始提供次日到达业务，为了保证可靠性，UPS 开始组建自己的货运机队。1981 年，UPS 购买第一架飞机；1988 年联邦航空管理局（Federal Aviation Administration，FAA）授权 UPS 成立正式的航空公司，是全美十大航空公司之一，拥有世界先进的信息系统，如能为航班的计划、调度与装载处理提供信息的计算机化运作监控、计划与调度系统（COMPASS）。2002 年 9 月，UPS 耗资 10 亿多美元于美国肯塔基州路易斯维尔建成"世界港"，这里也是 UPS 机队的航空基地，是一个多点式的枢纽，是目前全世界最大的物流中转中心，营运面积 40 万平方米，相当于 80 个美式橄榄球场地大小，每小时处理能力达到 48.7 万件，在这里 UPS 把来自世界各地的所有货物都放到里面，然后经过分拣，送往世界的任何一个角落。

　　进入国际运输市场的 UPS，在美洲、欧洲、中东、非洲和太平洋沿岸地区建立业务。全球运作的 UPS 通过开发新技术以保持效率和有竞争力的价格，同时提供新的客户服务。UPSnet 是 UPS 全球电子数据通信网络，为国际包裹处理与递送提供信息处理渠道，使用超过 500 000 英里的通信线路和一颗专用卫星连接 46 个国家或地区的 1 300 多个 UPS 配送站，追踪所有的陆运包裹。1994 年，UPS.com 问世，使得客户能够追踪运输中的包裹，每天都收到数百万条在线包裹追踪请求。通过提供独特的供应链解决方案，UPS 能更好地为客户服务，并提高核心竞争力。1995 年，UPS 成立物流集团，根据客户的个性化需求提供全球供应链管理解决方案和咨询服务，服务涵盖高科技、汽车、工业生产、保健、零售及消费产品等领域。

　　2001 年，UPS 通过并购拥有最大的特许经营公司——Mail Boxes Etc.（以零售货运、邮政和商业服务中心著称）后开始向零售业进军，The UPS Store 提供更优惠的 UPS 服务，这些商店仍保留原有的服务，在当地拥有、经营且继续提供相同项目的邮政和商业服务。

　　对于作为主要发展目标的亚洲，UPS 在 2001 年获得美国运输部授予的中国直航权。UPS 开展中国市场的业务始于 1988 年，UPS 公司与拥有 40 多年运输经验的中国外运集团签订了代理业务合作协议，正式进入中国市场。1996 年 5 月，UPS 与中国外运集团共同在北京成立 UPS 在中国的第一家合资企业——中外运北空联合包裹国际快递有限公司（简称中外运）。通过与中外运的合作，

UPS 将服务范围覆盖到中国 174 个城市，并在中国开设"UPS 全球特快服务"、"UPS 全球快捷服务"等多种业务。根据我国加入 WTO（The World Trade Organization，即世界贸易组织）的相关承诺，自 2005 年 12 月 11 日起，国外公司可独资经营国际快递业务，UPS 开始在中国筹划其独资的步伐。

在过去的百年中，UPS 由一家不起眼的信使服务公司发展成为空运、航运、地面货运和电子服务的先驱，从 2003 年启用新的品牌标识，代表着全新的、蜕变的 UPS 向全世界展现其超越小包裹递送的卓越能力。2012 年 UPS 全球员工 397 100 人（美国 322 100 人，海外 75 000 人），营业额 541 亿美元，零售渠道包括 4 709 个 UPS 店铺、1 000 个 UPS 客户服务中心、13 000 家特许经营店、40 000 个 UPS 交货信箱，全球运输车队拥有 96 394 辆各类车辆（包裹运输车、客货车、货运卡车、摩托车，包括 2 688 辆替代型能源汽车）、230 架喷气式飞机，另租用飞机 332 架。其五大空运枢纽包括：美国肯塔基州路易斯维尔市（全球主要空运枢纽）、宾夕法尼亚州费城、得克萨斯州达拉斯、加利福尼亚州安大略、伊利诺斯州罗克福德、南卡罗来纳州哥伦比亚；欧洲的德国科隆、波恩；亚太地区的中国上海、深圳、香港；拉丁美洲及加勒比海地区的美国佛罗里达州迈阿密；加拿大的安大略省哈密尔顿。

4.3.2　UPS 的经营之道

1. 顾客至上，周到服务

UPS 的主要服务包括物流与配送、运输和货运服务（包括空运、海运、陆运和铁路运输）、货运代理、国际贸易管理和清关服务，还提供零配件物流、技术维修和配置、供应链设计和计划、回邮管理等特别服务。UPS 在全球快递业中之所以取得巨大成功，与其富有特色的物流服务密切相关，主要可以概括为以下几个方面：

（1）货物传递快捷。UPS 规定：国际快件 3 个工作日内送达目的地，国内快件保证在翌日上午 8 点以前送达。在美国国内 UPS 接到客户电话后，1 小时内上门取件，并当场用手持终端办理好托运手续。为了测试 UPS 的快递速度，UPS 总裁曾于星期三在北京向美国给自己寄了一个包裹，星期五当他回到亚特兰大公司总部上班时，包裹已经出现在他的办公桌上。UPS 坚持"快速、可靠"的服务准则，获得了"物有所值的最佳服务"的声誉。

（2）报关代理和信息服务。UPS 从 20 世纪 80 年代末期起投资数亿美元建立起全球网络和技术基础设施，为客户提供报关服务。UPS 建立"报关代理自动化系统"，使其承运的国际包裹的所有资料都进入这个系统，确保清关手续在货物到达海关之前就已经办完。计算机化清关为企业节省了时间，提高了效益。UPS 有 6 个清关代理中心，每天办理 2 万个包裹的清关手续。

（3）货物即时追踪服务。UPS 的即时追踪系统是目前世界上快递业中最大、最先进的信息追踪系统，所有交付货物只能获得一个追踪号码，货物走到哪里，这个系统就跟到哪里。这个追踪系统已经进入全球互联网络，每天有 1.4 万人次通过网络查询他们的包裹行踪，非互联网络用户可以用电话咨询客户服务中心，路易斯维尔的服务中心昼夜服务，200 多名职员每天用 11 种语言回答世界各地的客户大约 2 万次电话查询。

（4）先进的包裹管理服务。UPS 建立的亚特兰大"信息数据中心"可将 UPS 系统的包裹的档案资料从世界各地汇总到这里。包裹送达时，物流员工借助信息读取装置摄取客户的签字，再通过邮车上的转换器将签名直接输送到信息数据中心，投递实现无纸化操作。送达后，有关资料将在数据中心保存 18 个月，这项工作使包裹的管理工作更加科学化，也提高了 UPS 服务的可靠性。

（5）包装检验与设计服务。UPS 设在芝加哥的"服务中心"数据库中，抗振的、抗挤压的、防泄漏的各种包装案例应有尽有，"服务中心"还曾经设计水晶隔热层的包装，为糖果、巧克力的运输提供恒温保护，用坚韧编织袋包装，为 16 万件转换器提供经得起双程磨损的材料，这类服务为企业节省了材料费和运输费，被誉为"超值服务"。

2. 信息畅通，降低成本

物流信息管理的核心是建立精确透明的数据库，UPS 公司要求每一位职员在为客户提供服务时必须眼观六路、耳听八方，充分利用所有已经掌握的信息，在供应链中寻找至少节约管理经费 5%～10%的机会。凡是能够帮助降低经营供应链服务成本的信息、数据，都要加以选择运用，绝不轻易放弃，其意义远远超过具体经营操作一座仓库和运输货物。UPS 重视建设客户数据库，专门建立客户档案，详细地记录每个客户的单位信息、联系办法、目前所销售使用物品的情况、对本公司服务的评价以及联系人的姓名、职务、兴趣爱好、关系等内容。

UPS 重视供应链管理方面库存信息的透明度，特别强调库存数据报告的精确性。例如在新加坡，UPS 为当地一家国有半导体生产厂商经营一座仓库，仓库里货物的库存量是准确无误的，即 UPS 公司的所谓"无缝"管理，库存必须 100%正确，甚至货物的堆放位置、品名、数量、进出库时间、累计数、当值人员姓名等资料都必须填写得一清二楚、一目了然。除了各自跟随每票货物进库的一张货物提单外，仓库均实行无纸化管理，全部自动化电脑程控，这样不仅能实时监控库存信息，而且当客户提出信息跟踪、咨询时也能迅速、准确地调用信息，满足客户要求。

供应链管理信息可以促进服务业务的发展。有一家电脑公司在供应链方面出现问题，零部件不是短缺就是过剩，经过 UPS 公司的帮助和分析后发现，该公司的仓库管理技术人员在他们的汽车修理箱中放有为数不少的主板和半导体零部件，占公司库存量的45%。其原因是，每当技术人员被客户叫去修理电脑设备时，为了不延误时间，就带了许多备件，把仓库备件积压在技术人员的汽车修理箱中。在 UPS 的指导下，该公司建立了精确的库存信息网络，凡是紧缺和必需的半导体零部件，在透明度极高的电脑信息指导下，通过供应链立即送到修理现场，这家电脑公司的库存管理立即改观。

信息技术已经在全球范围内为 UPS 提供综合性供应链服务铺平了道路，现在的 UPS 公司把铁路运输、公路运输、国内航空运输、国际航空运输的功能整合起来，联合作战，把经营成本集中管理，每一个环节或者部门只关心"运的是什么货物？客户还需要什么？我们怎样为客户提供最佳品牌服务？"三个要素，宗旨是尽量为客户省钱、省时间、省精力。

分析、设计和管理这三个步骤，是 UPS 在具体经营和操作物流供应链过程中把握的关键，也是 UPS 屡战屡胜的奥秘所在。UPS 的经营规范之一就是帮助客户分析、设计和管理，对一些动辄要求仓储的客户，UPS 会先为其分析仓储的利弊，再进行设计，往往可省去仓储一环，直接从客户的生产车间提货装箱，直接发送到机场，全部过程的管理由 UPS 承担，为客户节约时间、费用和精力。这种精于分析、重在管理的服务令客户赞不绝口。

此外，UPS 通过整合在 eBay 网的货运软件 UPS WorldShip，优化货运流程，加快国际包裹的通关速度。WorldShip 是一个基于 Windows 系统开发的全功能货运软件，适用于日运送 5 件及以上货物的卖家，美国本土 eBay 卖家都可以在 eBay 免费使用。WorldShip 在 eBay 的整合使卖家将 eBay 的订购信息自动传输到 WorldShip，无需人工输入信息。随后，卖家可以从 WorldShip 输出货运数据并利用 UPS 跟踪号码自动更新 eBay 订单。此外，eBay 卖家还可以利用 UPS 无纸发票（WorldShip 提供的一种国际货运方式）处理国际货物，eBay 卖家只需提交所需的电子商业发票，不仅节省了纸张，还为买家办理清关节省了时间。eBay 订购信息的数据通过 WorldShip 的直接传输使卖家能够便捷地运输货物，避免了信息的重新输入，为卖家加快业务增长节省了宝贵的时间。WorldShip 软件中的无纸发票及其与 eBay 销售经理应用插件平台的无缝整合是 eBay 卖家选择这一专业工具的两个重要原因，而且无需承担任何费用。

3. 适时并购，扩展业务

UPS 通过并购将自己打造成为全球首屈一指的跨国物流集团。1999～2002 年，UPS 进行了多起并购。1999 年，UPS 并购 20 家与供应链相关的公司，其中包括加拿大最大的药品和化学制品物流企业 Liringston 以及法国最大的零件物流公司 Finon Sofecome；2001 年，UPS 分层收购了飞驰公司、瑞士物流公司和德国 Uinda 公司。2002 年，UPS 还先后在亚洲和拉丁美洲 20 个国家收购了 60 多个物流中心。这一系列的收购，使 UPS 的物流能力空前提高，可以为任何客户提供物流的全方位解决方案，包括增值服务。

2002 年 6 月，UPS 收购澳大利亚的一家零件物流公司，这家公司在 13 个国家的 50 个城市开展物流服务，包括日本、韩国、新加坡、澳大利亚、菲律宾、印度、泰国、中国和新西兰，这使得 UPS 轻松地将配送网络延伸到了亚洲。一系列的收购，从地域上令 UPS 在稳固北美和欧洲市场的基础上，把触角伸到了亚洲和拉丁美洲，成席卷全球之势，在北美、欧洲、亚洲到拉丁美洲，UPS 勾勒出一个巨大的四边形，构造了庞大的市场资源。

2001 年 3 月 24 日对飞驰公司收购的完成使 UPS 物流业务范围得到完善，由原来 70 千克以下的包裹业务扩展到 500 千克的范围。而且原飞驰是全世界最大的空运公司之一，在美国本土及全球 120 个国家都拥有非常庞大的运送网络，此笔收购使 UPS 在竞争中处于更加有利的地位。UPS 对 Mail Boxes 的收购，尽管并没有极大地增强其在零售领域的实力，但其却将信息端点全面延伸到美国本土更加深入的社区。2003 年 2 月，UPS 直接将遍布美国的 Mail Boxes 连锁店更名为"UPS 营业店"。

2001 年 5 月，UPS 并购美国第一国际银行，将其改造成 UPS 的金融部门——UPS 资本公司（UPSC，UPS Capital），提供供应链金融服务。供应链金融是一种旨在降低供应链融资成本以及解决供应链节点资金短缺问题的金融创新。例如，很多中小供应商在与沃尔玛这样的零售商打交道时，需要垫付全额货款，账期为 30～90 天，这对中小企业造成了严重的资金压力。而此时的 UPS 提供的供应链金融服务不仅保证沃尔玛能够继续延长账期，而且可以使得其供货商利用沃尔玛的信用以优惠的利率获得应收账款融资，从而巧妙地解决了这一难题。

如图 4-1 所示，UPS 首先与沃尔玛和其供应商签订多方合作协议，为后两者提供物流服务，同时 UPS 作为中间结算商，代替沃尔玛与供应商进行支付结算，而 UPSC 作为 UPS 的信用部门，保证在货物交付到 UPS 物流机构两周内把货款先行支付给供货商，以确保后者资金的快速运转，供货企业将包括出口清关在内的全程货运业务转交 UPS，并支付相应的物流服务费用和一定的融资费用，最后 UPSC 代表持有货物的 UPS 与沃尔玛进行统一贷款结算。一方面，UPSC 的供应链金融服务使得沃尔玛避免了和大量供应商逐个结算的交易成本，帮助供应商缩短账期；另一方面，UPS 扩大了市场份额，在物流服务与金融服务上同时获益。此外，UPSC 还可以为中小供应商企业提供为期五年的循环信用额度，帮助这些供应商规避沃尔玛收到货物后拖延付款的风险，对于缺乏信用支持的中小企业来说，UPSC 融资的成本也远低于其他融资渠道。因此，不管是物流企业 UPS、核心企业沃尔玛，还是中小供货商企业均受益于 UPSC 所提供的这种供应链金融服务，实现了多赢。

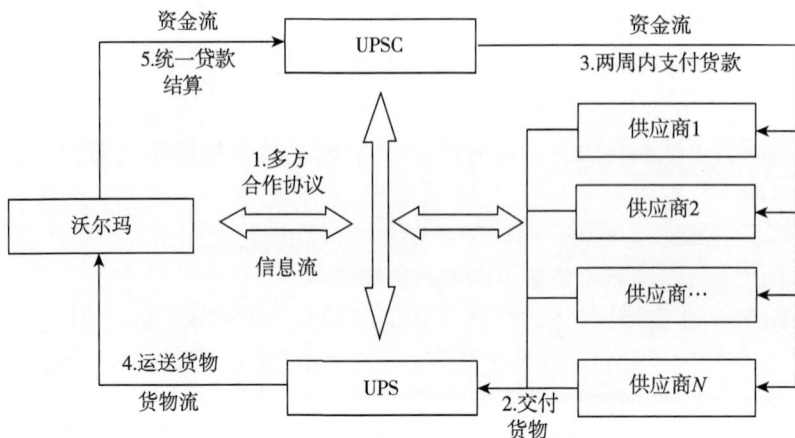

图 4-1   UPS 与沃尔玛供应链金融合作的流程图

UPS 通过收购兼并一部分公司，逐步发展扩大规模。但 UPS 并不是盲目地兼并，其对于收购兼并的对象始终坚持三个标准：具备一定市场潜力；有一定经营毛利；有一定发展前途。

4. UPS 的中国策略

作为世界最大的包裹递送公司和全球领先的专业运输和物流服务的供应商，UPS 通过整合货物流、信息流和资金流，不断开发物流、供应链管理和电子商务的新领域。其每天管理世界 200 多个国家和地区的物流、资金流与信息流，是全球为数不多的三流合一的公司。

随着全球经济一体化发展及中国经济的快速发展，UPS 开始将目光转向中国。1988 年 UPS 进入中国，最初与中外运合资，并在国内设立很多代理合作伙伴，这种战略为其打开中国市场起到了很好的作用。2001 年 1 月 12 日，UPS 获得美国运输部的许可证，获得中国直航权。目前，UPS 的服务范围主要是提供国际信函包裹服务，国际空海运输，整体物流服务中的订单管理、货存管理和逆向物流，物流咨询服务等。

（1）国际信函包裹服务。在中国，随着国际贸易往来的频繁，信函包裹的业务需求增长迅速，作为世界第九大航空公司，拥有百年信使包裹经验的 UPS 具有很大竞争力。UPS 中国公司从成立之初到现在，在全国范围内铺设了网络，在上海成立中国的转运中心，把亚太的转运中心由菲律宾的克拉克机场搬到了中国深圳，其面积是克拉克机场的 7 倍，处理信函的能力是菲律宾中心的 5 倍。2010 年，UPS 在合肥成立数据共享中心作为中国地区的信息服务中心，提高了信息流动的效率。

（2）国际空海运输。受中国国内市场现代物流需求与基础物流设施落后的情况影响，许多外资物流企业主要从事最传统的物流服务。UPS 通过飞机或船舶以及自有的全球性的网点铺设，为客户的全球采购、全球货物进出口运输提供代理咨询服务，包括上门提货、代理报关、报检、代理运输、追踪查询、目的港清关、派送货物到收获人指定地点等。由于竞争异常激烈，为了赢得更多的客户，UPS 分析国内客户的需求，结合自身的优势，开发出多种特色服务，如根据客户对时间和价格的敏感度不同，细分出门到门的快速物流、空运、海空联运、贸易直航（trade direct）、海运等不同特色的服务。

快速物流就是借用包裹信函的概念，把重量较大的货物在承诺的时间内通过普通空运的方式运送到客户手里，从北京上海始发的国际空运货物，UPS 保证 2～3 天内送达美国和欧洲的客户手里，从而抢占了高端的市场。海运的贸易直航是在海运中减少货物的停留环节和时间来缩短海运时间。该项服务适合服装、体育用品和电子类产品等制造类企业，以及其他将海运作为经济运输手段并希望将产品直接送交客户的制造商。采用该项服务的优势主要体现在两个方面：一是仓储费用的节省，即可省去若干分销或配送中心，基本可以达到零库存，减少了仓库的支出，同时因为陆运环节的减少，搬倒箱的次数也降低，降低了因搬倒而导致的货损，也缩短了交货时间。二是现金周期的缩短，缩短到货时间，必然会加快存货的周转率、企业现金流和应收账款周转率，使存货成本下降。

（3）整体物流服务。UPS 中国公司这项服务包含仓库设计、建设、管理、零备件简单组装、货物分拨、贴标签、客户订单管理、反修和补充货物物流、逆向物流收集递送、供应商库存管理等。其中供应商库存管理（vendor managed inventory，VMI）是近年来需求较多的一项服务，它是一种优化供应链绩效的方式，将客户仓储库存数据共享给相关联的客户，根据客户的需求来维护库存数量。VMI 模式要求由仓储方统一管理并维护库存，对物料实施监管，根据需要实时调整库存数量，客户企业根据销售趋势和买方的制造预测出需求，决定产品的库存水平以及做出补货决策。UPS 的成功案例是在美国为美国通用汽车做 VMI 仓库，而在中国，UPS 中国的上海和无锡公司分别为美国的 GE 公司和美国最大硬盘制造商希捷公司管理其供应商的库存。

（4）物流咨询服务。随着中国经济的高速发展，中国巨大的市场不断吸引全球各地的投资商，很多 UPS 的客户也想进入中国市场，但是苦于对中国不了解、不知道如何切入、考察时间过长等而无法实现。UPS 公司利用其良好的品牌信誉，以及在中国的 44 个网点的经验，成为中美贸易之间的桥梁，为客户提供良好的解决方案，帮助客户作仓储的选址、建设管理，赢得了国外投资商的赞誉，同时又因为中国引进了外资而得到了中国政府的赞许。

另外，UPS 在上海浦东国际机场建立的国际航空转运中心于 2008 年 12 月正式落成启用，其目的是：第一，所有中国送到美国的货物可在上海分配，美国送到中国的也由上海分至各地；第二，上海成为亚太的转运中心，连接中国、日本、韩国业务；第三，上海转运中心每周处理至少 72 架次起降航班，完全符合中国对设立转运中心的规定。同期深圳转运中心也破土动工，上海转运中心主要为中国客户提供进出口服务，深圳转运中心则要承担整个亚太区转运中心的角色。

2006 年 8 月，UPS 开始在上海推出两家 UPS Express 特快专店，使得该区域的商务办公室与小企业获得更加便利与快捷的投寄与取货服务，另外 UPS 还在北京、广州、深圳等地建立特快专递店，加快在中国的发展速度。代表 UPS 零售业务的特快专店，客户可以直接在门店交寄货件或预约上门取件，或通过电话在合资店采购办公用品，在接到客户电话服务需求后的 30 分钟内，UPS 就会上门领取需要递送的包裹。

北京奥运会期间，UPS 被选定为北京 2008 年奥运会物流和快递服务赞助商，为北京奥组委制定所有物流方案，方案中的物资总体配送计划是 UPS 专为北京 2008 年奥运会赛事物流所设计的车辆配送计划编排系统。根据递送需求，系统将自动编排出车辆的出发、安检、车检以及最后完成卸货后的离开时间，并将报告自动发送至相关业务点，从而实现配送计划的优化编排以及人力、设备和资源的合理分配。

UPS 在中国还积极投身快速发展的电子商务领域。2009 年 8 月，UPS 在线工具与敦煌网交易系统的整合使敦煌网用户可以在交易环节中计算物流成本、要求 UPS 取货、追踪货运情况并查看国际货运的中转时间，简化跨境交易物流过程，缩短交易周期，大幅提升用户的交易管理效率，提高跨境交易物流的可靠性和便利性。2010 年 5 月，UPS 成为中国电子商务企业阿里巴巴旗下的在线批发平台——全球速卖通（www.aliexpress.com）的首选物流供应商，与全球速卖通结成战略联盟，通过整合 UPS 运输技术，让阿里巴巴卖家享受在线管理货运和在线追踪，其中包括打印 UPS 货运标签、要求 UPS 上门取件等。通过 UPS 的订单追踪功能，所有全球速卖通的买家和卖家都能够全程追踪、查询货件状态。

2012 年 UPS 通过分三批次申请国内快递运营牌照，被获准在上海、广州、深圳、天津、西安、昆山、大连、南京等 19 个城市开展除信件之外的国内快递业务。

2010 年 4 月，UPS 在中国推出在线包裹追踪工具（UPS Widget），可以让客户更简便地从电脑桌面接收货件追踪的自动通知，随时更新发送货件递送状态。不论是发件人或收件人都可以通过 UPS Widget 查询进口及出口货件状态。用户一次可以保存 75 个追踪号码，并通过快速链接网站来计算运送时间、运费，并处理货件。同时，UPS Widget 的功能还包括自动通知递送状态。这款免费的工具还能将有关 UPS 服务和促销的信息直接发送到用户电脑上，例如，UPS

Widget 能够演示 UPS 新产品或服务升级的视频，让用户了解如何使用。

4.3.3　案例启示

从最初创立到现在的一百余年时间里，UPS 由一家以生产设备为主导的传统型运输公司，演变成以人性化的服务思想为理念、以科学有效的管理方式为主导、以先进的信息管理系统和发达的交通运输网络为辅助手段的国际快递物流业的巨头，其成功的原因来自于 UPS 紧紧追随市场发展步伐，适时调整发展战略从"包裹运输行业领先的公司"到"全球电子商务促进者"，进而强调"全球商务同步协调"，把公司打造成信息时代的供应链管理解决方案提供商，UPS 向客户所提供的不仅仅是物流服务，而是物流、资金流和信息流这三种服务的整合。UPS 快递服务遍及美国本土，随着其客户逐渐走向全球，UPS 的快递服务也随之向全球延伸。货物运输的多样性和复杂性不断对 UPS 的运营构成新的要求，UPS 已不满足于简单的货物转移，即将货物从 A 处运输到 B 处，其供应链管理已延伸到信息流、资金流的整合管理，提供全球供应链金融服务、仓储、国际贸易管理、售后支持等多样化服务，通过提供安排货物的放行、出仓时间等高透明度的物流信息，令中小企业更易获得贷款。

世界快递巨头如 FedEx、敦豪速递、荷兰 TNT 等纷纷涌入中国，面对激烈的市场竞争，UPS 依赖先进的科技来保证效率，保持价格的竞争性并提供创新的客户服务，为高溢价产品（如包括医疗保健、高科技、电商和零售行业等）提供全球范围内的"一站式"物流解决方案；通过物流实时跟踪、GPS 等快速反应技术加速国际运输并简化管理海外业务的过程，提升递送服务质量。物流的全程跟踪和控制是 UPS 提供的重要增值服务之一，UPS 通过其网络优势，将业务沿主营业务向供应链的上游和下游企业延伸，提供优质的增值服务。

4.4　案例 3：京东商城的自建物流

4.4.1　案例背景

1998 年 6 月 18 日，京东商城创始人刘强东在北京中关村创办了京东公司，早期代理销售光磁产品；2004 年 1 月进入电子商务领域，正式开通"京东多媒体网"（为京东商城的前身），启用域名 www.jdlaser.com；2006 年 1 月成立上海全资子公司，2007 年 5 月广州全资子公司成立，全力开拓华南市场，由北京、上海、广州三地为基础覆盖全国的销售网络形成。2007 年 6 月正式启动全新域名 www.360buy.com，并成功改版，京东多媒体网正式更名为京东商城，以全新的面貌展现在国内 B2C 市场。2007 年 7 月，京东商城建成北京、上海、广州三大物流体系，总物流面积超过 5 万平方米。2007 年 8 月，京东赢得风险投资基金——今日资本首批融资千万美金；2009 年 1 月又获得来自今日资本、雄牛资本以及亚洲投资银行家梁伯韬先生的私人公司共计 2 100 万美元的联合注资；2011 年 4 月获得俄罗斯投资者数字天空技术（Digital Sky Technolog，DST）、老虎基金等 6 家基金和社会知名人士融资共计 15 亿美元，这是中国互联网市场迄今为止单笔金额最大的融资。

2008 年 6 月将空调、冰箱、洗衣机、电视等大家电产品线逐一扩充完毕，标志着京东公司在建司十周年之际完成了 3C 产品的全线搭建，成为名副其实的 3C 网购平台。2009 年 10 月，京东商城呼叫中心由分布式管理升级为集中式管理，且由北京总部搬迁至江苏省宿迁市。2010 年 3 月其西南分公司在成都成立，以华北、华东、华南、西南四大物流中心为基础覆盖全国的销售网络正式形成。

2010 年 3 月，京东商城正式推出"211 限时达"极速配送，引领并建立中国 B2C 行业新标准；4 月手机版京东商城（m.360buy.com）正式推出，用户可以通过搜索功能，搜寻目标商品的价格、库存等信息，还可以随时随地查询订单的配货、出库、配送等即时状态；6 月开通全国上门取件服务，彻底解决网购的售后之忧；11 月图书产品上架销售，实现从 3C 网络零售商向综合型网络零售商转型；12 月"品牌直销"频道正式上线，开放平台的运营采取与联营商户更紧密的合作体系，商户借助仓储、配送、客服、售后、货到付款、退换货、自提货等体系优化网购体验，削减自建服务体系的成本，消费者则可以通过京东开放平台购买到更丰富的商品。

2011 年 2 月，京东商城上线包裹跟踪系统，方便用户实时了解追踪自己的网购物品配送进度。同年 7 月，京东商城注资九州通医药集团股份有限公司旗下的北京好药师大药房连锁有限公司，进军 B2C 在线医药市场，为消费者提供医药保健品网购服务。2012 年 5 月，日韩品牌网站迷你挑（www.minitiao.com）正式上线。

自 2004 年年初正式涉足电子商务领域以来，京东商城一直保持高速成长，连续七年增长率均超过 200%。京东商城始终坚持以纯电子商务模式运营，目前拥有遍及全国超过 6 000 万个注册用户，近万家供应商，在线销售家电、数码通信、电脑、家居百货、服装服饰、母婴、图书、食品等 12 大类、数万个品牌、百万种优质商品，日订单处理量超过 50 万单，网站日均 PV（page view，即页面浏览量）超过 1 亿次。

2009 年年初，京东商城成立物流公司，布局全国物流体系。目前，京东商城分布在华北、华东、华南、西南、华中、东北的六大物流中心覆盖了全国各大城市，并在西安、杭州等城市设立二级库房，仓储总面积超过 50 万平方米。其中，北京、上海、广州、成都、武汉为一级物流中心；沈阳、济南、西安、南京、杭州、福州、佛山、深圳为二级物流中心。在天津、苏州、杭州、南京、深圳、宁波、无锡、济南、武汉、厦门等超过 300 座重点城市建立了城市配送站，为用户提供物流配送、货到付款、移动 POS 刷卡、上门取换件等服务。2010年，京东商城在北京等城市率先推出"211 限时达"配送服务，在全国实现"售后 100 分"服务承诺，随后又推出"全国上门取件"、"先行赔付"、7×24 小时客服电话等专业服务。

4.4.2　京东商城物流配送体系

京东商城的物流发展策略如下：首先在人口密集、地理优势明显、订单量大的区域建立大型的物流仓储中心，每个物流中心辐射一定的服务范围；其次在各个物流范围内建立中小城市自提点和配送站，配送站数量的增加可以提高商品配送的效率，并且逐步将触角延伸到各个乡镇，利用各区、县的乡镇客班车，实现快速送货；最后有客户自提或者提供快递送货上门服务。这种物流发展策略，形成了"以点带面"的网状结构，并逐步将网络向末端延伸。

根据物流发展策略，京东商城的物流结构的布局是一个逐渐完善的过程，早期主要业务集中于北京、上海、广州等特大型城市，因此在北京、上海、广州三个城市建立了仓储物流中心。随着业务规模的不断扩大，京东商城开始不断扩建物流中心，不但要将原有的仓储中心面积扩大，提高库房吞吐能力，还要在新的城市建立仓储物流中心，同时仓储规模的不断变化也是京东商城业务增长变化的表现。为了快速地布局全国市场，京东商城在地理位置优越的 6 个发达城市建立了大型的仓储物流中心，然后根据每个仓储中心所在地区辐射的范围来确定建立城市配送站和自提点。例如，在成都拥有一个大型的仓储中心，这个仓储中心不但要满足成都地区的物流需求，还要辐射西南地区的整个物流配送需要，而在附近其他省会城市京东商城都建立了城市配送站和自提点。

物流发展策略与布局结构形成以下几种配送方式："211 限时达"；货到付款，在收到货物时再进行支付现金或 POS 机刷卡；定时达，在近 7 天范围内（大家电 10 天）选择送达日期；开箱验机，冰箱、洗衣机、彩电类商品，在收货签收前可以打开包装检验货物的完好情况。

1. 京东商城的物流配送模式

京东商城的物流配送模式主要采用自建物流配送体系，以及自建物流与第三方物流相结合的方式。京东商城构建由 6 大物流中心、25 个仓储中心、近 1 000个配送站、200 个自提点组成，覆盖全国 1 037 个区、县的庞大物流网络，并于2010 年 9 月底获得快递业务经营许可证，目前通过自建物流配送体系的订单已占全部订单的 85% 以上。京东消费者可享受货到付款、POS 机刷卡、上门取件、上门换新和签单返回等服务。

1）自建物流配送模式

2009 年，京东商城斥资 2 000 万元在上海成立圆迈快递公司，并且陆续在全国 23 个重点城市建立了配送站，覆盖全国 200 座城市，为客户提供物流配送、货到付款、上门取件等服务。2011 年在上海嘉定建设的"亚洲一号"仓储中心，其面积达到 26 万平方米。

京东商城采用"地区仓"的仓储策略，即仓储中心只能向所属的区域发货，例如，上海仓发江苏、浙江、上海的订单，北京仓发北京附近省份的订单，而上海仓不会直接向北京发货。其"地区仓"与亚马逊的"平行仓"仓储发货策略不同："平行仓"较复杂，可以最大限度保证有货可卖，牺牲的则是统一的时效承诺；"地区仓"更简单，可以给用户一个统一的时效承诺，但是会因为缺货而损失掉一些订单。但京东商城很好地发挥了"地区仓"的优势，做出了"211 限时达"的统一时效承诺，即当日上午 11:00（拣货时间）前提交的现货订单当日送达；夜晚 11:00 前提交的现货订单次日 15:00 前送达。

2）自营与物流外包配送模式

京东商城采用自营物流和物流外包相结合的模式主要针对的是二、三线城市。由于二、三线城市的订单密度低，自建物流中心的成本过高，利用率不够，故采用物流外包的经营策略。在小型包裹的配送上与当地的快递公司合作，货物到达二、三线城市由合作的第三方完成配送任务。在大型货物的配送如白色家电的配送服务上，则选择与大型的家电厂商合作。一般大型家电厂商在各地都有自己的地区销售商和代理商，厂家一般都利用代理商的物流公司和仓储中心展开物流合作。

3）灵活的其他物流配送模式

京东商城在全国主要城市主要地段设立自提点 228 个，在全国主要高校内设置自提点 75 个。建立自提点一方面能够提高物流、售后服务质量，同时也能树立良好的企业形象以起到宣传的作用，其功能是"提货点＋售后点＋体验店"的搭配定位，以实体店的形式来吸引顾客，为不了解 B2C 的顾客提供 B2C 体验。目前京东商城提供的多种自提服务，包括六类自提点：

（1）城市自提点。

（2）校园自提点。2011 年京东商城建立校园自提点。一些学校安保政策受限不允许快递人员进入学校，学生在上课学习期间无法取包裹等相关问题给物流配送带来了很大困难，京东商城认真分析了高校的特殊情况之后，提出发展校园自提点配送模式。

（3）便利店自提点。目前有北京好邻居自提点，全天 24 小时服务，仅支持刷卡支付；成都 WOWO 自提点。两地共计 16 处便利店自提点。

（4）客运站自提点。目前仅在重庆有 3 处。

（5）社区自提点。目前仅在北京房山区有 1 处。

（6）自助提货柜。设在商务楼宇、小区或地铁站，客户就近通过二维码、刷卡等方式自行收取物品。目前仅在北京和沈阳有 7 处，因自助提货柜箱体大小限制，仅支持部分商品品类。

京东商城通过后台的大量消费数据统计，发现下午时段有着旺盛的网购需求；而市场调查也显示，由于电子商务网站无法满足下午下单当日到货，很多用户只能选择下班后去商场或超市选择自己需要的产品。因此，对于消费者而言，接单时间延长、当日夜间配送都是完善网购体验的举措。京东商城推出"夜间配"服务，在 15:00 之前提交的订单，当晚 19:00～22:00 点送达，这意味着消费者的网购时间更为自由，那些下午才突然想起有东西急用的消费者一样可以在网上购买并在当天收到货品，不仅避免了下班后去卖场寻找的苦恼，也节省了大量时间和精力。

2. 京东商城的物流配送流程管理

京东商城的物流配送流程和一般电子商务企业的流程环节相差不大，对于客户订单处理作业的几个环节包括订单登记、订单确认、拣货校验、单据打印、配货出库、物流配送。

（1）订单登记。消费者通过浏览京东商城的网站，根据需求和网站所提供的商品，选择自己满意的产品加入购物车，待购物结束后进行结算，形成订单，然后填写订单的配送地址和收货人的信息并加以确认，最后根据京东商城的物流配送政策决定支付方式，用户可以有多重支付选择，如货到付款、在线支付、邮局汇款、公司转账、分期付款等。

（2）订单确认。订单确认是用户完成订单登记后，由京东商城的物流部门和财务部门的相关工作人员，根据京东商城的网络数据库后台系统所显示的购买信息进行核实确认。

（3）拣货校验。仓储中心的拣货人员根据计算机系统发来的指令进行拣货。京东商城的货物摆放是根据产品的第一个大写字母从 A 到 Z 将产品依次排开，拣货人员手提条码扫描器将不同的货物放入不同的配货筐内，环绕仓库一圈完成一次配货，然后交由校验人员根据订单的信息进行货物校验，以保证所配货物与订单的一致性。

（4）单据打印。主要打印购物清单和发票联。根据计算机显示的订单信息，打印购物清单，主要包括订单编号、订购时间、客户信息、商品编号、商品名称、数量、价格、金额等信息。同时，在购物清单的背面会有京东的售后服务承诺和售后处理流程，以便消费者收货后，确认订单情况和申请售后服务时，对购买信息进行核实。发票主要是根据国家政策对所售产品上缴的基本增值税，一般不同的区域对增值税的上缴标准略有差异，所以京东商城在打印发票时，会根据产品的仓储中心所在地管辖区的税收标准选择打印增值税发票。

（5）配货出库。将校验核实好的订单货物交由打包区，由打包员负责打包，打包完毕再交由发货区，分拨中心根据货物的配送去向分配车辆，装车发往各城市配送站点或城市自提点，最后由客户选择自提或者由京东配送员送货上门，完成整个物流配送任务。

下面是京东商城物流基地中一个订单的背后流程。

第一步，入库。入库是进入京东商城仓储的第一个环节，供货商按照采购协议，将商品运送到京东商城的商品仓储库，入货员根据采货单收货、验货，严格核对商品的品种、数量、规格、型号等信息。入库组员工把好第一道关，不放过任何一件瑕疵品，并最终上架、理货，根据商品分类区、热销区摆放。

第二步，拣货。当用户按下确认订单付款按钮后，订单的信息直接反馈到京东商城的物流仓储后台，由拣货员从商品货架上，将订单上的商品准确无误地放到扫描台上。每个拣货员都配备 RF 扫描枪和 PDA（personal digital assistant，即个人数字助理）设备，在扫描完集合单的批次号后，逐一核对订单及货架上的商品信息，系统会根据订单商品的货位优化出一条最优路线，拣货员只需要按PDA 上设计好的路线将货品拣出即可。拣货效率的提升决定了订单生产效率的提高。

第三步，复合扫描。作为商品出库前的关键一步，复合扫描环节任务需要扫描员耐心、负责，复核每一个订单对应的商品型号、颜色，以确保出库商品的准确性，并进行批量的集合单和发票打印，高峰期日均处理订单 8 万份以上。

第四步，打包。打包工作是商品出库前的最后一个环节。打包员完成包装并贴好外包装标签，商品被依次放到传送带上，等待出库。

第五步，分拣发货。对已打包好的商品进行分拣，是物流体系中很重要的环节。京东商城拥有全自动的分拣平台，可针对商品送达站点的不同进行自动归类，从传送带滑轨上下来的商品，分拣员按照站点装进橙黄色的周转箱内，为了保证商品不受挤压，商品摆放要做到大不压小、重不压轻。分拣完成后，发货员将商品运送到指定的配送站。

第六步，配送。在商品到达配送站点后，京东商城配送员先用 PDA 对商品进行扫描认领，然后将商品按照大小件和配送地址的远近，整装进送货箱，保证每件商品到站时有条不紊地取放，提升配送效率。

（6）物流配送。物流配送管理离不开信息系统，为了缩短用户从下单到收货的时间，京东商城投入资金、人力、技术，自主研发"青龙"系统，以保证发货效率和准确性。从仓储管理到物流配送，"青龙"系统通过构建合理的业务流程，建造高效的信息管理系统，实现海量信息的处理能力，有效提升了配送人员的工作效率。"青龙"系统不仅支持京东商城自营配送站和自提点的配送业务，还支持对外承接物流配送业务，有效扩大了京东商城现有物流平台的服务类型和范围。在实现配送站点收货、验货、配送员收货、配送等正向操作功能的同时，也实现了上门取件、上门换新等逆向功能；不仅为消费者提供上门退换货服务，还可为第三方商家提供 5 小时逆向上门取件、货到付款等服务。

3. "亚洲一号"与开放物流平台

京东商城的"亚洲一号"项目采用自动存取系统、自动输送设备、高速自动分拣系统等自动化设备，打造自动化的电子商务订单处理中心。"亚洲一号"物流仓储运营中心项目 2012 年 4 月在上海嘉定奠基开工，北京、广州、武汉、沈阳等地陆续启动项目建设，预计项目建成后京东商城日订单处理能力将大幅提升。"亚洲一号"将成为京东商城的一级物流中心，辐射全国。京东商城自配的物流车辆配送商品，目前已经开设北京与上海之间的双向干线物流。

京东商城的仓储布局在不断优化，在原有六大区域之下，增设了一层仓库，如济南、重庆、西安。把畅销 SKU 放在离客户更近的地方，更多长尾商品还是由中心仓来供应，这可以让京东商城在不增加成本的前提下大幅提高用户体验。此外，京东商城继续开设配送站，有些地方设置二级的分拣中心。

物流中心的主要工作是仓储和配单。目前京东商城主要有两种仓库：一种是大家电的仓库，由于大家电的特点需要接近消费者实现本地配送，很难实现跨地区配送，因此京东商城的大家电仓是独立的，目前省会城市的大家电仓库已经基本覆盖。另一种仓库是前置仓，在济南、重庆、西安、厦门等设有前置仓，其主要是中小件仓。

仓储管理体系是一个重要的环节。以北京南六环外的京东华北区仓储中心为例，这里包括 3C 仓和图书仓，3C 分仓每天生产订单 6 万个，图书仓的订单是 2 万多个。在诸如节日大促期间，3C 仓的峰值订单量达到 20 万个左右，图书仓是 6 万多个。在一个面积达几万平方米、存货量达上百万件的仓库，每天要生产出几万甚至几十万个订单，而且还要保证最快的速度，这对仓储管理和系统化的要求非常高。每一个环节流程和效率都要不断优化。当供货商将商品运送到京东商城的商品入库区进行入库，入货员会根据采货单收货验货，严格核对商品的品种、数量、规格、型号等信息，对产品质量进行抽检。货品在这个阶段就需要在仓库里拥有唯一的身份识别码——条形码。有些供应商相同的商品不同的颜色条形码是一样的，而对于电子商务来说，两个颜色就是两个 SKU。因此，在入库阶段，对于那些条形码不符合京东商城仓储管理规范的商品都要贴上京东商城的条形码，然后再进行上架。在京东商城的仓库里，实行的是多货多位的管理。也就是说，相同的商品并不一定摆在同一个位置，上架时，理货员只需要用手中的 PDA 将商品条形码与货架条形码关联即可。这样，上架时，理货员的效率就大大提升了，不需要去区分货位，只需要将货品摆放到货架上有空的位置即可，通过 PDA 扫描记录货位。仓库货品摆放不是根据产品类别摆放，而是根据销量分区摆放，以保证最畅销的货品在靠近通道的货架上，提高拣货效率。

2013 年 8 月京东物流官网（www.jd-ex.com）上线，意味着京东物流平台正式对第三方商家及合作伙伴开放。京东快递网站提供物流政策介绍、配送网点查询、运费计算、合作加盟等信息，还为第三方卖家及供应商开通了可直接登录京东"青龙"系统的端口，旨在帮助合作伙伴优化其物流渠道，提升配送效率。

京东商城的开放平台不仅向卖家开放配送、物流、仓储，还帮助他们进行供应链管理，并且给卖家提供云、促销工具、ERP 软件等方面的服务。

电子商务是由技术与服务驱动的，而非由货物驱动。随着供应链体系的完善，平台的吞吐量才能最大限度地增长，因而表现出"规模经济"。京东商城发展初期主要销售电脑、手机等 3C 数码产品，一般价值都比较大，随后品类不断扩张，涵盖数码、家电、服饰、生鲜食品等全部，其对每个品类进行分级，销售额前 20％被列为 A 品类，第二个 20％是 B 品类，以此类推。规模扩大使京东商城获得集客、集货的能力，获得产业链的控制力，开放平台可以在品类拓展之外拥有另一条拓展之路。开放业务带来新的收入，一部分是佣金，并且开放一部分广告位；另一部分是仓储和配送附加值费用。同时物流开放行动一方面有助于提升物流系统的使用率，并在一定程度上分摊物流运行成本，另一方面也有助于开放平台战略的推进。

4.4.3　案例启示

京东商城是一家零售企业，同时又是一家 B2C 物流公司，其核心竞争力是"自营 B2C＋开放平台"模式。自营模式适合标准化产品，如 3C、家电、化妆品等，这一类 SKU 较少，适合自己采购；而开放平台适合长尾类非标准化商品，如服装、鞋帽、日用百货等。另外，领先的规模可以带来更低的采购价格，保证商品较低的价格，在服务方面也会更有保障。再有，自建物流可以保证物流配送速度，在全国实现"211 限时送达"等多种灵活、便捷的快递方式，以满足用户网络购物的送货需求，提高顾客满意度，使企业更有竞争力。

京东商城建设开放平台，依靠自营物流建设，使其对供应链各个环节有较强的控制能力，方便了解物流的动向，对配送周期、配送质量以及配送成本进行有效的监控，并与库房作业做到无缝连接，提高库存周转率，节约成本，从而提升公司整体运营效率。

从产业发展视角，目前我国电子商务快递产业链中电子商务平台企业处于核心地位，它们掌握快递公司电子商务产品的货物来源，掌握供应商的配送渠道，掌握用户的资金渠道，这决定电子商务平台企业对产业链中各环节的价格有议价权，而自建物流的企业开放平台后可以通过物流的直接配送打通整个产业链，在这一生态体系中占据主导。

自建物流保证配送服务的及时性及安全性，能够创建品牌资产，但同时也面临资金风险和物流配送的压力。作为京东商城的竞争对手，阿里巴巴集团支持的物流宝平台规模迅速扩大，对京东商城自建物流体系将产生冲击。未来的京东商城将发展以电子商务为核心，以物流开放、信息技术、互联网金融为支撑的多平台发展格局，致力于仓储、物流、售后服务体系等基础的建设和升级扩张，为消费者提供良好的网络购物体验，凭借其强大的自建物流系统及不断推陈出新的多样化物流，降低物流成本，并通过物流业务贡献利润，在未来日益激烈的电子商务竞争中抢占更为有利的地位。

➤ 案例思考与讨论

1. 我国电子商务物流发展过程中，怎样才能有效促进现代物流和电子商务的协同发展？

2. 运用 SWOT 方法，对顺丰的便利店服务模式进行分析。

3. UPS 等国际巨头对国内快递市场竞争有哪些影响？

4. 不同电子商务模式的物流服务有哪些特点？

5. 对比分析京东自建物流与顺丰开网店这一现象，讨论电子商务与物流如何有效协同？

6. 从 UPS 的经营之道分析这家百年企业的物流管理有哪些独特之处？

7. 顺丰的核心竞争力表现在哪些方面？

第 5 章

社交网络服务案例

5.1 社交网络服务

5.1.1 社交网络服务概述

社交网络服务（SNS）是旨在帮助人们建立社会性网络的互联网应用服务，以"互动交友"为基础，基于用户之间共同的兴趣、爱好、活动等，或者用户间真实的人际关系，以实名或者非实名的方式在网络平台上构建的一种社会关系网络服务。该服务使互联网应用模式从传统的"人机对话"转变为"人与人对话"。SNS 与六度空间理论（six degrees of separation）相关，该理论由美国社会心理学家米尔格兰姆（Stanley Milgram）于 20 世纪 60 年代最先提出，在人际脉络中，要结识任何一位陌生的朋友，这中间最多只要通过六个朋友就能达到目的，若想认识一个人，可以通过自己的朋友来帮助找到认识他的人。SNS 的显著特点就是它的"关系性"，SNS 能够以朋友为基础，不断扩张自己的人脉，可以将人们的线下关系链搬移到网上，人们借助 SNS 平台及工具进行交流沟通，交流人群涉及熟人也涉及陌生人，从而可以快速地扩大人际圈子，在与其他人的关系链交互中形成更大的关系链。SNS 由于具备了博客、邮箱等互联网服务所追求的"沟通性"和"连接性"的特点，可以帮助人们在互联网上打通社会关系，因此已日益成为人们日常生活中不可或缺的一部分。

SNS 的另一种常用解释是 social network site，即"社交网站"或"社交网"。严格地讲，我国目前的 SNS 并非 social networking services（社交网络服务），而是 social network site（社交网站），以人人网（原校内网）、开心网为代表。

全球最早的 SNS 是建立于 2003 年 3 月的 Friendser，其在推出后悄然走红，随后风靡北美，涌现大批模仿者，著名的 Facebook 在众多社交网络中异军突起。根据 Facebook 的财务报告，截至 2012 年 6 月 30 日，Facebook 月度活跃用户数 9.55 亿人，移动业务月度活跃用户数为 5.43 亿人。

根据用户使用社交网络的目的，以及各社交网站的定位，社交网络主要分为以下两类：

（1）综合类社交网络：社交参与者以建立、拓展、维系各类人际关系为目的而进行个人展示、互动交流、休闲娱乐等活动的社交形式。目前以腾讯社区（包括腾讯朋友和 QQ 空间）、开心网、人人网等为典型代表。

（2）垂直类社交网络：参与者为了具体社交目的而参与的社交网络。目前，其主要分为两类：

第一类，婚恋交友类社交网络。社交参与者双方以达成恋爱或婚姻关系为目的而进行一系列认识、沟通、了解等活动的社交形式，如世纪佳缘、百合、天际网（tianji.com）。

第二类，商务交友类社交网络。社交参与者以建立、拓展与工作相关的人脉为目的而进行的寻找商业合作伙伴、寻求商机、求职招聘等活动的社交形式，如优士、大街网（dajie.com）。

总之，真实社会交往、获取信息、文化娱乐以及建构自我与群体身份认同，是 SNS 网络的四个基本功能。

5.1.2　即时通信

即时通信是指使用在线识别用户和实时交换信息技术，依靠互联网平台和移动通信平台，以多种信息格式（文字、图片、声音、视频等）沟通为目的，通过多平台、多终端的通信技术来实现的同平台、跨平台的低成本、高效率的综合性通信方式。即时通信工具又被称做聊天软件、聊天工具等，英文为 instant messaging，简称 IM，是指能够通过有线或者无线设备登录互联网，实现用户间文字、图片、语音或视频等实时沟通方式的软件。

即时通信是我国网民第一大上网应用，2012 年用户达 4.7 亿人，国内互联网用户使用的即时通信软件包括腾讯 QQ、阿里旺旺、YY 语音、飞信、MSN 等，其中腾讯 QQ 在用户规模、市场份额等方面均处于领先地位。阿里旺旺是淘宝网和阿里巴巴为商人量身定做的网上商务沟通软件，它帮助商户轻松找客户，发布、管理商业信息，及时把握商机，随时洽谈生意，是阿里巴巴、淘宝网、天猫平台买家与卖家必备的交流工具。飞信是中国移动推出的一项即时通信业务，可以实现即时消息、短信、语音、GPRS 等多种通信方式，保证用户永不离线，同时为达到用户可以随时随地与好友保持沟通的目的,实现了无缝链接的多端信息接收。YY语音凭借良好的多人互动体验,提供音乐、在线教育等多种互动内容服务,2013年3月用户规模已突破5亿人。

根据用户类别,即时通信工具可以被分为两类:

(1) 个人即时通信工具。互联网诞生于传统的电话网络,通信交流是互联网天然的应用之一。目前,我国即时通信工具市场的产品中,腾讯QQ的市场占有率第一,另外还有微软的MSN,以及新浪UC、阿里旺旺等,这些都是面向个人的即时通信软件。MSN和腾讯的Tencent Messenger(腾讯TM)定位为商务办公用户使用的即时通信软件。以腾讯QQ为代表的个人即时通信工具,多数属于娱乐交流的即时通信软件。

(2) 企业即时通信系统。由于企业信息的迅速发展,即时通信越来越成为企业普遍需要的工具,而个人即时通信系统注重娱乐方面的功能,无法适应现代办公需求。企业缺乏对个人即时通信的监督手段,员工使用个人即时通信容易与工作无关的陌生人取得联系,会降低工作效率。企业即时通信系统的功能除了具备常用的个人即时通信软件的功能外,最大的特点就是应用模式不同,它是一个集成了各种办公必备功能的自动化办公交流平台,会议、文件共享、即时交流才是最终目的。它针对办公业务流程和数据传输,具有更高的安全性和便利性,使企业内部的联系和沟通更加方便,提高了各个部门的协调工作能力,在提高工作效率的同时大大节省了企业用于内部交流的通信费用。

5.1.3 网络社区

传统的网络社区有BBS(bulletin board system,即电子公告栏系统)、聊天室、网络论坛,只能满足用户最基础的相互沟通交流的需求。以BBS为例,它主要以匿名为主,虚拟性较强,用户之间的关系模糊,用户的自律性较低,BBS以开放式的交流著称,但缺少私人空间,信息的交流和沟通围绕着"帖子"进行。传统网络社区采用以内容和话题为中心的交流模式,用户使用它主要是为了获取信息。Web 2.0时代的即时通信工具由文字性沟通转变为语言性沟通,方便快捷,私密性强,但缺乏用户的个性展示和人与人之间的信息关注。博客(blog)的出现可以说是对即时通信工具的一种补充,个人化的特征非常明显,促进了人与人之间的相互了解(通过日志、相册等),但仍缺乏用户关系的信息关注。SNS的出现不仅是对博客缺乏用户关系的补充,更是从本质上以"互动交友"为基础,基于用户之间共同的兴趣、爱好、活动等,或者用户间真实的人际关系,以实名或者非实名的方式在网络平台上构建的一种社会关系网络服务。

在Web 2.0环境下,网络社区用户进行各种分享活动,如博客、维基、评论、P2P(peer to peer,即对等网络)的文档共享、博客友情链接、流行列表、贴标签、开源软件、播客行为、视频播客、实时通信/聊天和移动沟通等。用户的各种分享活动促进了社区中信息的传播、共享和创新，社交网络已成为一种重要的信息共享平台。

5.1.4　网络招聘

在日益庞大的职业人才市场中，求职者希望能更好地了解企业，而企业也希望对求职者进行全方位的了解，这也为职业社交网络提供了巨大的市场空间。随着互联网的发展，利用网络来寻求职业的人也呈现逐年上升的趋势。

网络招聘（Internet recruiting）又称在线招聘（online recruitment）、电子招聘（e-recruiting），是指利用互联网技术进行的招聘活动，包括信息的发布、简历的搜集整理、电子面试以及在线测评等。

网络招聘一般包括以下几种形式：注册成为招聘网站（前程无忧、智联招聘等）的会员；企业在自己官方网站的主页上发布招聘信息，并建立相应的链接；在某些专业的网站（如 IT 人才网站、大学生人才网站等）发布招聘信息；在一些浏览量很大的网站（如 www.sohu.com、www.sina.com 等）发布招聘广告；利用网站的搜索引擎搜索相关专业网站及网页；借助网络猎头公司；在 BBS 或聊天室里发现或挖掘出色人才。

网络招聘的优点：拓宽招募范围；节约招聘时间；提高求职者的质量；方便、节约成本。同时，网络招聘也面临以下问题：①收集的简历太多，且质量参差不齐，筛选简历的工作量巨大；②信息真实度比较低；③信息保密性差；④网络的普及率不高或者求职者自身条件问题，使求职者受到限制；⑤网络招聘的内容单一，服务体系不完善等。目前，智联招聘、前程无忧网占据国内大部分的网络招聘市场。

5.1.5　SNS 招聘

1. SNS 招聘模式

同传统综合性招聘模式相比，SNS 平台下的招聘服务最重要的特点是将人脉与网络充分结合（图 5-1），发挥社交网络的优势，使求职者不再仅仅局限于参加招聘会、投简历、发简历邮件来寻找工作，可以克服传统招聘网站模式千篇一律的缺陷，为用户提供了个性化选择，满足了用户的个性化需求。

2. SNS 招聘特点

SNS 的主要特点包括：

（1）利用关系营销，推荐诚信度更高。当今社会竞争日益激烈，就业压力越来越大，人际关系愈发重要，拓展人际资源，将使未来有更大的发展空间。相对

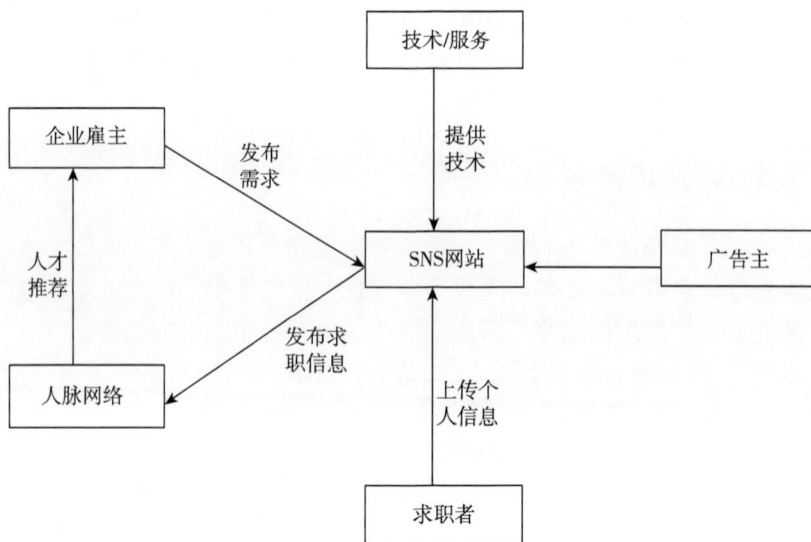

图 5-1　SNS 招聘模式

于传统的简历式招聘，通过人际网络，即通过私人关系寻找合适人选或岗位空缺对接，其成功率更高。SNS 网站招聘服务通过关系营销，最大限度地挖掘个体的人际资源。求职者可以借助社交网络通过搜索寻找到目标公司的朋友、曾经的同事和将来的同事，向他们的目标公司获得推荐，即使这些人脉不够促成工作。在商务 SNS 上，求职者甚至可以直接和目标公司的经理和 HR 成为朋友，不仅能够获得更多的关注，在职业生涯的指导方面也大有益处。对企业来说，由朋友推荐过来的候选人，其资料的可信度、经验、能力和所应聘职位的匹配度，在一定程度上有保障，明显要高于通过招聘广告直接过来应聘的应聘者，这样可以减少求职过程中的信息不对称。

（2）兼具工具性与实用性，成本低、效率高。SNS 招聘的工具性和实用性是其价值和保障所在，一方面满足商务招聘的要求，另一方面也满足人们的社交需要。SNS 招聘形式成本较低，比在普通人才网站上发布招聘职位等人来应聘的方式要方便很多，过程也没有普通招聘那样严肃刻板。另外，通过真实有效的数据平台，用人单位可以通过精准的条件设置搜索到合适人选的清单，大大缩短寻找人才的时间和成本。借助 SNS 平台，企业能够看出应聘者资源整合的能力、人脉关系、第三方评价等，可以较准确地获知应聘者的职业能力、诚信度、职业操守等核心信息，从而减少对应聘者的背景调查等工作，大大提高招聘的效率和质量。

（3）双向交流，用户与企业高度互动。与传统招聘的单向传播不同，在SNS 平台中招聘双方可以直接沟通交流，一方面，求职者可以向企业咨询自己感兴趣的问题，形成对企业的基本认识；另一方面，企业可以通过与用户的沟通，验证求职信息的真实性，了解求职者的个性特征。

3. SNS 招聘平台的应用及局限性

国外有统计表明，45％的雇主和猎头通过社交网站观察求职候选人，比较成功的 SNS 招聘有 LinkedIn、Xing、Facebook 等。国内的社交网站招聘还处在探索阶段，比较典型的有优士网、若邻网、天际网等。

然而，在西方受欢迎的 SNS 招聘能否在中国也取得同样的成功，还有待于探索。一方面，西方社交网络招聘模式遵照西方的弱关系理论。弱关系（如同学之间属于弱关系）能够在不同的团体间传递非重复性的信息，使得社交网络中的成员能够获得更丰富的信息资源。但中国是强关系（如父母和孩子之间）发生效用的社会，在中国，"关系"往往被看成私人的"资本"，而不愿意与他人分享，这样就造成了 SNS 招聘的低效率。另一方面，在中国互联网市场免费的大环境中，社交网站招聘的盈利模式并不清晰，国外社交招聘网站的会员付费制度，不符合中国人的消费习惯，这也是中国的社交招聘网站需要不断应对的发展障碍。

5.2　案例 1：腾讯——从小企鹅到互联网帝国

5.2.1　案例背景

腾讯公司成立于 1998 年 11 月，是一家互联网综合服务提供商，秉承"一切以用户价值为依归"的经营理念，坚持稳健发展。2004 年 6 月 16 日，腾讯公司在香港联合交易所有限公司（简称香港联交所）主板公开上市（股票代号 700）。

通过互联网服务提升人类生活品质是腾讯公司的使命。目前，腾讯把为用户提供"一站式在线生活服务"作为战略目标，提供互联网增值服务、移动及电信增值服务和网络广告服务。通过即时通信 QQ、微信、腾讯网（QQ.com）、腾讯游戏、QQ 空间、无线门户、搜搜、拍拍网、财付通等网络平台，腾讯打造了中国最大的网络社区，满足互联网用户沟通、资讯、娱乐和电子商务等方面的需求。腾讯已形成即时通信业务、网络媒体、无线互联网增值业务、互动娱乐业务、互联网增值业务、电子商务和广告业务七大业务体系。截至 2012 年 12 月 31 日，QQ 即时通信的活跃账户数 7.982 亿个，最高同时在线账户数达到 1.764 亿个。腾讯的发展深刻地影响和改变了数以亿计网民的沟通方式和生活习惯，并为互联网行业开创了更加广阔的应用前景。

面向未来，坚持自主创新，树立民族品牌是腾讯公司的长远发展规划。目前，腾讯 50％以上的员工为研发人员，在即时通信、电子商务、在线支付、搜索引擎、信息安全以及游戏等方面拥有相当数量的专利申请。2007 年，腾讯投资过亿元在北京、上海和深圳三地设立了中国互联网首家研究院——腾讯研究院，进行互联网核心基础技术的自主研发，正逐步走上自主创新的民族产业发展之路。

5.2.2 腾讯的即时通信产品

1. 腾讯QQ——打造用户基础

1999 年 2 月，腾讯自主开发了基于 Internet 的即时通信网络工具——腾讯即时通信（Tencent Instant Messenger，简称 TIM 或腾讯 QQ），其合理的设计、良好的易用性、强大的功能、稳定高效的系统运行，赢得了用户的青睐。腾讯 QQ 支持在线聊天、即时传送语音、视频、在线（离线）传送文件等全方位基础通信功能，并且整合移动通信手段，可通过客户端发送信息给手机用户。QQ 2009 版本全面兼容和支持 Windows XP 及 Vista、Linux、Mac 等多个系统平台，用户可在电脑、手机以及无线终端之间随意、无缝切换。同时，以"Hummer"为内核的第三代 QQ 加强了腾讯各项互联网服务的整合力度，进一步为用户构建完整、成熟、多元化的在线生活平台。QQ 目前是国内最为流行的即时通信软件，它已不再是一个单纯的聊天软件，而是腾讯公司发展的一个可进行深入挖潜的应用平台，通过 QQ 这个平台，腾讯成功延伸到社区、商务、购物和游戏等相关的增值综合服务领域。

QQ 即时聊天工具，为腾讯奠定了庞大的用户基础。同时，对于用户而言，QQ 实际上承载着个人的关系网络，即时交互工具加强了用户间的交互性，人们通过它来寻求帮助，分享个人感受。相对于个人的即时交互而言，QQ 群更加体现了 SNS 的雏形，在 QQ 个人用户的基础上，同一班级、学校或是有相同爱好的群体，同时通过 QQ 实现交互，即时通信对于网络社区用户黏性和活跃性的作用日趋明显。腾讯即时通信是其所有战略的核心，其产品战略几乎都是基于即时通信这一核心而展开的，目前腾讯活跃用户数已近 8 亿，其即时通信战略为 SNS 的开展奠定了坚实的用户基础。

2.QQ空间——网络社区沟通

2005 年腾讯开通个性空间 Qzone，用户在 QQ 空间记述情感日志、分享照片和图片、在应用中与好友互动等。用户通过空间了解到好友的信息，浏览好友的日志，分享好友的喜悦、分担好友的悲伤，观看好友的个性化相册，给好友发小纸条、送礼物，邀请好友一起玩游戏，交互性大大增强。此外，用户还可以进入好友的空间，从而在很大程度上拓宽了原有的社交关系网络。依托腾讯 QQ 这一人际交流聊天软件，数亿 QQ 注册账户使 QQ 空间拥有着其他国内 SNS 网站所无法比拟的广泛人际交互网络；依托强大的即时通信平台，QQ 空间产生了强大的黏合度和聚合力。与博客功能高度关联的 QQ 空间，为用户提供了一个抒发感情和想法的平台，大大加强了用户的品牌忠诚度，提升了用户对品牌的黏度。事实上，QQ 空间已演变成为一个用户黏度极高的社区，一个可以快速蓄积人群的基站，这为腾讯 SNS 的开展提供了有利的条件。

3. QQ 校友——腾讯发力 SNS

2009 年 1 月 6 日，腾讯旗下 SNS 产品 QQ 校友正式对外发布，该社区采用网络实名制，大大减弱了网络虚拟性。同时，与国内其他 SNS 网站相比，庞大的用户群是 QQ 校友最大的优势所在。QQ 校友从 QQ 空间进入，通过捆绑模式，在一定程度上避免了用户的流失，提升了 QQ 校友的用户黏性，同时 QQ 校友以学生圈、生活圈为基础，发力 SNS 具有很大的可行性。

此外，依托腾讯的强大平台，QQ 校友通过与腾讯网、QQ 空间和拍拍网等腾讯旗下诸多资源的无缝融合，实现了更加完整的"在线生活"，为用户提供"一站式"网络应用体验。

4. 腾讯通——企业级即时通信

腾讯通（Real Time eXchange，RTX）是腾讯公司推出的企业级实时通信平台，致力于帮助企业提高运作效率、降低沟通成本、拓展商业机会，是一种高度可管理、低成本、易部署的 IT 平台。RTX 通过服务器所配置的组织架构查找需要进行通信的人员，集成了丰富的沟通方式，包括文本会话、语音/视频交流、手机短信、文件传输，主要提供企业内部办公沟通、对外商务沟通的服务。其目的是给员工提供更方便的沟通方式，增强团队的信息共享和沟通能力，提高工作效率，减少企业内部通信费用和出差频次等，从而为企业节省开支，同时也能创造一种新型的企业沟通文化。其具有以下功能：

（1）即时沟通交流：方便、快捷地发送与接收即时消息，提供不同颜色字体的文字，提供个性化展示。

（2）状态展示：提供查看联系人在线状态信息，可以方便、清晰地了解联系人的在线状态。

（3）组织架构：可清晰地看到由树型目录表达的多层次企业组织架构，是实时更新的电子通讯录。

（4）联系人分组：支持常用联系人分组，把最频繁的联系人划入同一分组中管理。

（5）通讯录：提供公司外的联系人资料管理，可以进行分组、发短信、拨打电话。

（6）快速搜索栏：提供快捷搜索条，可以悬浮到桌面任何地方，提供账号、拼音、中文姓名的模糊查找。

（7）消息通知：提供广播消息和系统消息，通知用户关键信息。

（8）历史消息查看器：对所有消息的历史记录进行查看、查找、归类。

RTX 的扩展功能包括：

（1）用户管理器：企业 IT 管理员通过用户管理器进行组织架构的管理、客户端用户的管理以及通过用户管理器的权限中心对企业员工进行权限分配和管理。

（2）短信发送：支持移动、联通手机短信双向收发，提供短信发送历史保存和查询。支持短信群发，可以向部门、小组成员群发短信。

（3）六人语音聊天：最多支持六人同时进行语音聊天，在空间条件限制的情况下也能进行实时沟通，并且不用支付任何通话费用。在六人语音聊天室，还能够进行最多 80 人的文本消息聊天。

（4）高清晰视频：高清晰的视频图像，640×480 像素的大分辨率显示，让视频通话身临其境，更支持全屏显示，满足视频会议的特殊要求。

（5）远程登录：远程登录是由腾讯公司基于 RTX 平台提供的中转服务，员工不在办公室的时候可以通过远程登录功能让 RTX 客户端登录到公司内网部署的 RTX 服务器上，可以很方便地满足员工在出差、家庭等环境下的办公支持。

（6）办公集成：利用智能标签与主流办公软件集成。例如，在任何出现 RTX 账号的办公平台或文档上轻松发起即时沟通，方便了企业员工的使用。

（7）USB Phone：用手持设备通过 RTX 拨打电话，更加接近传统拨打电话的习惯。话音质量清晰，并且不用支付任何费用，降低了管理成本。

（8）自动升级：只要在服务器进行设置，则客户端用户可以进行相应的文件更新，自动升级。

（9）关注联系人状态：通过关注联系人状态功能，用户可以设置关注某联系人，在该联系人的在线状态发生变化时可以得到通知。

5.2.3　腾讯的经营模式

在多元化模式的驱动下，腾讯把为用户提供"一站式在线生活服务"作为战略目标，提供互联网增值服务、移动及电信增值服务和网络广告服务。腾讯目前已形成了即时通信业务、网络媒体、无线互联网增值业务、互动娱乐业务、互联网增值业务、电子商务和广告业务七大业务体系，初步形成了"一站式"在线生活的战略布局。

1. 立足即时通信

由于 QQ 是一种网络产品，而网络的使用者以年轻人居多，这些人使用网络的其中一个重要目的就是能够更好、更快地沟通，因此腾讯 QQ 根据产品使用者定位，以"即时信息沟通"牢牢抓住年轻的网络用户，使这些用户使用过 QQ 之后就被其功能强大性、操作便捷性、娱乐新颖性所吸引。尽管腾讯 QQ 之后又陆续增添了很多新业务，但是即时通信一直以来都被当做最核心的业务来开发，随着用户需求的不断提升，腾讯 QQ 的软件功能也在不断完善，完善的功能也使用户保持了对 QQ 的高度品牌忠诚。2010 年 3 月 5 日，腾讯 QQ 同时在线用户数突破 1 亿人，成为国内互联网发展的新里程碑。

2. 坚持免费策略

从 QQ 诞生到现在，腾讯 QQ 的号码申请经历了一段从免费到收费最后又回归免费的过程，当腾讯重新敞开免费申请 QQ 的方便之门以后，用户发现免费功能更强大、更有特色，更好地满足了用户的需求，使用户使用黏性增强。正是这些免费业务才使得腾讯 QQ 保持了用户数量的持续快速增长，而拥有了庞大的用户群作为基础才使得腾讯 QQ 在不断的业务拓展的道路上更加顺利。

3. 多元化发展

腾讯公司的多元化战略是从聊天工具，逐步延伸到门户网站、互动娱乐、C2C 网站、移动业务等领域。正是在相关多元化战略的指导下，腾讯不断地进入即时通信之外的其他市场，例如，腾讯 2003 年进入网络游戏市场和门户网站，2005 年年底进入网络购物市场，2006 年进入搜索引擎市场等。2012 年 5 月 18 日，腾讯进行公司组织架构调整，组建六大事业群，将原有的业务系统制（business units，BUs）升级为事业群制（business groups，BGs），业务重新划分成企业发展事业群、互动娱乐事业群、移动互联网事业群、网络媒体事业群、社交网络事业群，整合原有的研发和运营平台，成立新的技术工程事业群，并成立腾讯电商控股公司专注运营电子商务业务。

4. 提供增值服务

腾讯提供增值服务，继而又运营网络游戏，进入包括搜索和门户网站在内的业务领域竞争，都是源于某种危机感，因为门户网站、网络游戏、增值服务可以增加用户黏性，在满足用户即时通信的需求后，多做尝试和创新为企业带来了新的利润增长点。"Q 币"、"QQ 秀"、"欢乐豆"，这些"小玩意"和网络游戏为销售收入的增加做出了贡献。

腾讯的互联网增值业务是基于腾讯公司的核心服务——即时通信平台之上的，为 QQ 用户提供更加丰富多彩的个性化增值服务，主要服务包括会员特权、网络虚拟形象、个人空间网络社区、网络音乐、交友等。互联网增值服务主要以网络社区为基础平台，通过用户之间的沟通和互动，激发用户自我表现和娱乐的需求，从而给用户提供各类个性化增值服务和虚拟物品消费服务。

依托强大的即时通信平台，根据对用户需求及时和准确地把握，互联网增值业务近年来发展迅速，获得了用户的高度认可，每月活跃用户数超过 5 000 万人。腾讯拥有互联网上活跃、庞大的用户群，增值业务表现出极强的互动性，成为近年来受传统媒体重视的、发展迅猛的新型互动平台。其 2006 年的超级女声网络投票和亚洲小姐网络赛区竞选等活动都成功创造出互联网史上的骄人佳绩；

同时也缔造出互联网行业和传统媒体在选秀互动类节目上的一种新型模式，并且已经被中央电视台、湖南卫视、东方卫视等认可。

用户创造价值，世界 500 强企业、知名品牌都发现了增值服务的潜在优势，可口可乐、肯德基、上海大众等纷纷投来了合作的橄榄枝，充分利用增值服务活跃的社区平台，开创并引领着中国互联网互动营销的新模式。

5.2.4 案例启示

1. 以即时通信业务为核心

腾讯公司成功地在中国互联网内对腾讯 QQ 进行了大规模的推广，吸引了为数众多的用户。同时，即时通信的技术及使用特点对用户具有极大的黏性，从而使腾讯培养了大量忠诚度相当高的用户，在此后一直在中国即时通信市场占据着几乎垄断的地位。正是这种以即时通信为核心的发展战略，使得腾讯在建立初期明确以即时通信为发展方向后能集中资源和精力，不断完善 QQ 功能，扩展与 QQ 相关的各种产品与服务，为其后的发展打下了扎实的基础。依托庞大的用户群，腾讯产品的向心力越来越强，品牌效应逐渐发挥作用，大量网民被绑定在腾讯打造的这个网络社区平台上。当腾讯开始广泛涉及互联网的各种领域时，这种用户依赖度的优势便凸现出来，让腾讯在即时通信外的多个互联网领域都有出色的表现。

2. 营销策略的灵活性

2000 年 8 月，腾讯同电信运营商合作，从而使腾讯扭亏为盈，渡过难关。以移动 QQ 为首的一系列无线服务，给腾讯和中国移动带来了大量的收入，使得腾讯得以腾飞。但是中国移动在打造价值产业链的过程中，为了抢占即时通信的巨大市场，推出了自己的即时通信产品——"飞信"，这对腾讯是一种极大的冲击。因此，腾讯很快调整了营销模式，逐渐摆脱对于电信运营商的依赖，将目光更多地投回互联网，不断拓宽收费途径，推出了大量的收费服务，使得互联网增值服务收入所占比重不断提高，为腾讯的持续发展打下了基础。立足于互联网使腾讯有了更大更好的发展空间，且腾讯在互联网增值服务上的营销也相当成功，围绕 QQ 推出了一系列的服务，同时制定完整而有竞争力的价格策略，从基本的 QQ 会员、QQ 秀等服务，到 QQ 空间、高级交友等扩展的服务，甚至将作为稀有资源的 QQ 靓号作为收费项目，无一不显示出了腾讯战略的成功所在。

3. 游戏的体验式推广

在游戏领域，腾讯虽然是"半路出家"，但却以最丰富的游戏产品线支持"基于平台战略，开拓细分市场"的营销策略。腾讯在游戏推广方面非常善于运用内部渠道，如迷你首页、对话框广告栏、信息弹出栏的嵌入。腾讯还通过在 QQ 秀商城里卖游戏专用的服饰，在 Qzone 里做一些游戏的主题挂饰对其游戏产品进行内部交叉推广。腾讯通过整理用户信息寻求不同用户与网游之间的匹配点，例如，新游戏就会有限提供体验测试账号，还会与蓝钻、紫钻、黄钻等多个业务和产品进行多种模式的合作。

4. "欲望"营销增强 SNS "附着力"

腾讯的活跃用户群受到"欲望"营销的主导，形成从普通用户到付费用户的转变。所谓"欲望"营销，是指产品发布前通过各种渠道让所有用户都知道该产品，然后只开放高级别会员体验，通过"专享"荣耀对低级别及普通用户制造"尝试"欲望。腾讯为高级用户设计了很多特权，强化体现"会员"与普通用户的区别，促使有"特权"需求的用户升级，进而形成用户参与度，增强了这个社交网络的"附着力"。此外，高级别会员的用户黏性会促使其推介自己对这项产品的一种认知，这也是口碑营销的一种机制，可以营造巨大的"环境威力"使很多人"被迫"缴费加入。腾讯不断推出新产品和新级别以不断满足会员用户无止境的"欲望"来巩固盈利，最终通过不断给 QQ "扩容"这一方式，发展出新的盈利点。

5. 积极回应市场，不断研发创新

产品开发的组织与管理对中长期战略有重要影响，腾讯的产品发展一直显示出追求大而全的思路，但是管理层很重视在对大众用户需求做出响应时打造差异化。腾讯管理层很重视数据挖掘系统，长期坚持以记录用户的每一个动作并进行分析为导向的用户运营，"T4 专家组"构成了腾讯数据挖掘的特种部队。2007年，腾讯成立了腾讯研究院，数据挖掘被定为六大研究方向之一。腾讯产品开发对市场回应具有较高的灵敏度，产品未面世之前，会先在公司内部进行产品体验和试用，例如，公司各个部门之间试用并收集反馈，或招募社会上潜在的用户来进行测试，或公开发行内测和 beta 版等。腾讯创造了一套自己的开发流程——TAPD (Tencent Agile Product Development，即腾讯敏捷框架)，使用迭代开发：根据数据挖掘分析以逐步增加新特性，由多个版本交叉升级。产品开发设计通过关注技术突破点和差异化来有效回应市场，例如，开发 QQ 影音使其核心性能和速度直接超越暴风影音，qqmail 传大文件比别的邮箱服务快等。产品开发的首席体验官、首席产品经理由 CEO 马化腾担任，体现了公司高管层对产品开发的重视。

腾讯已经拥有中国最发达的社交网络服务产品线，提供从即时通信、资讯服务、休闲游戏到电子商务的全方位服务模式，无论是腾讯朋友、腾讯空间还是腾讯微博都拥有极高的用户受众和市场份额，腾讯在即时通信、网络游戏与社交网络以外的业务上仍有广阔的市场空间。腾讯同时还存在一些发展并不十分理想的方面，搜搜在搜索引擎市场的地位并不明显，在以百度、谷歌占据绝对领先的两元多极的市场中有被边缘化的危险；拍拍网则在 C2C 电子商务领域少有建树。

面对激烈的市场竞争环境，腾讯需要进一步明确企业定位，实施纵向一体化战略；稳固核心竞争优势，继续扩大产品差异化策略；加强品牌管理和创新力度。

5.3 案例2：人人网——实名制社交平台

5.3.1 案例背景

人人网（renren.com）成立于2005年12月，是国内最早的校园SNS社区，也是国内极具影响力的社交网络平台，以实名制为基础，用户在这一平台上相互交流，分享信息和用户自创内容，玩在线游戏，听音乐，参与团购，并享受一系列其他服务。2006年10月，千橡公司收购校内网，同年年底将其正式命名为校内网；2009年8月更名为人人网；2011年5月在纽约证券交易所（简称纽交所）挂牌交易（NYSE：RENN）；2011年9月全资收购视频分享网站56网。

人人网的愿景是："积极促进人际沟通娱乐方式的革命，让世界上每一个人：沟通更有效、娱乐更丰富、联系更紧密"。人人网通过每个人真实的人际关系，满足各类用户对社交、资讯、娱乐等多方面的沟通需求，借鉴美国Facebook网站的成功经验，从网络整合理念、平台功能以及营销方式等方面实现了SNS在中国的本土化转型。2013年，人人网注册用户2.8亿人，月活跃用户PC（personal computer，即个人计算机）端1.1亿人、移动端0.26亿人，在国内各SNS网站中占领先地位。

5.3.2 人人网运营模式分析

1. 推广模式

人人网主要是通过以下推广模式，扩大自身的影响力、吸引和留住更多用户的。

（1）口碑营销。人人网以实名制为基础，通过日志、群、即时通信、相册、留言、分享、状态等丰富的功能，让每个用户充分展现自我、找到同好交流圈，使用户需求得到最大化满足。每个网络用户都可以变成"活"的广告，向自己周围的亲朋、好友、同事、同学宣传介绍人人网，以此形成人人网的用户口碑传播网络。

（2）广告推广。人人网在中央电视台的电视广告以"情系人人"为概念，以"找回你曾经的真情"为主题，诉求人与人之间的情感交织。通过央视的这些广告，人人网既提高了自己的知名度，也吸引了更多人来关注自己。同时，人人网还在公交、地铁、超市等人群较集中的地方大做平面广告，以吸引眼球扩大影响。

（3）与其他网站合作。通过"人人 Connect"技术，人人网实现与 56 网、土豆网、互动百科、大众点评网等网站的数据互通，用户可以方便地使用自己的人人网账号登录其他站点，获取自己感兴趣的信息与资讯，还能够找到已经在该站点上的人人网好友，并和他们取得联络，同时可以邀请他/她的其他人人网好友加入该站点。通过与其他网站的互通，人人网向合作伙伴主动推送流量，为用户带来更新鲜、丰富的互联网应用体验，有利于提高用户活跃度，扩大人人网的用户规模。

在与网络安全公司奇虎 360、团购网站糯米网账号互通之后，人人网于 2011 年 8 月 24 日与 MSN 中国结成战略合作伙伴关系，双方实现账号互通和双方网站功能的高度集成，其中包括账号通行、随时分享、实时沟通体验等，以达到拓宽平台容量、增强平台用户体验与黏性的双重功效。

2. 盈利模式

人人网这几年的迅速成长，与其成功的盈利模式密切相关。

（1）植入式广告。广告是互联网企业的传统盈利模式，图文广告可以借助人人网的流量来达到宣传的目的，植入式广告可以巧妙地与网站的某些产品结合，让用户在不知不觉中强化对该品牌的印象。例如，人人网在抢车位上放置通用汽车雪佛兰系列的广告，在与第三方合作的"篮球巨星"游戏中内置了阿迪达斯的广告，在开心农场中植入乐事薯片的广告。一般情况下，这些内置广告对用户的操作没有太大影响，用户对这种广告比较容易接受，广告效果比较好。

公共主页是人人网的运营亮点，企业不仅可以通过公共主页进行颇具创意的营销活动，更可以将企业社会责任公益事件加入其中，利用 SNS 的传播优势，让事件通过 SNS 的病毒式传播影响到更多人，并准确、高效地直接传达给真正的粉丝和爱好者。

2010 年 5～6 月，星巴克在人人网页面上建立随心拍主题活动平台，鼓励用户上传照片。一个月的时间内，PV 值达到 632 621 次，总参与人次（上传＋投票）723 133 次，提交作品数量 3 868 个。星巴克用很小的广告投入达到了传播品牌核心价值、增加目标人群对星巴克品牌的认同感的营销目标。星巴克成功利用 API（application programming interface，即应用程序编程接口）程序（照片上传、展示、投票等应用程序）将广告植入人人网页面。

SNS 的娱乐营销成功法则：一是程序要不断创新，在休闲类、挑战类、棋牌类、模拟经营类、装扮类等工具类各方面要百花齐放、出奇制胜；二是植入过程要巧妙，找到虚拟和现实结合的连接点，将商品或服务信息以非广告的表现方法传递给用户；三是不能只重视点击率、参与人数等表面数据，因为数据的实现相对比较容易，SNS 的植入式营销在吸引用户参与、注重用户体验时更需要考虑"情感"因素。

（2）游戏联合运营模式。游戏联合运营模式是人人网最早开始采用的，在这种模式下网游厂商把软件给人人网，人人网提供服务器、带宽和用户，进行推广宣传、运营和收费，收费后与人人网进行分成。人人游戏"猫游记"以及北京昆仑万维开发的网页游戏"三国风云"就是采用这种方式进行合作的。

（3）开放平台——APP（application，即应用程序）应用分成模式。人人网推出了开放平台，提供一定量的 API，允许第三方将其开发的应用程序放入其中，让自己网站的用户自由选择使用。这种形式，既可以满足自己网站的用户，也能给开发者带来一定的收益。在这种模式下，APP 不需要人人网去推广，而是主要通过熟人之间相互推荐运营，人人网则通过推出相应的消费系统来支持第三方，并从其收入中获取分成。在开放初期的一年多时间里，人人网开放平台已吸引 1.6 万多款 APP 作品，通过审核正式推出的 APP 超过 2 000 余个，APP 安装总量高达 1.2 亿人次，而每日独立使用 APP 的用户也达到了 750 万个。"开心农场"是由第三方公司"五分钟"开发的，它包括"开农场"、"种萝卜"、"偷好友萝卜"、"给好友帮忙、捣乱"等小游戏，通过人人网支付平台推出的"收费活动"与"收费道具"赚取收入。在短短一年的时间内，"开心农场"在人人开放平台总安装用户达到 2 550 万人，平均日活跃用户 370 万人。"五分钟"团队也从 10 人的小开发团队发展成为一个拥有近 60 名优秀人才的公司。

（4）增值服务。增值服务就是向用户收费，付费用户成为会员，从而获得普通用户无法拥有的特殊服务。人人网推出人人豆和紫豆服务，前者可以用来购买虚拟礼物及游戏币等，后者可以使得用户完全按照自己的喜好来装扮自己的主页，从而来增加人气。

游戏是 SNS 网站增加用户黏性的重要手段，目前在人人网上热门的游戏都拥有众多的注册用户和活跃用户，如人人网上最火爆的游戏"开心农场"，日活跃用户数超过百万。人人网上的游戏一般在初期以免费的形式推出，在积累了大量人气后开始以虚拟道具的形式向玩家收费，这种收费方式一般有以下几个特点：①非强制性。玩家即使不付费，也不会影响到游戏的正常进行。②便利性。针对部分在线时间少的玩家，购买道具可以加快游戏进度，以金钱换时间，如托管服务。③低廉性。游戏道具单次购买的价格一般都很低，吸引消费者第一次购买后长期付费。

2013 年，人人网推出移动音乐舞蹈类游戏——人人秀舞，主要是基于人物虚拟形象以及虚拟商品的电子商务模式收费，并不只是娱乐产品，而是通过音乐舞蹈类的游戏触发新的用户关系，并能通过手机 LBS 来结识好友，其最大的价值是一个陌生交友产品。

（5）移动开放平台——人人网、移动运营商、第三方合作伙伴及手机厂商的共赢。中国手机网民数量激增，手机上网的用户习惯已基本形成，同时 3G 网络建设已成规模，基本覆盖全国，移动运营商能够承载堪与互联网服务比肩的无线业务应用。在用户习惯与网络建设两大条件均已具备的背景下，人人网及时推出移动开放平台。

通过 WAP 网络，每天有超过 500 万人通过手机登录人人网的移动平台——m.renren.com，这使得用户和朋友沟通交流更加自由、即时，也为移动公司带来了巨大的流量费收入；用户还可以使用自己的人人网 ID，进行多款社交游戏或单机游戏的下载，使手机在线玩网游成为可能；人人网移动平台还开通了在线支付功能，吸引更多优秀的第三方开发团队或个人加入开放平台，提交更多高品质的游戏作品，实现了人人网、移动运营和第三方开发团队的共赢。

人人网和主流手机厂商开展合作，将人人移动客户端覆盖到 iPhone、Android 和 java 开发平台支持的多款手机上，更加方便用户随时随地通过手机登录人人无线客户端，轻松实现与 SNS 好友的互动交流，2013 年用户移动端使用率达 75%。

（6）电子商务。电子商务具有三方共赢的特点，即买卖双方及中介方：对于卖方，卖出商品赚钱获利；对于买方，用比市场价便宜的价格买到自己所需的物品；而对于中介方，为提供买卖双方的公平和安全，从交易中收取佣金或提成。发展电子商务需要大量用户，这正是 SNS 网站的优势之一。2009 年 12 月 24 日，人人网与淘宝网、京东商城、绿森数码、优衣库网上商城等合作推出的购物频道"人人爱购"上线，这是国内首个将电子商务引入社交网站的案例。对于人人网来说，其用户多为年轻人，他们正是电子商务市场上的主力消费者。

另外，人人网通过收购加强 SNS 领域核心竞争力。2011 年 9 月，人人网以 8 000 万美元全资收购中国视频分享网站 56 网（www.56.com）。由于微博的快速发展不断改变网民的社交习惯，用户对 SNS 的需求已经从当初的娱乐为主，转向信息获取的需求。而人人网的主要内容还是以游戏居多，因此要跟随用户需求的转变，必须从用户端和内容端抓起，增加内容的可读性和传播性，视频内容则是一个很好的载体，通过视频可以更好地满足用户对信息获取的需求，进一步增强人人网在 SNS 领域的领先优势。人人网借助收购 56 网，一方面可以提高自身收入，另一方面可以把 SNS 和视频形成有机融合，提升 SNS 的用户体验和黏性。

5.3.3　案例启示

人人网的迅猛发展，与 Web 2.0 的兴起和社交网络服务的广泛应用密切相关，为中国的互联网企业带来很多启示。

（1）基于真实性的用户需求综合服务平台。实行实名注册，强调真实交流，信息的真实性得到用户的信任，便可以自由地表达自己的想法。采用实名制也方便了自己结识各大高校中的同学，便于同学或者校友找到自己，总之加强了各自之间的联系和沟通。

人人网以"个人"为核心，以用户之间在现实中的紧密关系为依托，建立因人而异的公共空间，具体是以"新鲜事"的方式呈现出来。在"新鲜事"里，用户可以看到"好友"的最新动态，可以通过"分享"他人的好文章、好作品，把自己认为有价值的内容传播给更多的人。同时，以"个人"为核心的人人网也重视用户对自己个性的表达需求——每个用户都有专属于自己的个人页面。由此可见，人人网既继承了传统网络的优势，又形成了具有自身特质的网络文化生态系统，建构基于用户需求的综合化服务平台。

（2）寻找市场空白点，细分市场。互联网企业根据自身优势，寻找市场空白点，选择适当的细分市场，深刻分析理解其用户特点，集中资源，在细分市场深耕细作，不断改进创新，努力满足用户需求，形成自己的特色，并不断取得更大的竞争优势。人人网的前身校内网，通过寻找当时还未被开发的学生市场，针对学生群体，不断推出各种能够满足其需求的产品和服务而发展壮大。而2008年4月成立的开心网，专门针对白领阶层，根据他们的需求，开发有针对性的产品和服务，在短短一年多的时间内拥有了7 000万个用户。

（3）紧跟互联网发展潮流，不断创新。创新是企业不断前进发展的推动力，对于瞬息万变的互联网领域更是如此，各种新技术、新理念、新需求也如雨后春笋般涌现。互联网企业只有时刻关注互联网的发展趋势，紧跟技术潮流，用心了解用户需求，不断创新，才能立于不败之地。作为全球SNS领先者的Facebook，其成功正是源于不断地创新：最早开放平台，寻找到一个可让自己、第三方开发者和用户共赢的模式；面对手机新媒体的迅速发展，率先推出自己的专用手机版本应用。在3G网络建设已成规模和用户手机上网习惯已基本形成之时，人人网借助强大的技术支撑，推出移动开放平台，实现了与移动运营商、手机厂商及更多第三方合作伙伴的共赢；在网络购物已经成为一种主流购物方式之时，人人网率先将电子商务引入SNS，开辟了电子商务和SNS新的发展方式。

（4）开放共赢。开放与共赢是当代社会人们追求的两大目标，互联网领域更是如此；分享也是当代互联网领域的特征。互联网企业只有本着开放的态度，与他人分享信息、分享用户，才能实现共赢。人人网通过"人人Connect"实现了自己与合作互联网企业的双赢；而移动开放平台的推出更实现了人人网、移动运营商、第三方合作伙伴的共赢。

SNS网站经过几年的迅猛发展之后，如今进入了尴尬的困顿期，盈利模式匮乏。尽管游戏等其他增值业务发展较快，但社交关系依然是人人网的根基。近年来，微博、微信等新兴的社交产品瓜分了用户大量的使用时间，正在改变网民的社交习惯，用户对SNS的需求已经从当初的娱乐为主，转向信息获取的需求。

而人人网目前的主要内容还是以游戏为主，用户活跃度已开始疲软，在线广告收入呈下滑趋势。人人网启动 IPO（initial public offering，即首次公开募股）时声称自己是中国的 Facebook＋Zynga（社交网游）＋Groupon（团购）＋LinkedIn（职业社交），但多元化战略使得业务架构不够清晰，没有一项核心产品或服务，营业收入表现欠佳。未来社交广告具有广阔的市场前景，将是继搜索广告之后最大的广告业务，但如果没有像 Facebook 一样的社交平台，则难以保持市场份额。

5.4　案例 3：美国职业社交网站 LinkedIn

5.4.1　案例背景

LinkedIn（www.linkedin.com）是一家成立于 2002 年的商务社交网站，2003 年正式上线，获得包括红杉资本在内的多家风险投资机构 1.03 亿美元的融资，2011 年 1 月向美国证券交易委员会提出 IPO 申请，同年 5 月在纽交所上市。该公司的发展历程见图 5-2。2013 年，其全球注册用户超过 2 亿人，其中非美国用户约占 60%，使用 19 种语言为全球 30 个国家的企业和专业人士提供信息、创意和工作机会。全球每 1 秒钟就有 2 人在这家社交招聘网站上注册，用户人数最多的 5 个国家分别为美国（7 400 万人）、印度（1 800 万人）、巴西（1 100 万人）、英国（1 100 万人）、加拿大（700 万人），LinkedIn 上还有 100 多万个群组，规模从 2 人到 25 万人不等。

起步阶段			成长阶段		扩张阶段			上市
5月，LinkedIn 正式上线			3月，推出 LinkedIn Jobs， 成为世界上第一 个商务社交网站	4月，达到 1 000万用户	1月，开始扩张欧 洲市场，并在随 后两年相继推出 多语言网站	3月，推出 BlackBerry 智能手机的 应用平台		3月，推LinkedIn Today；注册用 户规模突破1亿人
2002年	2003年	2004年	2005年	2007年	2008年		2010年	2011年
LinkedIn由Reld Hoffman等5位 创始人创立		会员达到 100万人	8月，推出收费 服务（Premium Service）	12月，推 出智能应 用平台	2月，移动互 联网平台m. LinkedIn.com 上线	10月，与PwC US一起开发了 Career Explorer； 11月，上线 Company Pages		2月，推出 LinkedIn Skills

图 5-2　LinkedIn 发展历程

商务社交网站是针对职业人士创造的集社交和招聘为一体的在线交流平台，满足职场人士拓展人脉、寻找工作机会的需求。通过丰富的产品以及高效的搜索，LinkedIn 实现了快速增长，于 2010 年开始实现盈利。

5.4.2　产品与服务

LinkedIn 的产品愿景是：改变人们的工作方式，成为网络上的专业档案记录、职业洞察力的重要来源和跨平台的网站。其产品与服务主要包括以下几个方面。

1. 用户资料

用户在 LinkedIn 的个人资料，只对联系人全部公开，保证了用户资料的安全。用户可以设置个性化的二级域名，还可以升级为付费用户，享受更多的权利。

2. 工作搜索

工作搜索（LinkedIn Jobs）的主要特点如下：

（1）高级搜索可以让用户对工作做出更为精准的搜索和筛选。

（2）显示与搜索相关联系人的信息，帮助用户通过自己的 LinkedIn 人际网络增加求职成功的可能性。

（3）通过升级为付费账户，用户可以得到更多搜索结果和更详细的信息。

（4）用户可以了解企业的招聘信息，不同职位的用户看到的信息有所不同。

（5）用户可以了解企业的产品以及企业的推荐人。

（6）用户可以了解企业的职位状况及企业员工的职业轨迹等信息。

（7）通过企业简介，用户可以了解各种企业及其员工的介绍。

3. 社交新闻平台

LinkedIn 的专业人士社交新闻平台（LinkedIn Today），旨在增加用户的访问次数和停留时间。用户可以查看社交网络和行业内的新闻头条，创建定制化网络报纸，查看好友正在阅读和保存的文章，支持移动手机客户端应用。虽然拥有超过 2 亿人的注册用户，但是用户对 LinkedIn 的使用频率并不高，大部分用户仅在找工作或者换工作时进行登录，而平时较少使用。2013 年，LinkedIn 以 9 000 万美元并购新闻阅读应用公司 Pulse，试图在提供招聘求职信息之外，为商业人士提供内容资讯，完善商业资讯分享平台，以提升对商业用户的价值，增加用户黏性，随之能够创造更多的广告机会，获得更多的营业收入。

4. 专业技能图

LinkedIn 从其注册用户档案中获取技能数据，创建各个专业领域的技能图。当用户搜索技能的时候，LinkedIn 会显示这个领域内领先的专家、该技能的热门程度以及哪些公司使用这些技能。

5. 跨平台服务

实现在 LinkedIn 账户内管理和使用 Twitter 的账户及功能。用户可以看到其 LinkedIn 联系人在 Twitter 上的活动，还能够看到其在 Twitter 上关注的人的全部信息，如同在 Twitter 的官方网站上一样。

LinkedIn 与 Google Doc 类似，支持用户在线编辑、查看和分享常用格式的办公文件，方便 LinkedIn 联系人之间进行安全、快捷的文档分享。

6. 收费服务

1）高级订阅服务

针对个人的付费产品包括商务账户（business）、高级商务账户（business plus）、经理级订阅产品（executive subscription products），用户通过升级为付费账户，可以享受更多的权利。高级订阅服务的功能包括：①通过站内信联系 LinkedIn 的任何用户；②获得更多的搜索结果；③付费和智能搜索过滤器可以帮助用户瞄准目标用户；④通过 Profile Organizer 管理和保存用户信息；⑤看见 3 度好友或群组以外的联系人的名字；⑥可以看到所有 LinkedIn 用户的扩展信息；⑦用户可以知道谁浏览了自己的信息以及他们是如何找到自己的；⑧允许任何用户给自己发送信息（可选）；⑨用户可以看到所有与自己有相同经验的联系人；⑩获得高级用户服务。

2）营销解决方案

（1）针对个人的营销解决方案是一种自助服务式的广告解决方案。用户可以通过性别、年龄、地域、行业、职位、工龄、工作职能等来选择目标受众；通过设置预算来控制广告费用；根据点击量或展示来付费；可以在任何时间停止广告。

（2）针对企业的营销解决方案，与 LinkedIn 产品服务相对应，主要包括公司主页（company pages）、群组（custom groups）、展示广告（display ads）和赞助式广告（sponsorships）。

3）招聘解决方案

（1）Job Seeker，针对求职者的付费账户服务，帮助用户从众多求职者中脱颖而出。其功能包括：①在个人信息中添加 Seeker 标志，让用户更容易被招募者注意到（可选）；②帮助求职者瞄准 10 万美元以上的工作，并且能看到详细的工资信息；③把求职者以独特的应聘者身份列于首位；④可以直接发邮件给招募者和招聘管理者；⑤通过 Profile Organizer 保存信息和管理职位搜索结果；⑥把求职者推荐给公司的内部人员；⑦可以参加 Lindsey P.（职业顾问/LinkedIn 代言人）的在线研讨会；⑧可以看到联系人之外的用户的全部信息，帮助求职者为面试作准备；⑨可以了解看过自己资料的用户的详细信息；⑩允许招募者和应聘管理者自由联系自己；⑪获得高级用户服务。

（2）Talent Finder，针对招聘者的付费账户服务。其功能包括：①通过站内信直接联系 LinkedIn 所有用户，如果 7 天之内没有收到回复，信息会自动退回；②用户可以在特定的群组内进行搜索；③通过智能过滤器快速而精确地找到候选人；④通过 Profile Organizer 管理用户信息；⑤获得更多的搜索结果；⑥保存搜索结果，并通过邮件获得新用户的提醒；⑦获得候选人的拓展信息。

（3）自助服务式的职位发布产品。其具有以下特征：①帮助招聘者吸引用户，并且发现被动求职者；②招聘信息可以实现病毒式传播；③提高招聘者的网络曝光率（招聘信息可以在搜索结果以及 Twitter 中展示）；④帮助招聘者面试、管理和联系应聘者。

（4）为招聘者提供的专业服务。其包括：①Recruiter 为招聘者提供全面搜索；直接联系候选人；帮助企业管理工作流程，以及在团队内实现资源共享；提供管理以及定制化培训。②Recruiter Professional Services 为招聘者提供高效的专业服务，缩小搜索范围，获得新候选人提醒等；同时给多人发邮件，快速联系到候选人；帮助企业管理流程；在团队内实现资源共享。③Talent Direct 实现明确的、高度可见的联系。企业的信息可以在候选人的主页清晰地展示，邮件可以一直保存到候选人回应（点击或清除）；企业的邮件连接到登录页面，候选人可以更方便、快速地回应企业的邮件。④Hiring Jobs Network 实现推荐功能及病毒式传播。用户可以方便地转发职位信息，搜索器以及工作聚合器可以自动给职位编号；自动匹配以及精确命中，LinkedIn 匹配算法可以产生 50 位高质量候选人，大多是被动求职者；候选人可以了解他们是如何被找到的并快速链接到公司页面；职位信息可以在公司主页以及搜索结果中展现。⑤Referral Engine 让招聘企业员工知道本公司职位信息的发布，并且可以在所有员工的关系网中搜索候选人；确保匹配的正确，并允许员工推荐相关联系人；允许员工轻松地联系到候选人；制作高质量的工作流程，并且把所有的员工都转变为资源。⑥Jobs for You Web Ads 自动把职位信息推广给有能力的候选人，无论他们是否在线；它根据职业背景来锁定用户，只把广告推广给符合条件的用户。Jobs for You 作为了解用户职业经历的职位推广工具，根据用户的简历自动为用户推荐相关的职位。⑦Career Pages 的定制化信息、多样化模块可以让企业品牌与众不同，对不同职业的用户可以展示不同的信息。⑧Recruitment Ads 精确锁定目标，定向投放，增加企业雇主品牌的认可度。⑨Recruitment Insights 对目标用户进行调查，加强了解用户；告诉企业雇主品牌的哪些因素最吸引用户，并允许企业最大化这些因素的影响力；测度企业投放的效果。

5.4.3　运营模式

目前，200 多万家企业在 LinkedIn 上建立公司主页，提供产品、服务、招聘信息和广告。LinkedIn 的三条主要产品线，一是招聘解决方案，约占 LinkedIn 收入的 53%，二是营销解决方案，约占 27%，三是针对付费会员的高级订阅服务，约占 19%。

1. 用户基础打造多元盈利模式

高级订阅服务在 2008 年前的早期用户积累阶段为 LinkedIn 奠定了良好的市场基础，这与 LinkedIn 关注用户体验和注重产品紧密关联。LinkedIn 后期主要收入来源逐步向招聘解决方案转移，在 2008 年进军国际市场，注册用户快速增长，其对企业的价值逐步凸显，在针对个人招聘解决方案的基础上推出针对企业级的招聘服务，企业的主要收入来源从高级订阅服务转向招聘解决方案。

200 多万家公司在 LinkedIn 上建立企业信息页面营销，一般用户关注此类页面，从而及时获取职位相关消息。像 IBM 这样的大型企业，其关注者超过 50 万人。关注者可能是公司员工、竞争者、求职者或是单纯对公司感兴趣的人。LinkedIn 对页面适时进行调整优化，增加易用性。关于 LinkedIn 的收费，最大的企业客户平均每年数百万美元，小公司每月大约 25 美元。

2. 线上与线下相结合的营销模式

LinkedIn 销售模式有线上销售和线下销售，其中高级订阅服务完全采用线上销售，招聘解决方案和营销解决方案既采用线上销售又采用线下销售。LinkedIn 在全球 25 个城市设立销售办公室，大约 62％的会员来自美国以外，增长速度超过美国本土，但国际用户为公司贡献的收入约为全部收入的三分之一。营业收入的来源从线上销售向线下销售转移，这与营销解决方案，尤其是招聘解决方案的强劲增长相呼应。

LinkedIn 通过提供新功能、服务的方式增加销售收入，如增加名为"Endorsements"的应聘者认证服务，对应聘者在个人简历中所列出的个人技术证书、等级等进行验证。还有每月会费 50 美元的"销售导航"（Sales Navigator）服务，通过这一付费服务，LinkedIn 销售人员可以在其所覆盖的全球 2 亿个用户的庞大网络中寻找到自己的潜在目标。庞大的销售团队同时也为自身的海量数据带来了巨大市场，这部分销售人员通常代表着来自各个行业的潜在客户，他们手中所掌握的极具价值的个人信息则可以从另一方面促进销售业绩的达成。

销售业绩中有 57％来自其旗舰产品"Recruiter"的贡献，这一软件每年向企业用户收取 8 500 美元的年费，并为他们提供寻找、联系并跟踪理想应聘者的企业工具，企业也可以选择将通过这一工具寻找到的应聘者首年工资的 25％作为使用费用上交给 LinkedIn。在 2011 年，LinkedIn 的企业会费从 7 000 美元上涨到 8 200 美元，但企业用户的数量却没有受到影响，反而增加了五倍，企业用户之所以没有因为会费上涨而退却主要是因为 LinkedIn 所推出的这些新服务、新工具的确对招聘工作有所帮助。例如，招聘人员可以搜索具备某一特定技能的人，对他们进行标记，然后归档他们的资料，这一切不会让目标用户知晓，虽然设有"谁看过你的资料"功能，但"Recruiter"用户可以实现匿名浏览。大公司的招聘人员可以便利地查询 LinkedIn 网络中的 2 亿个用户，并追踪对所招募职位感兴趣的人。目前已有 1.6 万个人或企业付费使用 LinkedIn Recruiter，其中不乏谷歌、Facebook、联合利华、英国石油、欧莱雅等大型企业。

LinkedIn 在注重产品开发的同时，也在不断加强产品的宣传和营销推广，以扩大全球化、增加注册用户数量和提高品牌知名度。LinkedIn 模仿 Facebook 和 Twitter 的做法，通过在用户信息流中直接插入赞助内容的方法，将业务重心向赞助内容广告倾斜，使 LinkedIn 在用户从桌面 PC 全面转向移动设备的过程中受益，因为传统的横幅广告通常很难在小屏幕智能手机设备中取得良好效果。

3. 数据挖掘提供强大业务支持

LinkedIn 所有业务都基于数据模型，用户增长和体验生成大量数据，根据这些数据开发新产品，再为用户提供新产品和服务，这些又进一步刺激增长，增加客户黏度。开展数据挖掘的商业分析部门直接支持五大业务部门——产品、销售、市场、推广、开发和运营，其中运营又分广告运营、销售运营、市场运营、商业运营等不同部门。"你可能认识的人"是 LinkedIn 最受欢迎的功能之一，它帮助用户找到自己想要保持联系的人，但从后台数据库角度看，这项功能要求数据时刻保持更新状态，因此要时刻跟踪用户在不同应用之间的数据。LinkedIn 的数据基础设施团队搭建了一个包括针对特定工作负载设计的在线、离线、近线系统的数据架构：在线系统处理用户的实时交互信息；离线系统主要是 Hadoop 和 Teradata 的数据仓库，处理批量数据和分析工作负载；近线系统处理类似"你可能认识的人"这类的功能、搜索以及 LinkedIn 社交图谱数据，这类数据对处理和更新速度的要求不像在线系统那么高。LinkedIn 内部约有 25 种不同的数据库和数据解决方案，其中一半以上是由 LinkedIn 内部自主开发。

LinkedIn 最核心的竞争力就是通过数据挖掘进行商业分析，将庞大用户数据库沉淀下来的真实世界中最有商业价值的社会关系作为数据金矿来挖掘。在人才获取环节，LinkedIn 在整个 2 亿用户的巨大数据库中进行过滤搜索，打破以往只有招聘岗位申请者的局限，同时招聘企业通过设定地点、技能、以往公司、教育背景等多个关键词，迅速、准确地锁定最匹配的人才，从被动等待变为主动猎取。LinkedIn 对用户企业的人力资源部门有详细了解，如去年招聘人数、来源地点、学历、资历、职位，流失员工的去向，新获得职位等数据信息。对于并非岗位申请者的匹配人才，LinkedIn 的信息服务"InMail"可以帮助招聘人员与他们感兴趣的人取得联系，并随时关注和了解潜在候选人的动向，还可以将此人加入到"招聘项目"中，以便了解该公司还有谁在关注此人。

4. 大学页面服务，进军教育类市场

2013 年，LinkedIn 推出的新服务——大学页面服务与企业页面类似，唯一的不同之处在于其面向学术机构，帮助这些机构瞄准学生、校友、教师和家长等类型用户。多种方式去吸引学生用户对 LinkedIn 很重要，目前 LinkedIn 网站上有 3 000 万个学生或研究生用户，占 2.38 亿个用户的近 13%。

大学页面服务的每个页面都提供一系列工具，帮助大学扩大影响范围。"职业探索"板块帮助学生了解毕业后的去向，该页面显示自己大学的校友目前正从事的工作，有助于避免这样的情况：学生获得工学学位，但这所大学的校友大多供职于金融机构，页面还显示由 LinkedIn 算法选出的大学知名校友。

LinkedIn 的大学页面是一种介于大学排名、校友录和学校介绍之间的工具，可以帮助学生更好地评估他们的选择。此外，这也帮助校友关注学校的最新活动，同时也使学校更方便地寻求校友的帮助。当然大学也会使用 Facebook 去覆盖学生，Facebook 上的学生用户更多，但在考虑学校和未来就业情况时，LinkedIn 这一个平台更有针对性。

5.4.4　案例启示

LinkedIn 的成功并不是因为招聘网站，而是一个以用户为中心建立起来的 SNS 平台，真实的信息、庞大的数据、多维的关系网络有效连接，解决了过去困扰招聘者的信息不对称问题，使招聘成为更加透明、准确、人性化的事情。

其独特盈利模式来自明确的商业用户定位——高端职业用户，这种定位与其他社交网站具有明显差异：用户在 LinkedIn 网站活动目的明确，很少漫无目的地浏览。LinkedIn 依靠招聘、广告、订阅三大模式，凭借精准的数据分析，解决个人用户与企业用户信息不对等问题，形成一个主动、真实的高效率招聘机制，通过完备个人信息形成的大数据平台为企业客户实现精准招聘。

1. LinkedIn 运营的成功之处

（1）产品细分。针对不同用户的需求，LinkedIn 开发了不同的付费产品，如针对招聘者的 Talent Finder 以及针对求职者的 Job Seeker。

（2）信息专业、丰富。LinkedIn 中大量的信息，覆盖企业、职位、行业、专业技能等多方面，而且有众多的专业人士为用户提供良好的资源，用户可以迅速拓展人脉。

（3）搜索精确、高效。其表现为：①LinkedIn 的两个过滤器（Premium Filters 和 Talent Filters）使用户搜索时目标明确；②针对用户的搜索需求，独特的匹配算法可以保证搜索结果的准确；③一对多的邮件服务保证了企业招聘的快速；④对搜索结果进行管理和分类，方便用户查找；⑤广告有针对性地进行投放，降低了企业的成本；⑥招聘过程能够确保信息沟通；⑦病毒式的传播方式使招聘信息传播的范围更广；⑧企业发送的邮件可以一直保存到用户有所反应为止；⑨用户可以保存搜索结果，并且可以在有新候选人出现时得到提醒；⑩用户信息、搜索结果等可以在招聘团队内实现资源共享。

2. LinkedIn 快速成长的原因

LinkedIn 快速成长的原因首先来自 2007～2008 年金融危机的经济背景，由于其产品模式满足了企业以及用户寻求低成本的营销以及高效招聘方式的心理需求，因此大大促进了其用户的增长以及知名度的提升；其次是国外互联网的环境，一方面商务人士（LinkedIn 用户的平均年龄在 45 岁）已经适应在互联网上交谈业务等，另一方面互联网已经发展到商务社交网站的成熟阶段，对 LinkedIn 是良好的发展机遇；最后则是 LinkedIn 自身的成功运营拥有了第一批优质用户，这批用户不断吸引新的优秀用户加入，形成了良性循环，并且非常注重研发投入，产品用户体验好，增强了注册用户的忠诚度。

面对社交网络领域中 Facebook 和 Twitter 的威胁，LinkedIn 积极应对，随着网络规模的扩大，通过适时改版，制定新的互动规则以适应用户的增长，并集成 Facebook 和 Twitter 的功能，保持竞争优势。Facebook 是朋友和家人的网络，Twitter 是有趣的人或事的网络，而 LinkedIn 是同事网络。虽然 Facebook 比 LinkedIn 拥有更高的用户使用率，但 LinkedIn 所拥有的用户信息更具价值、更新速度也最为迅速，而这正是 LinkedIn 的最大价值所在。

3. 国内商务社交网站尚未发展起来的原因

首先，从国内互联网发展背景看，目前社交网站的需求偏重休闲娱乐，商务社交网站还处于起步阶段；国内的招聘网站智联招聘、前程无忧等认可度较高，求职者或机构倾向于选择这些传统招聘网站和线下招聘方式。其次，国内网民结构偏向于青少年，需求集中在娱乐方面，商务需求不高；国内互联网用户大多习惯免费服务，通过用户端获取收入较为困难，对网站的前期发展较为不利。最后，国内商务社交网站自身存在问题，缺少高端优质用户，而这是网站发展的基础；网站中的企业多是中小企业，招聘的职位偏中低型，对用户吸引不高；自身产品大多直接引进国外模式，没有根据国内网民特点实现本土化运营。

4. 对国内招聘网站运营的启示

（1）提高用户体验。对比国内招聘网站与 LinkedIn 成本结构，国内的招聘网站大多用户体验关注不够，而过多关注企业营销。招聘网站可以在其品牌拥有一定知名度的基础上注重提升用户体验，从而从竞争中脱颖而出，吸引大量用户。

（2）增加产品投入。目前国内招聘网站的产品及其功能比较单一，而招聘企业以及求职者的需求是多方面的。招聘网站可以借鉴 LinkedIn 的产品特点，适当增加产品投入，丰富现有产品的功能，开发新的产品形态，以更好地满足招聘企业以及求职者的需求。

（3）提高匹配度。传统网络招聘服务匹配度较低，招聘网站可以增加一些功能，如站内信（企业和求职者可以直接沟通）、个人档案（企业可以直接了解求职者的相关经历）及认证制度（保证用户信息的真实性），来提高招聘信息的匹配度。

（4）深入研究用户需求，发展高端招聘业务。国内招聘网站营业收入结构中，针对低端职位招聘的网络招聘服务是其主要收入，针对高端职位招聘的猎头服务营业收入占比则不断减少。LinkedIn 高端招聘业务发展较好主要是因为其根据用户希望联系以前的同事、同学的需求推出的个人档案，为招聘企业寻找"被动候选人"提供了很好的资源。招聘网站可以在深入研究目标用户需求的基础上，采取适当的方式吸引高端用户，促进高端招聘业务的发展。

综上，从页面设计到用户体验乃至运营模式，相关企业在借鉴 LinkedIn 的同时不能生搬硬套，必须提供差异化服务，为用户提供更好的体验和价值。SNS招聘模式相较于传统招聘路径的高效性与精准度，使得职业社交网站具备很大的发展空间和潜力，因此可以采取以实名用户与真实职业社交和商务社交关系为基础，免费帮助用户建立职场形象，设计职场路径，拓展职场、商务人脉，在拥有用户规模后，满足企业端用户需求，依靠第三方付费盈利的方式，形成求职者、企业和合作伙伴之间的商业社交关系生态网络。

➤ 案例思考与讨论

1. 腾讯的业务涉及了互联网的多个领域，并取得成功。它究竟依靠什么取得如此成就？它的经营策略同其他互联网公司有何差异？

2. 用户体验始终是社交网站永恒的核心，只有立足于用户需求，做好产品质量、功能应用、网站体验、社交体验等，为用户提供更好的服务和价值，才能在激烈的市场竞争中占据有利地位。试分析人人网存在哪些问题？

3. 职业社交网不同于普通的社交网，其目的性更强。我国的大街网是一家与 LinkedIn 类似的社交网站，创办于 2008 年，专注校园招聘、商务社交。目前，我国除了有智联招聘等垂直的招聘网站外，还有微博、即时通信工具、SNS等，但是在人才市场中，一方面大学生面临就业难题，另一方面企业面临招聘困难，应如何解决这一矛盾？试分析我国职业社交招聘的市场前景及网站运营模式。

4. 搜狐推出一款实名制社会化网站 IT 260，通过这个平台用户可以建立真实的"人脉圈"。只需填写完善个人的名片信息，便可与别人交换名片信息，用户可以根据公司、薪水范围、职业、职称精准搜索想要与之交换名片的人。新浪也在微博的基础上推出微人脉，向 5 亿多个用户提供服务，主要功能包括人脉、评价、机遇、简历和公司，覆盖个人职业关系梳理和招聘两个领域，人脉之间可以相互推荐，非人脉则可通过现有人脉进而认识新人脉。请分析这些 SNS 的具体定位是什么？

第6章

网络金融服务案例

6.1 网络金融服务

伴随着科技的发展,金融服务形式日新月异,从网上银行(Internet bank)到第三方支付,手机支付、网络保险、网上小额贷款等,互联网与金融服务的融合日益加深。网络金融是以互联网为载体的金融活动及关系的总称,也称互联网金融,不仅限于金融服务的网络化,从广义上还包括产品、交易方式、技术环境和市场参与者等多方面的创新。我国网络金融的实践主要包括基本的电子支付结算和银行、证券、保险的网络化,其中电子商务企业参与运营的细分行业有第三方支付和网络融资两部分。承担支付和结算功能的我国第三方支付与网络银行两项业务在 2012 年合计已超过 900 亿元,占网络金融总业务量的绝大部分;以网络借贷平台为代表的网络融资从 2010 年兴起,呈现迅速增长态势,超过网络保险,成为日趋重要的网络金融组成部分。阿里小贷的成功吸引了越来越多的电子商务企业加入,2012 年年底,京东与苏宁纷纷成立小额贷款公司,希望通过提供供应链金融服务来增强供应商黏度,并产生新的盈利增长点。本章主要讨论分析与电子商务密切相关的网上银行、第三方支付和网络融资案例。

6.1.1 网上银行概述

电子商务的快速发展,一方面极大地促进了网上银行的迅速发展,人们体验到网络购物的方便快捷和消费的低廉,同时也进一步了解了网上支付和网上银行,买家要实现网络购物后的网上支付,必须开通网上银行功能,这样在很大程度上刺激了网上银行相关业务的扩大和普及。另一方面,网上银行不仅仅是电子商务活动的积极参与者，其产生和发展也是电子商务顺利发展的有利支撑和保证。因此，网上银行是电子商务中支付的关键性因素，没有网上银行，就无法实现资金流动，无法实现商品买卖。我国网银用户中，网上支付、转账汇款、信用卡还款和个人贷款四项功能经常被使用，网上银行伴随电子商务的发展正在向纵深方向不断发展。截止到 2012 年 3 月底，网上银行的注册用户数达到 4.56 亿人。

1. 网上银行的概念

中国人民银行《电子支付指引（第一号）》对电子支付的定义是：单位、个人直接或授权他人通过电子终端发出支付指令，实现货币支付与资金转移的行为。电子支付的类型按电子支付指令发起方式分为网上支付、电话支付、移动支付、销售点终端交易、自动柜员机交易和其他电子支付。

网上银行又称网络银行、在线银行，是指利用 Internet、Intranet 及相关技术处理传统的银行业务及支持电子商务网上支付的新型银行服务，通过互联网这一信息高速公路与银行的业务网络联网，实现开户、销户、查询、对账、转账、投资理财及其他贸易或非贸易的全方位银行服务。可以说，网上银行是在 Internet 上的虚拟银行柜台，是电子银行的其中一种渠道产品。而电子银行是指以网络为媒介使用各种接入设备，客户自助办理银行业务，获得全方位金融服务的新型服务手段，电子银行为客户提供的主要服务手段有互联网、个人电脑、电话、自助银行终端、POS（point of sale，即销售终端）、客户服务中心等，具体业务种类有网上银行、电话银行、手机银行和自助银行等。

2000 年，巴塞尔银行监管委员会对网上银行的定义是：利用电子手段为消费者提供金融服务的银行，这种服务既包括零售业务，也包括批发和大额业务。根据这一定义，网上银行确立了其具有与传统银行相对独立的地位。美国联邦储备委员会提出的网上银行定义是：利用互联网作为其产品、服务和信息的业务渠道，向其零售和公司客户提供服务的银行。

网上银行的发展模式总体上有两种：一种是基于纯粹网上银行概念，即"虚拟银行"，以完全在互联网上经营代替传统柜台经营的模式；另一种是现有的商业银行和金融机构，利用互联网开展的替代传统银行业务所提供的各种金融服务，即传统银行利用互联网作为服务手段为客户提供在线服务，实际上是传统商业银行服务以互联网为销售渠道发展起来的新型营销模式，也是绝大多数商业银行开展网上银行业务的发展模式。

2. 网上银行的服务

网上银行服务系统按照服务对象分为个人网上银行服务和企业网上银行服务。

1）个人网上银行服务

个人网上银行为家庭客户提供各种金融和非金融的多种服务，主要包括：

（1）账户管理，主要提供个人网上银行账户的基本信息管理，包括个人基本信息的查询、交易信息明细、对账、修改、挂失等服务。

（2）转账汇款，主要提供开户行内外以及跨国、跨地区的各种转账和汇款等服务。

（3）缴费支付及信息检索，主要提供包括电子商务支付，各种生活类、教育类费用支付，委托代扣等网上费用的支付服务；各种相关的金融信息，如定期、活期、银行卡等账户的余额、利率等，市场新产品介绍，各行各业的市场动态数据，如股票、基金行情等。

（4）投资理财，主要提供包括基金、股票、证券、黄金等的理财产品的规划和网上销售服务。

（5）贷款融资，主要提供包括各类生活消费品贷款申请、个人贷款基本信息查询、账户明细、还款计划等服务。

2）企业网上银行服务

企业网上银行是专门针对具有实时掌握财务信息需求的企业客户推出的一项网络自助金融服务产品。客户只需凭卡号和密码就可以随时登录企业网上银行，享受网络银行服务，服务内容主要包括：

（1）账户管理，主要提供企业网上银行账户信息的统一管理，包括账户信息的查询与明细、交易状况、贷款查询、支票查询、对账等服务。

（2）资金划转，主要提供收款、付款、内部转账、企业电子商务、工资与其他企业费用代付等资金调拨服务。

（3）资金管理，主要提供资金集中统一管理的服务，包括对下级单位账户实时监控、下级公司账户信息查询与明细查询、下级公司交易查询等。

（4）投资理财，主要提供定活期互转、第三方存管、国际贸易融资、黄金买卖、基金、国债等理财功能。

（5）信贷业务，主要提供网上委托贷款、网上信用证业务、网上还贷、贷款查询等服务。

我国网上银行服务的参与方主要由负责资金清算、结算的商业银行、中国人民银行、中国银联、第三方支付平台及服务于网上银行安全的中国金融认证中心（China Financial Certification Authority，CFCA）、为银行卡服务的银行卡组织、网上银行的系统开发商、商户、用户、企业组成。企业网上银行服务功能和安全级别与个人网上银行都有所不同，但二者都是基于开放互联网的系统，如图 6-1 所示。

3．网上银行的系统架构

各商业银行由于自身业务系统的差异，其网银系统应用架构会有不同的设计，但基本的技术构成是类似的，各部分的功能也相似。图 6-2 是较为典型的网银应用系统结构。

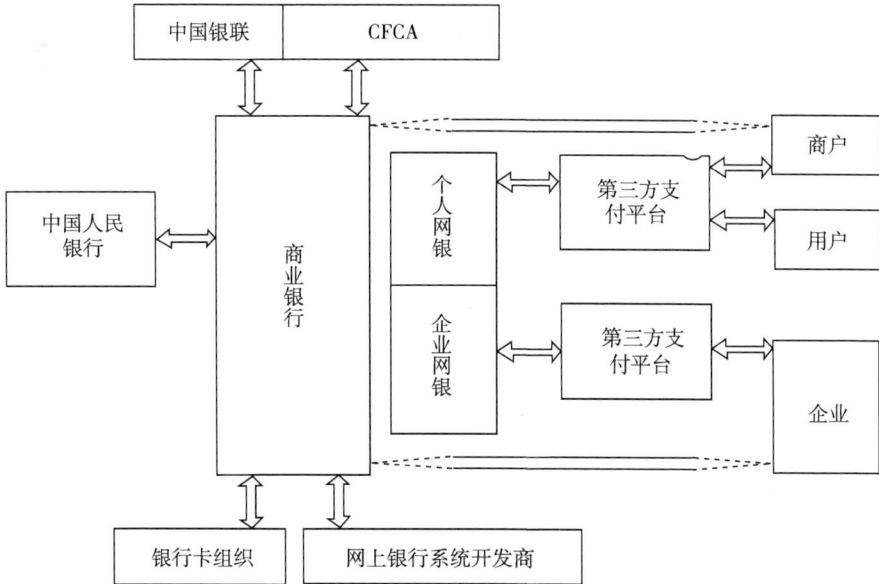

图 6-1　我国网上银行服务的参与各方

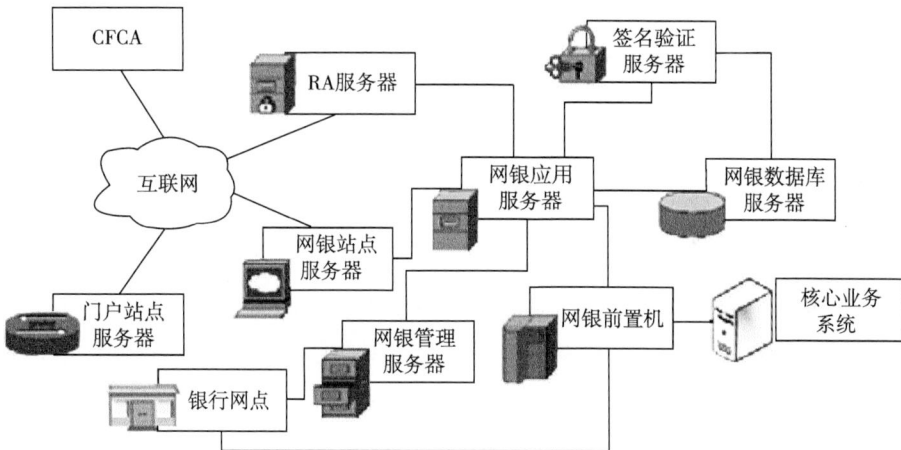

图 6-2　网上银行系统典型结构

（1）网银站点服务器。网银站点服务器是网银业务面向互联网客户的主要界面，为防止互联网上基于 Web 应用的攻击，不使网银站点直接暴露于互联网上，站点服务器前不仅要通过防火墙实现基于网络层或传输层的访问控制，通过部署 IPS（intrusion prevention system，即入侵防御系统）实现深度安全检测，还需要通过流量清洗设备实现 DDoS（distributed denial of service，即分布式拒绝服务）攻击防御。另外，由于安全防护要求不同，通常将网银站点服务器与银行门户站点服务器部署在不同的网络区域内,以防止门户站点的安全漏洞对网银业务的影响。网银站点服务器与用户浏览器间通过 HTTPS (hypertext transfer protocol secure,即超文本传输安全协议) 协议保障数据的私密性与完整性,为了减少站点服务器进行密钥交换与加、解密的工作负担,在网银站点服务器前部署负载均衡设备,既可实现 HTTPS 协议加速,又可实现业务负载均衡和服务高可用性。

(2) 网银应用服务器。网银应用服务器提供网银系统的业务逻辑,包括会话管理、提交后台处理以及向站点服务器提交应答页面等,应用服务器与站点服务器共同构成网银业务的运行环境。由于站点服务器与互联网客户浏览器之间承载数据的 SSL (secure sockets layer,即安全套接层) 协议不具备数字签名功能,所以网银客户端的数字签名通常由浏览器插件程序完成,而服务器端的验签工作则由单独的验签服务器完成。客户签名的交易数据经由站点服务器提交给应用服务器,再由应用服务器向验签服务器发起验签请求。上述工作流程决定了应用服务器作为网银系统的核心组件,保障其服务高可用性与网络访问安全性。可在应用服务器前部署服务器负载均衡设备来实现业务流量在多台服务器间的均匀分配,从而提升业务的响应速度和服务高可用性。另外,部署负载均衡设备后,根据网银业务量的大小动态配置应用服务器,可提高业务扩展能力。

(3) 网银数据库服务器。网银数据库服务器的主要作用是保存、共享各种及时业务数据 (如客户支付金额) 和静态数据 (如利率表),支持业务信息系统的运作,对登录客户进行合法性检查。数据库服务器通常需要与存储整列连接,并且通常采用双机互为备份的方式以保障高可用性。数据库服务器只允许来自应用服务器的访问,禁止站点服务器直接访问数据库服务器。应用服务器与数据库服务器可以部署在同一个安全区域内,也可分别部署在两个不同的安全区域内。

(4) RA (registration authority,即注册中心) 服务器、签名验证服务器。RA 服务器与签名验证服务器都是与网银交易中数字签名相关的系统。RA 服务器是 PKI (public key infrastructure,即公钥基础设施) 体系中 CA (certification authority,即认证中心) 服务器的延伸,RA 负责向 CFCA 的 CA 或银行自建的 CA 申请审核发放证书,验签服务器负责对用户提交的交易数据进行数字签名验证。RA 服务器与验签服务器都与应用服务器有数据交互,但 RA 服务器还需要通过互联网 (或专线) 与 CFCA 的 CA 服务器相连,因此 RA 与验签服务器部署在不同的安全区域内。应用服务器与 RA 服务器的访问通过防火墙做访问控制。

(5) 综合业务系统、网银前置机、网银管理服务器。网银的账务处理、客户数据及密码的存放都在综合业务系统中完成。网银前置机负责将应用服务器提交的业务请求经过协议处理、数据格式转换或加密后转交到综合业务系统的主机进行处理。位于网点的客户端通过访问网银管理服务器实现网银用户管理功能（如开户、注销、证书下载、密码修改等）。上述三种业务系统都部署在银行数据中心内网区，应用服务器与这三个业务系统都存在直接或间接的访问关系，由于网银应用服务器与数据中心内网区分属不同的网络安全区域，所以两者间的网络通信通过防火墙进行访问控制。

4. 我国网上银行的发展历程

网上银行在银行业发展过程中扮演了重要角色，成功地为银行完成了业务分流，提高了营运效率。我国网上银行的发展经历了以下四个阶段：

（1）萌芽阶段（1996～1997 年），开发和探索网上银行服务。1996 年，中国银行投入网上银行的开发；1997 年，中国银行建立网页，搭建"网上银行服务系统"；招商银行开通招商银行网站。

（2）起步阶段（1998～2002 年），各大银行纷纷推出网上银行服务。1998 年4 月，招商银行在深圳地区推出网上银行服务；1999 年 4 月，招商银行在北京推出网上银行服务；1999 年 8 月，中国银行推出网上银行，提供网上信息服务、账务查询、银证转账、网上支付、代收代付服务；1999 年 8 月，中国建设银行推出网上银行服务，首批开通城市为北京和广州；2000 年，中国工商银行在北京、上海、天津、广州四个城市正式开通网上银行；2001 年，中国农业银行推出 95599 在线银行，2002 年 4 月推出网上银行；2002 年年底，国有银行和股份制银行全部建立了网上银行，开展交易型网上银行业务的商业银行达 21 家。

（3）发展阶段（2003～2010 年），加强网上银行品牌建设，改善产品和服务，重点业务发展带动各大网上银行业务快速发展。2003 年，中国工商银行推出"金融@家"个人网上银行；2005 年，交通银行创立"金融快线"品牌；2006 年，中国农业银行推出"金 e 顺"电子银行品牌；2007 年，个人理财市场火热带动网上基金业务猛增，直接拉动个人网上银行业务的大幅增长；2008 年，网银产品、服务持续升级，各银行在客户管理、网银收费等方面积极探索；2009 年，二代支付系统和第三方支付政策促使网上银行业务发生转变，网上银行新的营销模式出现；2010 年，网上银行产品注重细分领域，手机银行快速发展。

（4）成熟阶段（2010 年以后），网上银行相关法律逐步完善，主要银行的网上银行业务步入稳定发展，开始面向全球化。另外，2010 年 8 月底上线的中国人民银行"网上支付跨行清算系统"（俗称"超级网银"），实现商业银行网银端口的连接，个人或企业可通过统一的操作界面查询、管理在多家商业银行开立的结算账户资金，可以进行跨行账户管理、跨行资金汇划等金融活动。但各商业银行由于对"超级网银"业务收费标准不一、办理程序烦琐、宣传推广力度不够等诸多原因，一直未得到用户的广泛认可，尚需要对这一惠及更多用户、提高金融管理效率的跨行清算系统进行不断完善。

CFCA 发布的《2012 中国电子银行调查报告》显示，全国个人网银用户比重为 30.7％，企业网银用户比重为 53.2％，个人网银柜台业务替代率达 56％，企业网银替代率为 65.8％，与此同时，智能手机已经成为主要的数据管理和互联网应用终端，手机银行业务作为未来移动远程支付方式，展现出巨大潜力，2012 年全国地级及以上城市城镇人口中，个人手机银行用户比重为 8.9％。

易观智库《2013 年第 2 季度中国网上银行市场行业数据库》显示，中国工商银行、中国建设银行、中国农业银行分别以 38.01％、16.33％、12.06％的市场份额占据市场前三位。激烈的市场竞争和互联网应用的不断创新，促使各大银行不断丰富电子银行服务渠道。例如，中国建设银行的"摇一摇"账户余额查询、招商银行的"微信银行"、交通银行的远程智能柜员 iTM 服务、中国农业银行的"三农金融服务车"，体现各银行在电子银行领域发展的深化。中国工商银行截至 2013 年 6 月 30 日，电子银行客户总数达 3.52 亿户，成为拥有网上银行和移动银行"双亿级"客户群的银行。目前我国电子银行渠道已经形成了以网银为基础、手机银行为核心的布局，这有助于提升用户体验，降低电子银行的使用门槛，使之真正融入用户生活。

商业银行曾经凭借"水泥＋鼠标"的经营思路和网上银行的先发优势赢得了互联网发展的先机，然而随着各种新型互联网应用技术的出现，企业用户的互联网化生存日趋显现，以利率市场化为代表的国内金融环境快速转变，这种"门户"型的网上银行应用模式除了在业务、功能、人性化等方面有所改善外，本质上却始终未能走出柜台业务的虚拟化运营，其服务差异化更是逐渐丧失，商业银行金融服务模式的创新势在必行。

6.1.2　第三方支付概述

移动电话和互联网用户普及率的提高、银行卡受理环境的逐步改善以及电子商务行业的快速发展，推动了第三方支付业务的迅速发展。从网络购物、电子商务，到网上转账、还贷、缴费、买保险，再到网上订机票、订酒店，第三方支付已渗透到人们生活的方方面面。

1. 第三方支付

按照中国人民银行 2010 年《非金融机构支付服务管理办法》对第三方支付的定义，第三方支付是指非金融机构在收付款人之间作为中介机构提供下列部分或全部货币资金转移服务：网络支付、预付卡的发行与受理、银行卡收单、中国人民银行确定的其他支付服务，其中所称的网络支付，是指依托公共网络或专用网络在收付款人之间转移货币资金的行为，包括货币汇兑、互联网支付、移动电话支付、固定电话支付、数字电视支付等。

第三方支付平台有多种分类，按照运营形态分为三种：①POS 收单，即持卡人通过第三方支付机构的终端为银行卡特约商户代收货币资金的行为；②网络支付，即依托公共网络或专用网络在收付款人之间转移货币资金的行为；③预付卡，即通过卡片、密码等形式发行的电子支付手段，在发行机构之外购买指定范围内商品和服务的预付价值。其按照网络支付模式分为两种：一种是线上，以互联网支付为主；另一种是线下，以移动电话支付、固定电话支付、数字电视支付为主。其按照互联互通状态分为两种：①封闭式。独立的第三方支付机构，不被其他支付平台接入与被接入，独立制定双边费率调节需求。②开放式。若干封闭式支付平台通过互联互通，依靠接入费和交换费间接影响费率结构。封闭式第三方支付平台有两大类：一类是中介型，如支付宝、财付通、盛付通等，它们通过"电子商务平台＋网上支付工具"捆绑大型电子商务网站，以在线支付为主，一般采用信用中介模式，实行"代收代付"和"信用担保"，因此也被称做"中介型"。另一类是独立型，如快钱、银联电子支付、汇付天下等金融型支付平台，侧重行业需求和开拓行业应用，一般采用支付网关模式，将多种银行的支付方式进行整合，充当电子商务各方与银行的接口，使银行服务的适用面更广，不充当信用中介，仅提供支付网关，因此被称为独立型。

2. 我国第三方支付行业的发展历程

我国的第三方支付行业兴起于十多年前，最初是为满足商户对于网络支付的便捷性和安全性的需求，是金融创新与互联网行业商业模式创新的综合实践。其按发展阶段可以分为以下三个时期。

第一阶段是统一网络接口时期（1999～2005 年），服务网上交易的支付网关模式。2000 年前后，网上银行得到迅猛的发展，各大商业银行纷纷推出网上银行业务，但出于排他性的考虑，各银行提供的均是各自独有的支付接口，交易双方对异地跨行交易的便捷性产生了庞大的需求，这也为第三方支付产业的崛起提供了良机。第三方支付为商户提供统一的线上支付接口，大大提高了使用的便捷性，并开始培养用户的网络支付习惯。

第二阶段是电子商务的信用中介时期（2005～2008 年），撮合交易的信用中介模式。2005 年中国网民数量首次超过 1 亿个，宽带网络的入户率达到 45％，中国电子商务的技术基础和用户基础已趋向成熟。同年，《中华人民共和国电子签名法》出台，为电子交易和支付提供了安全认证的法律支持。为推动电子商务网购业务的发展，减少买卖双方的不诚信事件发生，第三方支付企业提供付款担保，开始建立网络交易的信用体系。

第三阶段是创造交易的时期（2008 年至今），第三方支付企业主动地创造支付需求。第三方支付不再满足于一般的购物业务，而是渗透到消费者生活的方方面面，如提供公共服务缴费、信用卡还款、电话账单缴费等便民支付功能。第三方支付从被动地为网购交易服务，发展为主动地创造更多交易和支付机会。第三方支付市场快速增长，行业竞争者日益增多，为规范行业经营秩序，中国人民银行于 2011 年开始颁发《非金融机构支付业务许可证》，第三方支付企业需持牌经营并接受监管，这一时期也是第三方支付行业的规范化时期。

随着第三方支付企业逐步涉及基金、保险、个人理财等金融服务，第三方支付成为银行金融机构的有益补充。同时，其借助数据信息积累与挖掘优势，可实现对客户信用水平的准确、实时把控，有效降低金融风险，利用其跨行、信息化和技术等优势，拓展创新业务。另外，全球网上购物市场的迅猛发展以及消费者跨境网购的强劲需求，促使第三方支付企业与境外支付机构合作，实现跨境支付，拓展全球市场。

按照终端载体和业务内容划分，我国的第三方支付企业分为以下几类：

1）网络支付

（1）互联网支付。通过桌式电脑、便携式电脑等设备，依托互联网发起支付指令，实现用户和商户、商户和商户之间的货币资金转移的行为。

（2）移动支付。基于无线通信技术〔蓝牙、红外、NFC（near field communication，即近距离无线通信）、RFID、移动互联网、短信等〕，通过移动终端（手机、PAD 等）向银行等金融机构发送支付或资金转移指令，完成支付行为。

（3）数字电视支付。利用智能电视通过遥控器选择支付项目，进行支付操作。交易内容包括电视节目点播付费、电视购物、公用事业缴费等。

2）银行卡收单

第三方支付企业经银行等金融机构授权负责开发和管理特约商户，为特约商户代收持卡人支付的货币资金，进行账单清算，并在清款时先垫付持卡消费者的交易金额。

3）预付卡发行与受理

第三方支付机构向消费者发行的由持卡人预付货币资金的预付卡，持卡人可凭该卡跨行业到各特约商家刷卡消费，第三方支付企业负责特约商户的开发和管理、账款清算。

我国网络零售市场的迅速发展，为第三方支付市场的发展带来了巨大的发展空间。根据艾瑞《2012～2013 年中国第三方支付行业发展研究报告》，2012 年第三方支付行业交易规模 12.9 万亿元，其中线下收单市场占 68.8%，其次为互联网支付，占 28.3%，移动支付市场尚处于起步阶段。2012 年中国第三方支付市场中的互联网支付市场份额如图 6-3 所示。

经过十多年的发展，我国第三方支付行业已逐步由一个新兴行业发展成为一个成熟、合规、不断壮大的行业。互联网金融在不断创新的同时，也要面对有效监管的挑战，中国人民银行自 2011 年 5 月陆续向第三方支付企业发放支付牌照，其法律地位得到认可，并由中国人民银行支付结算司负责监管，同时成立中国支

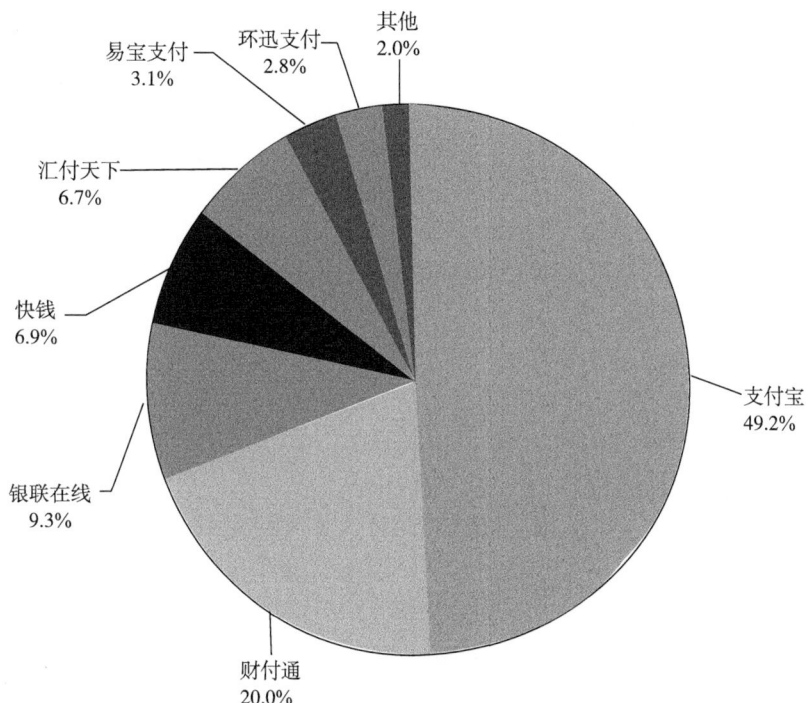

图 6-3　2012 年中国第三方互联网支付市场份额

付清算协会作为行业自律性组织，以维护市场竞争秩序、防范支付清算风险。截止到 2013 年 3 月底，我国获得中国人民银行颁发的第三方支付牌照的企业数量已达 223 家，牌照类型完全覆盖 7 大业务体系——预付卡受理、预付卡发行、互联网支付（支付宝、财付通、银联在线、快钱、汇付天下等 79 家）、银行卡收单（银联商务、拉卡拉、杉德、通联支付等 47 家）、移动电话支付（联动优势、上海捷银、支付宝、中国银联、电信运营商等 34 家）、固定电话支付（快钱、汇付天下、环迅支付、通联、网银在线等 13 家）、数字电视（银视通、数码视讯等 5 家），其中预付卡的代表企业为联华 OK、资和信、海航易生。

　　占据第三方支付市场交易规模主要份额的是以中国银联和支付宝为代表的集团运营支付企业，其背靠的集团企业经过多年的积累形成了庞大的商户资源和用户资源，以及稳定的系统资源、较强的市场影响力，为其开展支付业务提供了强大的支持，保证其支付业务交易量的稳定增长。成立于 2002 年 3 月的中国银联股份有限公司，总部设在上海，是经中国人民银行批准的、由 80 多家国内金融机构共同发起设立的股份制金融机构。除了搭建各个商业银行之间联网互通的信息平台，中国银联拥有上海银联和广州银联以及银联商务等第三方支付企业，分别运营网上支付和线下银行收单等业务，已经积累了巨大的商户资源和一定的第三方支付运营管理经验。支付宝（中国）网络技术有限公司成立于 2004 年，是阿里巴巴集团的关联公司，2011 年 5 月获得中国人民银行颁发的第三方支付牌照，准许经营的内容包括互联网支付、移动电话支付、预付卡发行与受理（仅限于线上实名支付账户充值）、银行卡收单。

而以快钱、汇付天下、易宝支付和环迅支付等为代表的第三方支付企业，经过多年的尝试，其业务形式更多地采取整合平台优势资源为客户提供涵盖支付结算、资金效率管理、市场营销和增值服务的行业综合解决方案。成立于 2005 年的快钱，总部在上海，2011 年 5 月获得中国人民银行颁发的第三方支付牌照，准许经营的内容包括互联网支付、移动电话支付、固定电话支付、预付卡受理、银行卡收单，并获得基金牌照，主要为企业提供流动资金管理解决方案，核心特点是线上线下业务结合紧密，优势领域为保险、零售连锁、直销。汇付天下成立于 2006 年 7 月，总部设在上海，获得中国证券监督管理委员会（简称中国证监会）批准开展网上基金销售支付服务，定位为金融电子支付，与国内商业银行及国际银行卡组织均建立合作关系，聚焦金融支付和产业链支付两大方向。

我国电信运营商在支付领域起步较晚，但其在移动支付领域的独特优势，控制着远程通信的通道，掌握终端厂商方面的话语权，拥有广泛的营销渠道、巨大的用户基础，较为完善的小额计费与结算系统、强大的资金实力等将为其创造后发优势。另外，百度、新浪也于 2013 年 7 月获得进入支付行业的许可证，新浪公司的新浪支付业务范围包括互联网支付、移动电话支付；百度公司的百付宝业务范围为互联网支付。而且随着跨国网购需求的持续增长，国家外汇局下发《支付机构跨境电子商务外汇支付业务试点指导意见》，决定开展支付机构跨境电子商务外汇支付业务试点，2013 年 9 月国家外汇管理局批准支付宝、财付通等 17家第三方支付机构获得首批跨境支付业务的试点资格，获得支付业务许可证的第三方支付机构，均可申请为电子商务客户办理跨境收付汇和结售汇的业务。

3. 第三方支付与银行金融机构的关系

电子支付可以分为以商业银行等金融机构为平台主体的电子银行支付体系和以第三方支付平台为代表的、以非金融机构支付组织为主体的第三方支付体系。网上银行是商业银行主导的电子支付渠道，第三方支付平台则是随着电子商务市场发展而崛起的电子支付渠道。

第三方支付产业涉及商户、消费者、商业银行以及第三方支付平台企业，各方都有自身利益与利润考虑。在目前的第三方支付市场上，银行、商户、第三方支付平台企业相互之间既有合作也有竞争，共同培育市场发展，扮演不同的角色，在第三方支付产业发展的不同阶段拥有不同的市场实力，发挥着不同的市场作用。第一，商业银行提供的支付网络系统是第三方支付得以存在的主要基础，第三方支付企业对于银行的电子银行、POS 铺设等服务依存度非常高。第二，银行的发卡量和开户数决定了其市场地位，由于商户与消费者的资金结算账户、资金清算活动都在银行完成，因此银行的发卡量和开户数越大，决定的消费者的数量越大，对第三方支付企业的吸引力越大，在定价中的话语权也就越大，第三方支付企业会选择拥有较高开户数和发卡量的银行进行合作。但同时，银行也需要第三方支付企业培养市场，自己随同一起成长。第三，商户对于第三方支付平台的选择决定了平台的市场需求。例如，阿里巴巴选择支付宝，eBay 选择安付宝和贝宝，腾讯选择财付通，从而这些平台能够享受这些控制性商户拥有的用户群，第三方支付平台的两端用户中，商户是决定性因素，对第三方支付企业的市场份额和地位起决定性作用，消费者只能在商户选择的第三方支付平台中做二次选择，对于商户（尤其是控制性的大商户）的开发是第三方支付企业发展的重要任务和目标。

第三方支付与银行既有合作又有竞争，在不同领域各有优势，在竞争中能够进行行业细分。例如，在 B2B 领域，大型企业主要与银行直连，实现直接支付，银行占有优势。在 B2C 领域，商户可以选择银行或者第三方支付平台，因此他们会产生竞争。由于第三方支付平台能够提供多家银行端口进行支付，因此占有先发优势。在 C2C 领域，中介型支付平台企业一统天下。而产品高度相关的领域，如网络游戏、移动通信等，银行较难接入。第三方支付平台之间的竞争体现在与银行关系的竞争，如果银行在部分优势领域直接与商户直连，不通过第三方支付企业，第三方支付企业可能在自己的成熟应用领域挤压成本、增加投入，从而保有市场地位。第三方支付平台与银行的合作关系，体现在第三方支付企业帮助银行整合中小商户，同时向两端用户推广银行的服务和产品，稳定了银行的客户，因此与银行的合作是第三方支付企业之间竞争的重要手段。

第三方支付与银行金融机构二者的关系体现在众安在线这一案例中。2013年年初，由阿里巴巴、腾讯和中国平安等 9 家法人股东发起合资成立的众安在线，注册资本为 10 亿元人民币，这家注册地在上海的互联网金融公司，突破国内现有的保险经营模式，开展包括保险业务在内的金融和虚拟互联网产品的销售，不设任何分支机构，这种模式大大加快了金融互联网化趋势。一方面，金融企业借力互联网平台促进业务创新。腾讯和阿里巴巴以各自领域的压倒性优势与中国平安合作，对中国平安而言，从客户角度可以利用腾讯的海量客户群，匹配后台产品，按照网络客户分群模式，重新划分保险等金融产品的客户细分模式，在此基础上设计相应金融产品并利用即时通信的优势精准推送给客户；利用阿里巴巴在 C2C 和 B2C 领域的市场份额优势，与阿里系的后台数据进行分析，开展交叉销售，为商户设计更加个性化的金融产品，再利用阿里系的"诚信通"和客户数据积累优势，提高网络产品和网络销售的风险控制管理水平。另一方面，中国平安和腾讯、阿里巴巴各取所需、共享共赢的商业合作体现了互联网和金融业双向渗透、互相促进的整体演进趋势。信息技术的快速变革使得互联网应用向金融体系快速渗透，改变了金融体系的客户接触和服务的渠道模式、资产定价模式、风险管理模式、资源配置模式以及支付清算模式；而金融体系的互联网化使得交易信息变得更透明、风险控制成本更低、运营效益更高。

6.1.3 网络金融

1. 网络金融及其起源

网络金融是指非金融机构作为中介为客户提供互联网金融服务，最早起源于P2P信贷（peer to peer lending，即个人对个人贷款），又称人人贷，是指借助网络技术和信用评估技术，协助投资者与借款人实现直接借贷的中介服务活动。P2P信贷起源于小额借贷，小额借贷模式是由获得2006年"诺贝尔和平奖"的孟加拉国经济学家穆罕默德·尤努斯教授提出的，他成立的格莱珉银行（Grameen Bank）提倡大家集资然后分散借钱给穷人，鼓励他们创业，并采取一系列措施来规范还款，使得贷款的坏账率基本控制在2%以下。世界第一家P2P信贷公司Zopa于2005年在英国伦敦成立后，各种各样的P2P网络借贷平台层出不穷，美国的第一家P2P信贷公司Prosper于2006年成立于美国加利福尼亚州旧金山市，随后还有德国的Auxmoney、日本的Aqush、韩国的Popfunding、西班牙的Comunitae、冰岛的Uppspretta、巴西的Fairplace等。国外的网络融资开展得比国内早，主要有信用中介、担保信用中介、社交性中介三种模式。

（1）美国的Prosper是信用中介的代表。Prosper通过利率竞标方式撮合借贷双方的服务，中标者获得贷款合同。凡是具有美国合法公民身份、社会保障号、个人税号、银行账号、个人信用评分超过520分的注册客户，均可以从事Prosper平台内的借贷交易，提供的贷款金额在2 000～25 000美元，期限分为1年、3年和5年三种。Prosper开创的很多商业模式被其他人人贷公司所采用，这些模式包括：在网上公布借款者的贷款需求和信息；放贷人在网上浏览贷款信息并构建贷款组合；建立贷款的二级交易平台等。Prosper的风险定价机制，最开始采用荷兰式拍卖决定资金供需匹配和贷款利率，后来改用基于内部评级的利率定价机制。首先，Prosper根据借款者信息建立一个内部评级系统，从高到低共分AA、A、B、C、D、E、HR（high risk）七档，评级越低，借款者的信用状况越差，对应的贷款损失率越高。其次，根据借款者的评级、贷款期限以及之前是否有Prosper贷款决定贷款利率。Prosper评级越低、贷款期限越长或者之前没有Prosper贷款，贷款利率越高，年贷款利率在5.49%～12.46%。Prosper的盈利机制是按借款金额收取一定比例的费用，在0.4%～4.5%，按交易规模收取放贷人1%的年费。Prosper不承担贷款的信用风险，其主要工作是确认借款者的身份和个人信息、提供全生命周期内的贷款服务。Prosper曾经引起美国证券交易监督委员会（即美国证监会）的注意，被认为网站售卖投资、金融产品的 P2P 借贷模式不合法，并在 2008 年年初被勒令关闭，但 2009 年加利福尼亚州允许该公司重新开业并重新从事 P2P 信贷业务。

（2）英国的 Zopa 是担保信用中介型的网络融资企业。Zopa 比 Prosper 早一年成立，是世界首家网贷平台。Zopa 不仅提供担保和信用服务，还对借款者建立信用评级标准，提供综合性服务。借贷过程中，Zopa 充当信息中介，在 Zopa 网站上，贷款者可列出金额、利率和想要出借款项的时间，借款者则在无中介的情况下寻找适合的贷款产品，Zopa 则向借贷双方收取手续费，而非赚取利息。

Zopa 提供的小额贷款金额在 1 000～15 000 英镑，借款期限为 2～5 年。借款人首先在网站注册，然后提出借款申请，同时提供详细的个人信用情况，Zopa 在 24 小时内审核借款人的信用情况，并确定将借款人归入哪个等级。Zopa 采用信用评分方式是根据借款人提供的详细信息，并结合英国信用管理部门（Equifax 公司）出具的个人信用报告，将借款人按信用等级从高到低依次分为 A*、A、B、C、Y（young-rated market，即缺少借贷记录但年龄在 20～25 岁通过 Zopa 审查的年轻借款人）五个等级，其中被 Zopa 评定为 C 等级的借款人的信用要普遍高于一般民众，这意味着信用历史很差的人无法在 Zopa 借到款。而针对 20～25 岁年轻人这样一个特殊群体，Zopa 不要求他们有较长时期的良好的还款记录，而是根据个人的工作及收入情况进行借款资格的评定，这为年轻人提供了方便的借款渠道。被划入不同等级的借款人会获得该等级的最低的一个借款利率，而且 Zopa 每天的利率都不相同，它的实时利率由 Zopa 的贷款人们来确定，如果借款者对当天的利率不满意，可以第二天再去确认新的利率，直到满意再提交借款申请。

对于贷款人，可以根据借款人的信用等级（对应不同的回报率）、借款金额以及借款时限来确定向谁提供贷款。Zopa 在整个借贷交易过程中代替银行成为中间人，负责法律文件、信用认证、资金转账、雇佣代理机构为贷款人追讨欠款等事务。Zopa 的收入来源于向贷款人和借款人收取的中介服务手续费，对于借款人，根据其借款的具体金额、期限等收取不同比例的费用，对于贷款人收取其贷款额 1% 的费用。Zopa 同时采取各种措施控制贷款人的风险，如将借款人进行信用分级、强制要求借款人按月分期偿还贷款、借款人必须签署法律合同等。除了和银行一样严格的信用审核体系以外，Zopa 还通过分散投资来最小化贷款人的风险，具体做法是强制将贷款人的每笔贷款额划分成以 10 英镑为单位的若干笔，然后贷给若干借款人。以贷款人贷出 2 000 英镑为例，这笔钱至少被贷给 200 名借款人，通过风险控制措施将坏账率控制在 2% 以下。同时 Zopa 承诺，如果有人未经允许访问其客户账户，客户不用担心被欺诈，也不会承担任何损失，此举可以保证客户个人信息的安全。

Zopa 网站不仅有公司发展历史、资金来源、管理层人员信息，还提供适时更新的数据便于了解借款人和贷款人的特征分布情况、坏账率、回报率等统计数据，贷款人和借款人可以更好地做出决策。截止到 2012 年 8 月 9 日，Zopa 注册人数 854 539 人，借贷款总额为 222 548 260 英镑。贷款人主要来自伦敦西南部，平均年龄 45 岁，男女比例为 4.6：1，平均贷款金额为 2 420 英镑，贷款总额为 3 017 083 英镑；借款人主要来自伯明翰，平均年龄 40 岁，男女比例为 1.6：1，平均借款额为 4 869 英镑，最常见的借款用途是购买汽车。

（3）Lending Club 是美国的网贷平台与社交网站的综合尝试。Lending Club 的用户群来源于各大社交网站，有借贷需求的人们能够在常用的社交网站直接进入 Lending Club 的界面进行交易。而用户的信息搜集也是来源于社交网站本身，社交网站的好友圈子本身就是一种信用等级标识。Lending Club 将熟人借贷网络化，不仅降低了信息成本，也容易提高用户黏性。Lending Club 的具体运作主要是，对符合要求的贷款申请，根据借款者的信用评分、贷款金额、过去 6 个月借款次数、信用记录长度、账户数量、循环信用证使用率和贷款期限等进行内部信用评级，分成 A 到 G 共 7 个等级，每个等级又细分成 5 档。不同信用评级对应着不同贷款利率，从 6％到 25％不等，信用评级越低，贷款利率越高。Lending Club 公司把每份贷款称为一个票据，提供贷款金额、待认购金额、期限、评级、利率、用途以及借款者就业、收入、信用历史等信息，放在网站上供投资者选择。对单个票据，投资者的最小认购金额是 25 美元，这样一个有 2 万美元的投资者最多可投资 800 个票据，能实现风险的充分分散。Lending Club 公司为投资者提供了构建贷款组合的工具，如投资者说明自己的收益目标、投资金额和拟认购贷款数目，Lending Club 公司会推荐一个贷款组合。Lending Club 公司还提供了投资者之间交易贷款的平台。在贷款存续过程中，Lending Club 公司负责从借款者处收取贷款本息，转交给投资者，并处理可能的延付或违约情况。

P2P 借贷网站的利润主要来源于中介费及管理费用，有些网站也提供其他增值性服务。其基本模式是：借款人在网站发布借款金额、用途、还款期限及收支状况等信息，同时也标出个人所能承担的最高利率（我国规定不得高于银行基准利率 4 倍），贷款人综合借款人的各项信息，决定是否出资以及出资的金额和利率。

2. 我国网络金融的发展及其特点

互联网使得传统的金融服务变得更为民主，淡化了金融的专业化，使得市场参与者更为大众。传统银行由于服务低收入客户和小微企业的收益与成本不匹配，同时业务应变较慢，无法高效应对这一风险分散化、多样化的业务特性，这种金融排斥现象为 P2P 网络借贷模式提供了市场空间和生存空间。P2P 网络借贷把互联网和小额借贷结合在一起，将分散的资金汇集起来再出借的融资模式，为借贷双方提供了直接公开的交易平台，同时也避开了银行借款申请困难、程序复杂的路径，把较小额度的资金聚集起来借给有需求的人群。

　　我国 P2P 企业的诞生和发展几乎与世界同步，最早的是成立于 2006 年的宜信，其提供助学贷款以及面向农村金融的"宜农贷"，随后拍拍贷、红岭创投、人人贷等网站相继创立，其本质上是一种民间借贷方式。按照性质分类，网络融资的贷款者分为两大类：一类贷款者是个人的贷款网站，称为 P2P 网贷平台，其借款者一般也是个人，主要代表是纯信用模式的拍拍贷和信用担保的宜信；另一类贷款者是金融机构和非金融机构企业的贷款网站，称为第三方网贷平台，平台是债权人，直接审批和向企业发放贷款，如阿里小额贷款和线上线下模式的平安陆金所。此外，还有电子商务平台作为银行和企业之间的中介，撮合资金供需双方的交易，如敦煌贷款、网盛生意宝的贷款通。2012 年 12 月，苏宁成立重庆苏宁小额贷款有限公司，京东也于同年 11 月上线京东供应链金融服务平台，向京东的合作供应商提供金融服务，主要是将核心企业和上下游企业联系在一起，提供灵活运用的金融产品和服务的一种融资模式。

　　传统商业银行通过抵押担保等手段来减少经营风险，当客户无法提供担保和抵押时，银行只能放弃发放。但是在电子商务平台，交易的过程实现了数据的积累，所有的身份信息和商业行为信息，通过网络交易系统存储、分类和预分析。尤其像阿里巴巴这类平台上的众多商户因多年使用支付宝而积累下来了巨量的后台数据，而平台易于获取客户的信用等级和还款能力，监控贷后的客户现金流也是相当容易的。我国网络金融具有以下四个特点：

　　（1）不以传统银行为资金来源，而以电子商务平台作为工具，提升交易效率和降低成本。网络借贷的审批和授信流程完全在网上进行，节约线下网点铺设和运营的成本投入，网络借贷平台通过标准化和简易化审批程序，节约时间成本。

　　（2）通过网络征信的方式，拓展金融服务的目标人群。网络借贷利用网络信息快速、大范围的传播优势，降低准入门槛。网络借贷的借款者往往是小微企业或个人，他们通过网贷平台借款，大部分时候不需要抵押担保，获得贷款的门槛大大降低。

　　（3）建设征信体系。网络信贷利用信息技术和数据储存技术，对小微企业和个人的财务和交易信息进行整理储存，并进行深度的数据挖掘，建立民间信用体系，补充了目前以银行为主的征信体系。

　　（4）监管及法律规范和行业自律仍有待完善。网络信贷平台在贷款者与借款者双方之间充当中介角色，但在风险控制和监管方面面临挑战。目前尚无统一的行业规则和准入标准，监管法规等跟不上行业的快速发展速度。网贷平台实力与银行相比，抗风险能力较弱，如果一旦坏账率突增，则无法切实保障贷款人的利益。为了抵御风险，一些借贷平台也引入担保机制，允许内部用户担保或者与专业的担保公司进行合作。

虽然我国网络金融效仿国外的模式进行运营，但是国家金融环境存在较大差异，信用体系建设等方面也存在很大不同，国内网络信贷平台必须做出改进和自我调整。西方国家较为完善的信用评估体制，对于网络借贷大有裨益，在英国和美国等 P2P 网络借贷业务起步较早的国家，注册借款人账号或注册互联网金融公司都需要注册其社保账号，将关联银行账号、学历、以往不良支付的历史记录等信息，信用信息共享程度较高，违规成本也因而较高。英国对于互联网金融公司的治理虽然没有建立专门的机构进行监管，但是相应的法律规则制度对这一新兴事物有着明确的约束。例如，Zopa 若要注册必须获得英国公平交易委员会、反欺诈协会、信息委员会等机构的准入。同时各个互联网金融公司组建联合会制定 P2P 网络信贷的行业准则来完善整个行业的自律。在美国，证券交易委员会（Securities and Exchange Commission，SEC）要求该类公司按照证券业务进行注册，其中《消费者信用保护法》明确将互联网借贷纳入其民间借贷的范畴。

我国在这方面尚有待规范，因此国内的借贷平台在用户信用评估方面都做出了自己的努力，构建了不同形式的评价方法。金融服务实体经济的基本功能是资金的融通，我国目前以银行体系作为社会信用体系的中枢，在保障国民经济和社会安全方面发挥了关键作用。商业借贷的产生是以信用为基石，网络金融在信息透明度和交易成本方面有其独有的优势，但是其身份认定的不确定性，监管对客户信息安全的保护性，导致目前仍无法与社会信用体系形成有效的对接。银行体系作为传统的融资中介，拥有完整的客户评级体系和成熟风险识别控制技术，并且在社会信用体系核心信息提供和应用方面的实践比较成熟，在信用风险识别、资金安全保障方面优势仍然较大。银行体系的服务中心仍然在大企业、大客户，难以覆盖到民间借贷这个潜力巨大的市场。

6.2 案例 1：全球最大第三方支付平台——PayPal

6.2.1 案例背景

PayPal 是全球最大的在线支付公司，于 1998 年 12 月由 Peter Thiel 和 Max Levchin 在美国加利福尼亚州圣荷西（San Jose）创立以来，以提供便捷、安全的支付服务为基础，通过产品创新、并购、收购以及合作等手段奠定其在支付领域的领导地位，并不断向商户服务以及金融服务领域渗透，全面覆盖个人和企业端客户、eBay 体系内外业务和全球支付、电子商务、金融市场。截止到 2012 年年底，全球活跃账户 1.23 亿户，支持全球 190 个国家和地区的 25 种货币交易，服务商户超过 1 000 万户。

PayPal 诞生之初的名字是 Confinity 公司，1999 年 7 月获得 Nokia Ventures

和 Deutsche Bank 的 450 万美元的风险投资，随后推出在线支付工具 PayPal。PayPal 最初只为个人电子商务的交易支付提供服务，由于弥补银行在此方面的不足而得到迅速发展；2000 年 3 月与金融支付服务公司 X.com 合并，进一步奠定在线支付市场地位。2001 年 6 月，公司正式更名为 PayPal。2002 年 2 月，PayPal 成功上市，总市值约 9 亿美元，并于当年 10 月被全球最大的电子商务在线交易平台 eBay 以 15 亿美元收购，开始进入高速发展期。2005 年 10 月，PayPal 收购 VeriSign 的支付网关业务，并将其整合到 PayPal 的商户服务平台，拓展中小企业用户群。2008 年 1 月，PayPal 收购以色列网络安全防护公司 Fraud Sciences，增强 eBay 与 PayPal 的反欺诈管理系统。2009 年 11 月，PayPal 上线全球支付平台 PayPal X。

2010 年 2 月，PayPal 与 FaceBook 达成战略合作，3 月推出手机支付客户端；4 月，阿里巴巴全球速卖通平台接入 PayPal 在线支付。2012 年 3 月，PayPal 推出全球移动解决方案 PayPal Here；7 月，收购新创公司 Card.io，以获取手机摄像头识别卡片信息的技术，替代 PayPal Here 的三角形读卡器，简化移动支付。2013 年，PayPal 与美国金融服务公司 Discover Financial Services 合作共同拓展线下市场。

2012 年，PayPal 全球活跃账户数为 1.23 亿户，用户数量和增长速度均超过 eBay，全球交易笔数 24 亿笔，交易规模 1 449.4 亿美元，其中 67.1% 的交易规模来源于企业客户，并且贡献比重持续上升。2012 年，PayPal 全球营业收入规模 55.7 亿美元，占 eBay 全球营业收入整体的 39.6%，这一比重自 2002 年 eBay 收购 PayPal 以来持续上升，而且 PayPal 全球营业收入规模中 92.3% 来自支付业务。

6.2.2　PayPal 的业务体系

1. 支付产品/服务

PayPal 的支付产品及服务主要包括普通支付网关 PayPal、PayPal 数字钱包、PayPal Here、跨境电子商务服务、个人/企业金融服务。

PayPal 以支付为基础和核心，持续产品创新和拓展行业领域，通过对平台积累的庞大用户、商户交易信息进行数据挖掘和分析，为商户提供营销及供应链金融等增值服务。

（1）基础支付服务。其包括互联网支付、移动支付、信用支付、线下支付等，为消费者提供便捷、安全的支付选择。2008 年 10 月，与在线消费者信贷公司 Bill Me Later 达成并购协议，并于 2009 年 10 月上线信用支付功能 Bill Me Later，为 eBay 和 PayPal 用户提供延期支付和推广融资服务。

（2）延伸商业服务（行业解决方案）。其包括：①代收代付、跨境电子商务、资金归集、咨询服务、O2O（online to offline，即线上到线下）服务等。②综合

PayPal 在支付及 eBay 在电商领域的资源积累、技术支撑及完善的金融服务体系，为电子商务行业及传统行业电商化提供综合解决方案。③集合在线支付、移动支付、线下支付以及信用支付等多元化支付解决方案。

2010 年 9 月，PayPal 为全球用户提供在线购物担保交易（purchase protections）；2011 年 10 月与全球开放式商务生态系统 X. commerce 共同推出 PayPal Access 服务，为用户提供安全、可靠的身份识别系统，并能帮助用户记住多个商务网站的账户及密码；2013 年 4 月，PayPal 在英国与金融服务公司 United Kapital 合作，为 eBay 平台上的商户提供融资服务，商户可以通过 United Kapital 获得最多 2.5 万英镑借款。

2. 支付服务创新

（1）PayPal 数字钱包服务，满足多元、个性化移动支付需求。其具有以下功能：①宽限付款。将支付交易流程与实际支付动作分离，用户在交易之后仍然拥有 5～7 天的宽限期，在宽限期内，用户可以将款项转移到其他银行卡中，或者将一笔款项分割到多张银行卡、礼品卡或优惠卡中完成付费。②分期付款。允许用户选择通过分期付款的方式来完成支付。③个性化列表。用户可以搜索采用 PayPal 这一解决方案的合作商户所能提供的产品信息，并根据自身购物需求建立个性化购物列表。④购物协助。用户建立个性化列表之后，PayPal 的数字钱包应用根据用户的位置和列表内容提供相应的购买提醒、特价信息和优惠券等服务。⑤消费规则。用户可以根据不同的支付场景设定不同的支付策略，如将特定银行卡绑定到特定商户进行消费，根据不同用途设定不同消费金额标准等。

（2）PayPal Here 读卡器及其配套收款应用，结合软、硬件，提供便捷移动刷卡支付。PayPal Here 服务通过 iPhone 或 Android 智能手机用户接受信用卡、借记卡和 PayPal 付款，同时将款项实时转入其 PayPal 账户，还能利用智能手机的摄像头扫描和处理银行卡。PayPal 已经在美国、加拿大、澳大利亚和中国香港推出 PayPal Here 终端，资费标准是 PayPal 交易手续费为 2.7%，并有 1% 的折返，实际手续费为 1.7%，而竞争对手 Square 的手续费为 2.75%。

（3）信用支付 Bill Me Later。Bill Me Later 公司于 2008 年被 PayPal 母公司 eBay 收购，于 2009 年将其整合为 PayPal 的一项创新金融支付功能。Bill Me Later 针对拥有信用良好的"PayPal 账户"的合格用户开放，消费者无需使用信用卡便可享受类信用卡服务，为消费者提供更快捷的网购支付方式和有效管理资金。具体使用方法是：进入 PayPal 支付，然后选择 Bill Me Later 支付方式，每月通过电子邮件接收账单。此项目的收费是免年费，逾期违约金第一次收 25 美元，超过一次收 35 美元。

（4）跨境电子商务服务——外贸一站通。自 2010 年年底 PayPal 推出外贸一站通，截止到 2012 年 9 月已经有 1 万多家中小企业客户使用外贸一站通的服务，包括建立外贸网站、海外营销、支付、货运等方面。针对业务刚刚起步或者年均交易额小于 2 万美元的初级商户，PayPal 会提供标准版的外贸网站、Google Adwords 基础账户管理，以及邮政小包和商业速递服务；对已经具有稳定销售额、继续增长需要更多投入的中级商户，PayPal 提供移动购物车、海外仓储服务；已经发展至一定规模的高级商户，PayPal 则为其提供专业化服务。与其他外贸支付方式如银行电汇、支票相比，外贸一站通做到实时快捷，为跨境电子商务企业提供抢占先机的服务，奠定全球市场地位。

跨境支付在 PayPal 的业务体系中的地位不断上升，PayPal 借助其在全球积累的用户和商户资源以及 eBay 公司在电子商务领域的经验积累，为全球跨境电子商务企业提供综合解决方案，在全球跨境贸易中起着举足轻重的作用。

3. 盈利模式

本质上，PayPal 是一家第三方在线支付平台，和国内的支付宝一样，只是 PayPal 的使用范围要比支付宝广泛得多，它与全球超过 15 000 家金融机构合作，支持 190 多个国家和地区进行的收付款。其运营特点是即时支付即时到账，快速便捷的支付，提高了用户的体验，同时增加了客户黏性，并且它一直在不断创新，以发掘信贷业务的增长点，扩大业务范围。

PayPal 在业务发展初期实施免费服务，收入主要来自于用户的沉淀资金利息。PayPal 在初期打开市场后，逐步通过成熟的支付模式和市场策略建立了行业主导地位，并开始对服务收费。其中，对商户和收款方的收费是最主要的收入来源，而个人始终是免费的。高级账户和企业存款账户的存取款和付款都不收费，只有当接受付款时需要支付费用，其费率根据交易量具体确定，而商户的规模与费率高低也直接相关。例如，外贸一站通服务收取 2.4%～3.9% 的手续费，同时收取提现手续费等其他费用。此外，PayPal 还做货币市场基金代理，赚取基金管理费用。因此，PayPal 以支付业务服务费和沉淀资金利息为主要盈利来源，同时开拓广告营销、咨询服务、电子商务服务以及其他金融增值服务类收入等多种盈利模式。

6.2.3　案例启示

PayPal 的成功首先得益于先发优势。作为全球最早发展起来的支付企业，并且依靠最早的电子商务企业 eBay，不论是在美国境内支付市场还是在全球支付市场，PayPal 都已经占据了在线支付的先发优势，随后向产业链拓展，从原先的占领市场份额向行业解决方案发展，延伸商业服务，用户与商户积累进一步形成资源优势。其次，持续创新能力是衡量电子商务企业在产品形态快速更迭的信息时代的生存关键，PayPal 积极进行金融产品创新，加深业务领域的国际化。Paypal 支付业务遍布世界绝大部分国家和地区，不断地推出新型的金融交易产品，丰富产品结构，具有全球品牌效应，在欧美普及率极高，并确立在线支付行业标准，拥有强大的品牌优势和竞争力。最后，PayPal 具有技术服务优势。PayPal 采用世界先进的、专有的防欺诈技术和模型，拥有完善的安全保障体系，创建安全、实时的全球支付解决方案，降低支付风险。另外，其适时适度的收购有助于快速拓展业务领域，增加新用户和提升用户黏性。

世界范围的电子商务飞速发展，移动支付呈爆发式增长并表现出巨大潜力，PayPal 也面临市场竞争压力和发展瓶颈。一方面，尽管随着支付业务的拓展，PayPal 的业务体系和盈利来源已发生了重大转移，但 eBay 平台带来的交易额依然占据着重要地位，然而近年来电子商务行业竞争激烈，eBay 市场份额逐渐被稀释，从而导致 PayPal 原有优势逐步弱化；另一方面，与合作商户、银行之间存在的竞争关系也在一定程度上制约其发展空间。面对创新支付企业 Square、控制 Android 移动操作系统和移动应用商店的互联网巨头企业 Google、Apple 等及国际卡组织的强势进入，第三方支付市场的竞争越来越激烈，这极大地考验着PayPal 的持续创新能力。

6.3 案例 2：阿里巴巴金融

6.3.1 阿里巴巴金融的发展历程

阿里巴巴金融（www.aliloan.com）承担阿里巴巴集团为小微企业和网商个人创业者提供互联网化、批量化、数据化金融服务的使命，通过互联网数据化运营模式，为阿里巴巴、淘宝网、天猫等电子商务平台上的小微企业、个人创业者提供可持续性的、普惠制的电子商务金融服务，向这些无法在传统金融渠道获得贷款的弱势群体提供"金额小、期限短、随借随还"的纯信用小额贷款服务。阿里巴巴金融致力于让小企业的诚信创造财富，成为网商小企业的金融服务商。

自成立以来，阿里巴巴一直围绕服务中小企业和为消费者提供服务，阿里巴巴金融最先始于 2004 年的第三方支付工具——支付宝，对支付宝这一重要支付金融工具的交易支付和结算功能进行不断的创新，从支付到小额贷款、理财等，通过互联网的平台和技术去满足用户不断衍生出来的需求。阿里巴巴 B2B、C2C和 B2C 平台上的商户多为小微企业和个人，难以得到传统金融的贷款支持。阿里巴巴利用平台业务和支付宝积累下的国内丰富的中小企业数据库和信用记录，通过云计算平台对客户信息的充分分析、挖掘，观测和把握客户信用水平和还款能力，解决了传统金融行业小额贷款存在的信息不对称和流程复杂的问题。

小微企业因其财务制度不健全，银行在无法确切掌握小微企业财务数据的情况下，只有要求其提交抵押物，但是小微企业往往又最缺乏抵押物，因而限制了银行向其提供贷款。阿里巴巴集团一直在摸索创新为中小企业及个人提供门槛更低、效率更高的金融服务。

2007 年 6 月，阿里巴巴与中国建设银行、中国工商银行合作为阿里巴巴 B2B 商家提供贷款，小企业不需要任何抵押，由 3 家或 3 家以上企业组成一个联合体即可申请贷款，合作持续到 2011 年。2008 年年初，阿里巴巴旗下第三方支付平台支付宝和中国建设银行合作推出支付宝卖家贷款业务，符合信贷要求的淘宝网卖家可获得最高 10 万元的个人小额信贷。2009 年 9 月，阿里巴巴与格莱珉银行（又称"孟加拉国乡村银行"）信托基金携手开展格莱珉中国项目，向中国贫困居民提供小额信贷金融服务，这是著名的"穷人银行"格莱珉银行信托基金首度直接在中国推行小额信贷项目。

2010 年 6 月，阿里巴巴集团联合复星集团、银泰集团和万向集团在杭州成立浙江阿里巴巴小额贷款股份有限公司（简称阿里小贷），注册资本 6 亿元人民币，是中国首个专门面向网商放贷的小额贷款公司，贷款金额上限为 50 万元。2011 年 6 月，阿里巴巴再次与复星集团、银泰集团、万向集团共同出资 2 亿元组建重庆市阿里巴巴小额贷款股份有限公司，依托阿里巴巴、淘宝网、支付宝、阿里云四大电子商务平台，利用客户积累的信用数据，向无法在传统金融渠道获得贷款的群体批量发放 50 万元以下的"金额小、期限短、随借随还"的信用小额贷款服务。2012 年 9 月，阿里巴巴、淘宝网、浙江融信网络技术有限公司联合在重庆成立商诚融资担保公司，注册资本 3 亿元。

阿里巴巴集团不断进行商业模式创新，并推动企业组织变革，为企业的持续增长提供强大动力，2013 年将集团原来七大事业群拆分为 25 个事业部，其中第三方支付业务按功能和地理范围划分成三个事业部，即共享平台事业部、国内事业部、国际事业部，原来的阿里金融变更为阿里金融事业部，这 4 个事业部构成了新的阿里小微金融服务集团，享有独立法人地位，如图 6-4 所示。

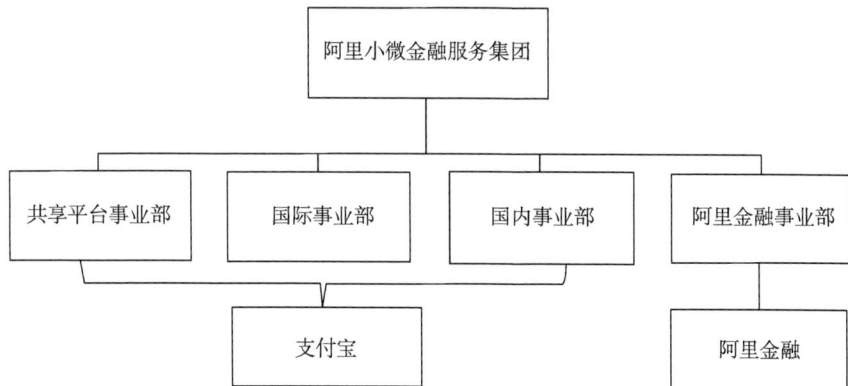

图 6-4　阿里巴巴金融业务架构

阿里巴巴金融业务架构中，共享平台事业部负责技术、客服、资金结算、安全财务等；国内金融业务负责商户、B2C、无线航旅及农村金融；国际金融业务负责支付宝及线下、跨境业务等；阿里巴巴金融业务负责原阿里巴巴金融，专注小微企业的融资服务。

6.3.2　阿里巴巴金融的发展策略

1. 阿里巴巴金融的产品与服务

阿里巴巴金融服务产品覆盖支付、小额信贷、担保、保险、理财等各个领域。

（1）面向支付宝用户的产品与服务。其包括四大类：支付、转账等支付业务；缴费充值等代付业务；销售基金、保险等投资理财产品（如余额宝）；信用支付（虚拟信用）。支付宝信用支付是 2013 年 5 月阿里巴巴金融联合银行推出的面向淘宝网、天猫买家的消费金融服务。

（2）面向企业用户的产品与服务，阿里小贷包括淘宝贷款和阿里贷款以及金融担保服务。针对中小网商没有合适的抵押物，阿里小贷重点推出了信用贷款。

第一，淘宝贷款面向全国的淘宝网、天猫、聚划算的卖家，分为订单贷款和信用贷款，占阿里小贷的 80％，订单贷款日利率为 0.05％，信用贷款为 0.06％，信贷不良率仅为 0.72％。利率最低为 0.05％/天。订单贷款是指卖家当前有"卖家已发货"的订单，即可以申请贷款，实际上是订单质押贷款。而信用贷款则是完全的无担保、无抵押贷款，阿里相关业务平台上的商户凭借其信用即可申请获得。

第二，阿里贷款面向江苏、浙江和上海的免费和付费会员及广东付费会员，占阿里小贷的 20％，贷款利率最低为 1.5％/月。

阿里信用贷款是阿里巴巴为会员企业提供的融资贷款服务，它主要满足会员企业在生产经营过程中产生的流动资金需求。贷款额度最高为 100 万元，期限为 12 个月，还款方式为按月等额本息。申请条件要求申请人为企业法定代表人或个体工商户负责人，年龄在 18～65 周岁，且是中国大陆居民，工商注册地在上海、北京、天津、浙江、山东、江苏、广东，且注册时间满 1 年，获贷时需是诚信通或中国供应商会员。阿里信用贷款适用于生产经营过程中有流动性资金需求的小企业主和个体工商户，并且最近 12 个月总销售额不小于 100 万元，在阿里巴巴集团及外部金融机构无不良记录的经营有效益、成长性好的小微企业。

第三，通过阿里一达通的金融中心与中国银行等金融机构合作开发中小微企业信用证融资、备货融资、货款买断、远期外汇保值等金融服务产品。

2. 阿里巴巴金融的业务模式

1）阿里巴巴金融的基石——支付宝

从 2003 年开始，支付宝依托淘宝网 C2C 业务，为买卖双方提供担保服务，同时贴近客户需求，开拓公共事业缴费等便利服务，树立网络支付市场独特的竞争力。早期支付宝采用的定价策略是对商户和消费者全部免费，不收取任何手续费，免费策略成功扩大了注册用户群，争夺了较大的市场份额，高度的用户黏性和强大的客户规模为支付宝形成有利的开局。

2005 年，支付宝进入 B2C 业务，与各大 B2C 网站签订合作协议，进一步提高为个人客户服务的专业能力，产品向生活各个方面渗透，为个人客户带来生活便利，实现综合竞争力和价值创造能力的显著提升。此时的定价主要根据客户不同级别，给予不同的免费额度，并对超出部分收取手续费，从而获得稳定收入。

2007 年，支付宝进一步拓展 B2B 业务，为行业客户提供专业的解决方案，如航空机票，同时拓展信用卡还款、提供小额信贷，加强对日常生活领域的渗透，如与日本 Tenso（物流）合作，为 Tenso 的国际物流业务提供结算支持等。此时支付宝的竞争策略是开发不同支付网络标准，用来向客户提供多种服务套餐，根据不同的行业领域、不同的交易规模，收取不同的费率佣金。支付宝的市场份额开始稳居首位，整体市场份额一家独大，与第二位的财付通拉开显著差距。从 2009 年开始，支付宝实现了盈利。

支付宝真正从用户体验出发，不断改善支付服务中存在的问题，积极与各合作银行沟通，2010 年年底推出"卡通"的升级换代产品——快捷支付，只需用户填写少量信息并通过手机动态口令校验即可在线实时开通，将开通流程与支付流程合二为一，最大限度地减少了用户的操作步骤，把支付安全和便捷的用户体验很好地结合在了一起。支付宝快捷支付的用户迅速超过 7 500 万人，交易笔数占支付宝整体交易的比重超过一半。

支付宝的业务发展模式，首先是通过对两端用户实行免费来扩大注册用户群、争取市场份额，形成具有持续性的有利局面；然后通过采取免费额度和手续费两步收费的形式，取得利润最大化，并不断开发差异化的支付服务标准，挖掘和拓展行业细分，创新产品与行业领域，提高支付平台的差异化，巩固利润。2013 年，天弘基金与支付宝合作推出"余额宝"产品，基金公司以支付宝平台作为营销渠道合作推出投资产品，而支付宝平台则通过资金形态的转化，很好地实现了支付沉淀资金的合规要求，做到合作共赢。另外支付宝还推出海外购和外卡支付服务产品，通过与日本软银、PSP 咨询顾问公司、安卡支付、VISA、万事达卡合作，为中国的港澳台、日韩、欧美的跨境网购、航空、旅游等电子商务客户办理跨境收付汇和结售汇业务，与境内支付业务相比较，跨境支付利润更高。

2) 小额贷款业务流程

阿里巴巴金融专注服务阿里巴巴及淘宝平台上的小微企业和自主创业者, 陆续推出的淘宝订单贷款、阿里巴巴信用贷款、淘宝信用贷款等产品, 无需抵押物, 无需担保人, 最低额度 1 元, 最高额度 100 万元, 申贷、审贷、放贷全流程线上完成, 淘宝订单贷款最短 3 分钟放贷, 阿里信用贷款最长时间为申请后 7 天内获贷。以阿里信用贷款为例, 具体流程包括:

(1) 申请。贷款申请人须为企业法定代表人或实际经营人, 直接登录阿里信用贷款的首页, 提请贷款申请表, 提供企业资金的银行流水 (可从所在网上银行下载)、企业法定代表人经过实名认证的个人支付宝账户及银行借记卡卡号、信用报告授权查询委托书 (可从网上下载)。

(2) 审核。工作人员会和申请人网上视频对话, 进行面对面的调查和审核, 在线提供个人银行流水、水电费单等票据。如果初审没有通过, 第一次申请日 30 天后可再次申请, 并且通过视频不受地域限制。

除网上视频核查外, 还有现场信贷调查。例如, 阿里信用贷款的审核, 由阿里巴巴金融授权并委托第三方专业机构派外访专员直接上门拜访申请企业的实际经营场所, 当面沟通了解企业的经营现状, 同时对贷款所需的资料进行拍照收集, 现场调查方式主要包括现场会谈和实地考察。

(3) 放贷。一般 2～3 个工作日, 申请人即可获得贷款。

3) 网络金融风险防范

网络金融需要制定风险防范措施, 进行贷后监控。阿里小贷借助电子商务平台实现传统金融模式无法实现的全程监控, 客户的任何一点经营情况变化都能反映在电子商务平台系统中, 如获贷企业的沟通工具在线时长是否发生了变化等, 都可能意味着企业的经营方式发生重大变化。电子商务平台对获贷客户的记录、交易对手都可以直接掌握, 很大程度上避免了贷款出现逾期甚至坏账的可能性, 在贷款到期日前, 阿里小贷提前提醒客户按期还款。如果客户恶意欠贷, 阿里巴巴采取对其进行 “互联网全网通缉”、在网上公布信用黑名单、封杀网上店铺等惩罚措施, 直至采取法律手段。

阿里巴巴将互联网与交易进行有机结合, 对网络平台的交易信用进行大量、真实、全面的收集和即时更新, 随时查阅并进行挖掘, 利用诚信通、支付宝、淘宝信用评价体系等把网络、交易、信用、服务结合, 使交易信用真正成为看得见、摸得着、用得到的工具, 并降低交易风险、提高交易效率、减少交易成本、提升交易主体的行为规范意识。

4) 精准网络营销

大数据时代, 网络金融依靠的是信用, 而信用来自于数据。阿里巴巴金融建立在其拥有庞大的电子商务系统的基础之上, 对申请贷款商户的运营状况十分熟悉，相当于拥有了一个详尽的征信系统数据库。基于这一数据库，通过数据挖掘能够在很大程度上解决风险控制问题，同时又解决针对小微企业贷款中征信信息不对称的难题。

网络营销的主要手段之一是利用电子商务中的数据挖掘技术，电子商务的交易行为被置于信息共享和透明的环境当中，交易的同时又是数据积累的过程，所有的交易者身份信息和商业行为信息都可以被存储、挖掘分析和提纯，数据成为阿里巴巴企业的核心资产。通过网络技术和数据的收集整理，分析企业往来交易数据、信用数据、客户评价数据，就基本可以掌握需要的资金量，测算出客户的还款时间。阿里小微信贷客户经理足不出户，通过在线调查，帮助小微企业编制财务报表，就可以判断企业的财务与运营能力，完成客户信用和还款能力调查。阿里小微信贷单笔操作成本仅为 2.3 元，而银行的单笔信贷操作成本平均在 2 000 元左右。阿里小贷员工接近 300 人，其中互联网相关的技术人员占到半数，庞大团队人数及其构成是为了匹配阿里金融小微贷款的特点：以数据挖掘分析方式控制风险、加快放贷流程、降低成本，IT 团队提供的数据分析技术手段贯穿了贷前、贷中、贷后的全过程。

阿里巴巴从电子商务平台可以很容易找到活跃网商，经过技术处理，自动地从后台数据中找到最需要贷款、最有可能获得贷款的客户，做到精准地定向营销，并结合客户的供应链管理情况做出预期授信的判断，直接进行点对点的营销工作，既节约营销的成本，又避免对客户的过度打扰。同时，阿里巴巴 B2B 的销售团队将贷款产品作为一种服务推向需要贷款的细分市场，节约了大量的广告宣传和品牌管理工作，阿里巴巴 B2B 的客户营销是"一对一"的销售，每个客户都有自己的客户服务专员，这样进行贴近客户的服务，在对客户进行风险评估时，客户的网站行为数据在电子商务平台中能够全面体现。

阿里巴巴金融在拓展客户规模的同时，通过与腾讯、中国平安等合作成立的众安在线，一方面提升了其现有"诚信通"和"中国供应商"会员的客户价值，同时拓展了其体系外的客户，实现了客户增值；另一方面，也是最重要的方面，即通过交叉销售的金融合作避免监管上的盲区。阿里巴巴金融的这一布局，做到精准客户匹配、提高风控能力、降低运营成本。

6.3.3　案例启示

1. 阿里巴巴金融及阿里巴巴各平台的作用关系

阿里巴巴在 B2B、B2C、C2C 平台积累的企业和个人用户为其金融业务提供了巨大的黏着性的需求市场，利用庞大的客户信用积累和数据分析技术建立了可靠的信用体系，而支付业务能够将所有业务有效链接起来，为下游用户提供统一的接口，对下游形成控制性的影响和整合作用。由此，阿里巴巴的金融服务就成为了一个完整的生态系统。

阿里巴巴金融结合阿里云的开发数据处理服务，提供数据挖掘和平台技术支持，持续多年对"诚信通"会员企业信用进行记录和监督，并利用丰富的电子商务经验打造贷前、贷中、贷后封闭的资金链条，最大限度地降低了筛选优质贷款客户的成本，从源头开始就发挥了互联网的核心竞争力。基于互联网数据挖掘而产生的征信手段创新，令信贷客户群呈现快速增长。阿里集团14年来对小微企业的数据积累是银行征信所缺乏的内容，因此所积淀的民间信用能够弥补以银行为主的信用体系的不足，使其能够成为银行为小微企业提供服务的中介和平台。

2. 阿里巴巴金融的信用体系与风险控制

为有效地控制贷款的质量，阿里网络贷款平台建立了多层次微贷风险预警和管理体系，对贷款从申请到回收进行全程监控，以实现贷前、贷中、贷后三个环节的紧密结合。贷前，阿里巴巴金融根据企业在平台上的经营数据和第三方认证数据，判断企业经营状况，做出是否允许贷款的决策；放贷过程中，支付宝和阿里云平台将实时监控商户交易状况和现金流，提供即时风险预警；贷后，阿里巴巴金融继续通过平台监控企业经营动态和行为，通过贷后监控和网络店铺关停机制控制贷款风险。一旦发觉有违约风险出现，阿里巴巴金融还可以通过支付宝随时截断客户的现金流。

3. 持续创新打造开放的金融服务平台

阿里巴巴金融这一商业模式的创新，从产业链发展的角度，有利于建立阿里集团在网络金融产业中的核心地位，实施的是纵向一体化战略。电子商务产业快速发展，业内竞争不断加剧，细分市场的开拓和探索是电子商务企业的重要生存策略，阿里巴巴金融服务是阿里巴巴集团深耕垂直细分市场的一个重要实践，不仅为自己原有的客户提供更多细化的服务，增强用户黏性，还能通过金融服务和与之紧密结合的数据挖掘的增值服务，获得更多的收益，巩固其原有的庞大电子商务帝国，加速实现产业链的纵向一体化。

阿里巴巴金融被打造成为一个完整的生态系统和开放的金融服务平台。这一生态系统是阿里巴巴的电子商务平台为阿里巴巴金融提供的巨大需求市场，阿里巴巴金融结合电子商务平台所能获取的海量数据建立信用体系，并通过自有资金或与其他金融机构合作，为需求方提供金融产品，而支付宝就是这些金融产品需求者的网络账户。在这个完整的生态系统内，供需双方能够实现信用和资金的快速流动，形成有效的交易市场。建立以阿里巴巴金融为核心的开放式金融服务平台，通过数据共享聚集广泛的金融服务提供者和需求者，阿里巴巴金融成为网上金融服务"大卖场"，从产业经济学的角度，有助于阿里巴巴整合产业上下游环节，实现网络金融产业的一体化。

阿里巴巴金融的商业模式也存在局限性，它无法延伸至阿里巴巴生态之外，受此限制，阿里巴巴金融自身的发展就需要克服很多困难，譬如开发新型微贷技术、网络小额贷款企业的身份不明确、资本金限制等，按照中国人民银行的规定，小贷款企业公司即使在银行获得了授信，所贷资金也不能超过注册资本金的50％。此外，小额贷款公司管理相关法规规定，小额贷款公司只能在本县（市、区）行政区域内从事小额贷款业务，不能跨区域开展经营活动；而在其他监管要求方面，中国银行业监督管理委员会（简称中国银监会）规定小贷公司的负债率为50％，即其资本杠杆率为 1.5 倍。网络金融随着互联网的普及和人们对资本便利快捷的需求应运而生，其诞生有必然性，确实满足了互联网产业链中部分企业的融资需要。网络金融是一个由市场需要而衍生出来的新生事物，阿里巴巴金融未来的发展以及相关监管模式需要进一步探索实践。

6.4　案例 3：拍拍贷

6.4.1　案例背景

拍拍贷成立于 2007 年 6 月，公司全称为"上海拍拍贷金融信息服务有限公司"，总部位于国际金融中心上海，是 P2P 网络信用借贷平台。拍拍贷定位于透明、阳光的民间借贷，此类小额无抵押借款是现有银行体系的有效补充，拍拍贷以"让天下没有难借的钱"为使命，用先进的理念和创新的技术建立安全、高效、诚信、透明的互联网金融平台，规范个人借贷行为，让借入者改善生产生活，让借出者增加投资渠道。

2009 年 3 月，拍拍贷信用评级系统、认证系统和反欺诈系统全部正式上线，10 月注册用户数突破 10 万人；2011 年 8 月获得清华大学旗下金信投资基金的天使轮投资；2012 年 9 月获得红杉资本的千万美金风险投资，12 月注册用户超过100 万人。拍拍贷注册用户主要分布于东部沿海地区，广东省最多。东部沿海地区经济较发达，银行因为风险因素一般不愿意贷款给私营业主，更多的人选择拍拍贷这种新兴的融资方式来解决贷款问题，主要客户群是接受新鲜事物的能力比较强的青年人，覆盖私营业主、高校学生和普通公司职员等中低收入人群。

6.4.2　拍拍贷的运营模式

1. 拍拍贷网站功能及服务

拍拍贷借鉴 Prosper 的运营模式，采用竞标方式来实现在线借贷过程。借贷双方在平台上进行自主化交易，同时拍拍贷不断完善和发展，在业务方面尝试进行符合中国借贷市场需求的创新。

　　1) 借贷基本流程

　　(1) 借款人提出借款请求，生成独立的借款页面，包括其借款目的、借款额度、提供的最高利率、借款期限、还款方式以及拍拍贷对其评定的信用等级。

　　(2) 出借人浏览借款列表，选择合适的借款进行投标。

　　(3) 借款结束，如果资金筹措期内，投标资金总额达到借款人的需求，则此次的借款宣告成功，借款满标后若通过复审环节，借贷关系则成立，网站自动生成电子借条，出借人投标的金额会转账到借款人的账户，借款人必须按月向放款人还本付息。若在借款结束前投标数额不足，借款流标。

　　(4) 还款，借款人应按照协议的时间进行还款。借款人应该保证账户资金充足，按时将款项还给各位出借人。还款完毕后，借贷关系结束。

　　2) 拍拍贷的主要功能

　　拍拍贷为借贷双方提供一个展示、交流信息的平台，同时也为用户提供一些支持性的服务，包括：

　　(1) 用户认证和评级。借款人需要在拍拍贷平台上提交自己的全面个人信息，包括身份证、房屋产权证等材料的扫描件，拍拍贷负责对这些材料的真实性进行核查。通过手机认证、学历认证、视频认证、户口认证以及与身份网合作，并依托"全国公民身份信息系统（national citizen identity information system, NCIIS）"推出权威身份认证方式。用户进行各项认证后，拍拍贷会对其进行信用评级，信用等级将在很大程度上决定用户的借款成功率和最高借款额度。

　　(2) 提供信息平台和中介服务。借贷双方通过拍拍贷网站注册成为用户，发布信息和竞标。拍拍贷与支付宝、财付通、人人网合作，进行快捷登录并支持第三方平台的资金充提，充值可用于进行项目认证、投标、还款等。

　　(3) 建立社交平台。拍拍贷网站允许借贷双方建立自己的朋友圈子，也提供公共讨论的板块，以增进借贷双方之间的交流以及对于网络借贷的理解。

　　(4) 对借款进行必要的催收和代偿。如果借款人逾期达到 15 天，拍拍贷网站将一次性收取 50 元以及逾期金额的每天 6‰作为网站催收的费用。

　　拍拍贷的利润来自服务费，主要有成交服务费、第三方平台充值服务费、第三方平台取现服务费。

　　2. 拍拍贷平台的信用体系

　　1) 借入信用等级

　　用户在进行身份认证和手机认证后，平台根据其提交的认证材料和借还款记录进行信用等级评分，每个信用等级对应一个得分的范围：A（126～150 分）、B（101～125 分）、C（76～100 分）、D（51～75 分）、E（26～50 分）、HR（1～25 分），积分的方式分为线上和线下两种。线上得分包括身份认证（10 分）、手机实名认证（10 分）、视频认证（10 分）、学历认证（5 分）、按时还款＜15 天

（1分）、逾期还款＞15 天（1分）。线下得分是指提供可验证的其他信息，如房产证、结婚证、工资证明等来提高自己的等级。

2）借款类型

目前，拍拍贷在普通借款的基础上推出了其他几种借款类型。

（1）投资体验标。针对未成功借到款的用户（包括新注册用户），金额固定为 3 000 元，借款期限三个月，并采用竞标方式。

（2）应收款安全标。借出分达到 200 分以上，借款金额＜（待收－待还－坏账）×0.7－已担保－担保中。

（3）个人担保标。担保者对借款承担连带责任并垫付，借款金额＜（待收－待还－坏账）×0.7－已担保－担保中。

（4）合作伙伴标（敦煌网、淘宝网、慧聪网）。淘宝网的卖家信用需≥4 心，上传营业执照进行商家认证。

拍拍贷建议借款人根据自己的能力和具体情况，设定一个自己能承受的最高利率（不得超过银行同期利率的 4 倍，一般为 24％），信用等级越高，其借款的利率可以越低。拍拍贷平台对借款最低利率做出如下规定：A（12％）、B（14％）、C（16％）、D（18％）、E（20％）、HR（22％）、非提现（14％）、安全标（应收账款担保）（9％）、个人担保标（12％）、投资体验标（竞标模式）（5％）。

一般借款人的初始借款额度被控制在较低水平，新申请的 HR、E 类的用户，借款额度都为 3 000 元。

3）审核模式

拍拍贷对 Prosper 平台的审核模式做了变动，采用两阶段审核的方式，分为初审和复审，两个阶段审核的作用不完全相同。

（1）初审。初审材料关系到借款人能不能成功发布借款，也有助于提升借款人的信用程度，吸引投资人的关注，提高借款满标的速度和概率。拍拍贷平台从 2010 年 4 月开始实行自动审核，早期是人工审核。

（2）复审。借款满标后，系统会对满标的借款进行复审，决定借款是否成功。复审资料是当借款满标后需要借款人立刻提交的，材料的真实和完整可以帮助借款人提高通过复审的速度和概率，如果复审不通过会被批准失败。对于多数新用户来说，在复审阶段都需要进一步完善资料。自动审核的标准较为严格，拍拍贷网站上有相当比例的借款在满标后却没有通过复审，进入"批准失败"状态。

4）资金管理机制

用户在拍拍贷的资金分为自由资金和客户资金。拍拍贷采用分账管理模式，做到自有资金和客户资金完全分离。用户充值和提现的资金收付行为全部在具有中国人民银行支付牌照的知名第三方支付平台（支付宝、财付通）以及银行等体系内操作，相应的资金实际存放在这些机构的银行账户内，可以防止平台高层挪用资金或携款逃跑。

5）逾期催收及黑名单机制

拍拍贷在 2011 年 12 月创建了"拍拍贷逾期催收群组"，制定催收群组管理规则和借出者催收奖励机制，让借出者通过"我的黑名单"提供催收线索的方式提交信息，参与到借入者款项催收环节。在追欠方式中，其网站上设有一个blacklist（黑名单）页面，专门曝光未按期归还欠款的逾期者名单，公布其真实姓名、相片、电子邮件、手机号码等内容。

拍拍贷平台在社会信用机制和平台自建的信用规定下，搭建借贷双方的信用关系，实现他们的信用行为，建立平台信用体系，这在一定程度上控制了坏账风险。

6.4.3 案例启示

拍拍贷从事网上小额无抵押借贷的纯中介业务，拍拍贷平台的功能是信息匹配、撮合交易，提供技术工具支持和服务，建设信用等级体系，平台只限定最高贷款利率，既不吸储，也不放贷，由贷款人设定利率，通过与第三方支付平台（支付宝、财付通等）合作，管理和处理所有与用户资金相关的操作。

拍拍贷主要的风险管理措施有两个方面：一是规定借款人按月还本付息，这样每月还款数额较小，还款压力也小，出借人也可以按月收到还款；二是在信用审核中引入社会化因素，借款人的身份证、户口本、结婚证、学历证明等都可以增加个人信用分，但这些资料的真实性难以得到有效保证。所以，拍拍贷将网络社区、网上的朋友圈也作为其信用等级系统的重要部分之一，网站内圈中好友、会员好友越多，个人借入贷出次数越高，信用等级也越高，此外拍拍贷还通过公开黑名单以及建立逾期催收群组来控制风险。

金融业务与互联网技术融合虽然大大提升了业务的便利性，但同时也带来了较为突出的信息和资金安全等问题，P2P 平台的设计和搭建依据 Web 2.0 等技术，与网上银行和第三方支付等网络金融一样都面临潜在安全缺陷难以回避的问题。而且网上借贷的业务模式，源自国外互联网企业对民间借贷的探索和创新，国内目前对网上借贷业务的司法实践尚无明确案例和确切解释，拍拍贷和所有网络借贷平台还将面临政策及法律等风险。无论政策监管还是法律条文均未明确规定，未来政策的规范力度和监管深度存在着很大的不确定性。此外，借入者发生逾期后，债权确认的证据和催收产生的纠纷能否得到国内司法认可也存在不确定性。

> **案例思考与讨论**

1. 如何进一步发展和完善网上银行的业务模式?
2. 互联网时代银行服务模式如何创新?
3. 对比分析网上银行和第三方支付之间的优势与劣势。
4. PayPal 有哪些竞争优势?
5. 分析阿里巴巴金融模式的优势及存在的问题。
6. 拍拍贷的信用机制是怎样建立的?

第七章

服装电子商务案例

7.1 服装电子商务概述

7.1.1 我国服装电子商务发展现状

我国是世界上最大的服装消费国之一，作为电子商务不可或缺的部分，服装近年来的发展呈上升趋势。网民数量和网购人数迅猛增加以及 B2C、C2C 等网络零售企业规模不断扩大，加上电子支付的普及，为服装电子商务提供了良好的发展环境。

我国服装电子商务发展经历了五个阶段，分别是孕育期、起步期、发展期、成熟期和爆发期。

(1) 孕育期。1994 年，中国服装研究所与美国 J. C. PANNY 建立独立网站，相关企业和部门通过该网站的海外终端，直接查询数据、了解行业情况，实现了无纸化办公和贸易。但当时从事电子商务的企业很少，以 B2B 电子商务模式为主。

(2) 起步期。2003 年，由于"非典"爆发和淘宝网大量的广告效应，增加了人们对网购的认识并培养了大量的用户，服装服饰类产品成为网络热购的产品之一。这个阶段 C2C 电子商务得到了发展。

(3) 发展期。2005 年之后，曾被称做服装界的"戴尔模式"的 PPG 公司将传统服装零售与电子商务相结合，开创了 B2C 直销的电子商务模式。这一模式以独特的运作方式引起了资本市场的关注和认同，标志着我国服装电子商务进入了发展期。

（4）成熟期。从 2007 年开始，我国著名的网络服装品牌大幅度增加，其中规模较大的有凡客诚品、欧莎、七格格、斯波帝卡、玛萨玛索、梦芭莎等。服装服饰类商品成为网络购物的第一大销售商品。

（5）爆发期。自 2011 年以来进入爆发期，服装线下零售实体企业遭受来自网络购物市场的巨大冲击，传统服装企业纷纷拓展"线上渠道"，如李宁、红豆、美特斯邦威、以纯、GXG 等，预示着传统服装企业进行线上与线下大规模整合。

从企业角度看，传统服装企业开展电子商务主要有三种形式：

（1）自主式：企业自行设立团队，开发电子商务平台，自行供货和销售管理。例如，报喜鸟在上海专门设立命名为 BONO 的网络销售品牌。

（2）外包式：企业将电子商务所有或主要事务进行外包，采取资源互补方式和代理公司进行合作，如李宁。

（3）供货式：厂家或商家向电子商务平台供货，销售管理由对方执行。例如，众多厂家向当当网、卓越网的供货式合作。

从商品及品牌类别角度看，针对服装产品开展 B2C 电子商务的运营模式较多，这里仅列举以下三种主流的模式：

（1）综合商城模式。以天猫为代表的 B2C 厂商提供展示与交易平台，盈利模式主要依靠收取店铺费、广告费及佣金。

（2）网络品牌模式。以凡客诚品、玛萨玛索为代表的独立互联网服装品牌，轻资产、重渠道，自建品牌。

（3）自建网上商城。以李宁、红豆为代表的服装厂商，依托原有厂商资源，自建电子商务公司，筹建立体的网购和实体店的销售渠道。

另外还有亚马逊、当当网的百货模式，麦考林的"电话邮购＋网络＋实体店铺"多渠道分销模式，百丽的复合品牌模式等，从诸多角度的分类很多，此处不一一列举。

服装行业供应链包含原材料采购、设计、制造等，还有合作单位的选定、配送模式的选择、终端服务体系的构建等。B2C 电子商务企业参与服装供应链核心的管控方式包括参股、独家代理等，将面料采购、生产制造、终端配送、售后服务等非核心业务外包，仅保留款式设计和零售等高附加值环节。

中国电子商务研究中心发布的《2012 年度中国服装电子商务运行报告》显示，关于服装 B2C 电子商务市场份额，天猫处于绝对领先位置，占整个市场的 66.0％，第二、三位分别是凡客诚品和京东商城，占 7.2％与 6.6％；而服装网购市场各细分品类的市场份额方面，以女装品类居首，占 41.1％，如图 7-1 和图 7-2 所示。

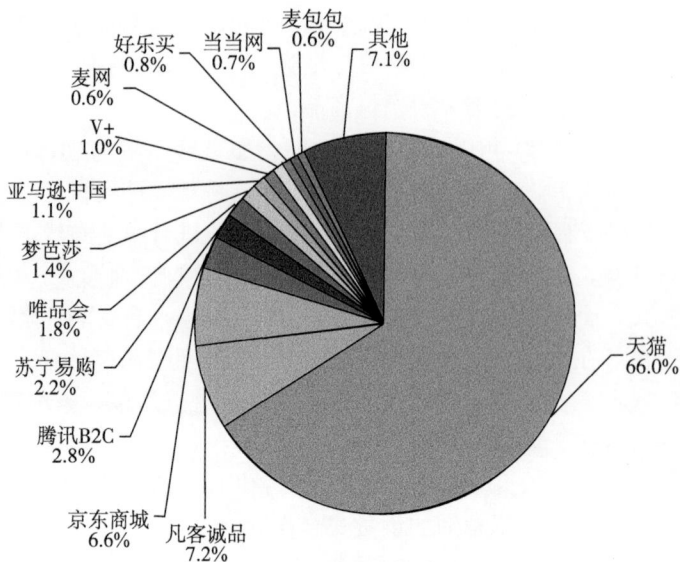

图 7-1　2012 年 B2C 服装网购市场主要企业份额

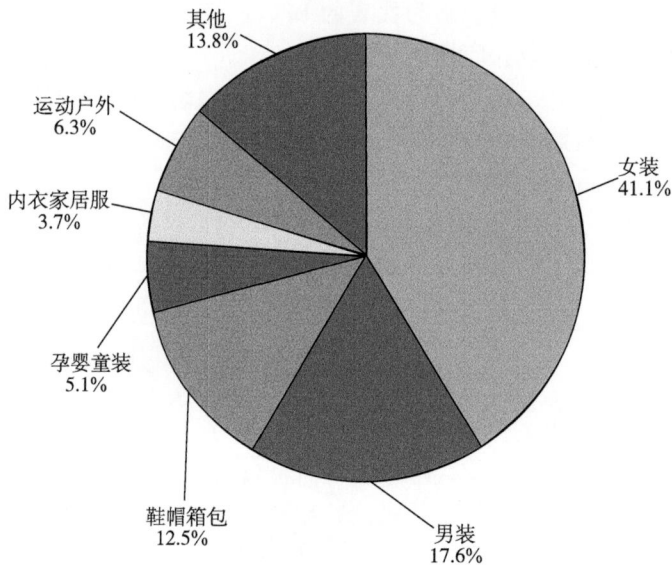

图 7-2　2012 年服装网购市场各细分品类市场份额

7.1.2　我国服装电子商务特点

（1）清理库存。无论服装品牌商还是渠道商都借助电子商务渠道解决库存压力，甚至实现以销定产。在清库存过程中，多数服装企业互联网渠道业绩出现快速增长。在此背景下，2013 年唯品会、当当网、凡客诚品、京东商城等平台开展"特卖会"活动，与服装企业共同促销。

（2）服装 B2C 电子商务平台出现分化。传统服装品牌商大量自建官网，冲击 B2C 平台业务的正常运转；大平台的百货化扩张也在不断分流服装 B2C 用户。优衣库、杰克琼斯、GXG、真维斯、美特斯邦威、诺奇、九牧王、千纸鹤、七匹狼等传统品牌全部以开设官方旗舰店和进驻天猫大型百货平台为主，梦芭莎、麦考林这样的二级服装 B2C 电子商务平台遭遇了尴尬。

（3）传统服装企业开展电子商务的成功案例少。在凡客诚品、淘宝网等网购平台的带动下，传统服装品牌企业开始纷纷"触网"。但如何协调线上与线下价格体系的冲击、是自建销售平台还是外包网购业务等一系列问题的困扰，以及电子商务的成本和运营经验，对传统服装企业提出了挑战。全国拥有超过 2 600 家实体终端店的真维斯这一传统服装品牌企业，目前是开展电子商务较为成功的代表，2012 年 11 月 11 日当天取得了 5 678 万元销售额的优异成绩。

（4）服装网购平台多元发展，相互融合。服装零售行业结构形式越来越丰富，诸如大型卖场、专卖店、大型超市、网络销售等成为了服装零售市场的主要阵地，服装网购的快速发展使得服装实体店正逐渐变成消费者的试衣室，一些顾客会在店铺内试穿后再到网上购买。服装电子商务的运营模式呈现多元化发展，除了自有品牌的凡客诚品，采购其他品牌互联网渠道的唯品会，还有传统品牌百丽旗下的优购，以及传统渠道银泰百货旗下的银泰网，众多平台在竞争中融合发展。

（5）国际品牌强势入侵，蚕食市场。继优衣库、无印良品等日系潮流品牌进入中国市场，西班牙的 ZARA、瑞典的 H&M、美国的 GAP、英国 ASOS 等也纷纷在一线城市的核心地段开设直营店，来自国际时尚品牌的强势入侵，蚕食着服装国产品牌的市场，产生的冲击同样表现在电子商务平台上。国际品牌的运营能力和渠道拓展上的优势，使这些国际服装企业快速占领我国网购市场，与中国品牌一道展开同台竞争。

7.2 案例 1：凡客诚品

7.2.1 案例背景

凡客诚品（Vancl）成立于 2007 年 10 月，选择自有服装品牌网上销售的商业模式，把网购男士衬衫这一标准化产品作为切入点，进入 B2C 电子商务行业，以"互联网快时尚、高性价比的自有品牌，提供全球时尚的无限选择、最好的用户体验"，作为品牌理念。创始人陈年，曾经是卓越网创始团队成员，凡客诚品在运营初期十个月内，获得了 IDG VC、联创策源、软银赛富、启明创投的先后三轮投资。2009 年开始凡客诚品不断拓展产品线，如今已涵盖男装、女装、童装、鞋、配饰、化妆品、家居七大类商品。除开展自主服装品牌的网络销售经营外，凡客诚品旗下的 V+网站（VJIA.COM）还经营男装、女装、鞋、化妆品、家纺、箱包等百货品类的销售，涉及的产品品牌涵盖耐克、堡狮龙、开啦、笛莎、佐丹奴、卡西欧、飞亚达等国内外众多品牌的不同产品近 3 万款。

7.2.2　凡客诚品的发展策略

1. 服装网络直销的经营模式

凡客诚品采用"其他供应商提供产品生产，公司从事网络营销服务向顾客销售产品来赚取利润"的网络直销经营模式，把 B2C 电子商务模式与传统的服装零售相融合，依靠网络平台和呼叫中心为核心服务的手段，配合物流配送系统，为消费者提供符合需求的产品和服务。凡客诚品先后与山东鲁泰纺织、香港益达集团以及阿玛尼生产代工厂商等企业开展产品生产合作，整合服装产业上游供应链资源，在下游产业链资源整合上，通过建立与第三方物流公司合作的模式配送产品，截止到 2011 年 7 月，第三方物流合作企业数量增加到 100 多家。

凡客诚品在北京、上海建立技术研发中心，结合服装领域电子商务的特征，依靠原来卓越网的技术和资源，通过企业内部研发获得平台及物流配送的 B2C 技术基础，与外部机构合作研发、获得技术许可等外部途径获取支付相关技术，整合来自卓越网及其他研发机构的技术人员，加大技术投入，集中在前台的网络订单系统开发和后台购物流程优化、订单处理等模仿创新。例如，凡客诚品在设计、生产到销售流程中仿效 ZARA 的运行方式，大大提高产品销售的前导时间，即从设计到把成衣摆在柜台上出售的时间，我国服装业一般为 6～9 个月，国际品牌一般为 120 天，而 ZARA 最高效时可缩短为 7 天。在最后供应的环节中，凡客诚品在对销售量高的产品短时间内加大生产，及时满足市场需求，实现盈利最大化。

作为一家自主服装品牌 B2C 企业，自有品牌包括 VT、帆布鞋、POLO、牛仔裤等，采用整合式的网络营销方式，低价销售及促销策略的实施在初期抢占了一定的市场份额。凡客诚品的设计款式简单，强调舒适性和优雅，在做工和面料的质地上展现了一流的品质和流行性，像免烫牛津全棉衬衫抗皱助剂技术，能最大限度地迎合商务群体消费者的需求，被消费者戏称为"一流的质量，二流的设计，三流的价格"。价格和质量优势是其经营成功的两个主要原因，它完全迎合了追求物美价廉的消费心理需要。通过整合式网络营销策略的运用，凡客诚品的年销售收入呈现爆发式增长，2008～2011 年，销售收入分别为 1.2 亿元、3 亿元、12 亿元、32 亿元，2010 年的增长率已达 400%，2012 年全年销售额 65.4

亿元。但规模化背后，凡客诚品迟迟未能盈利，而且由于自身财务等原因连续数次 IPO 受阻。

关注顾客对产品价值的满足和提升是凡客诚品的管理理念，凡客诚品从产品自身服务到物流运输管理等方面提高产品价值，先后提出 48 小时内到货、货到付款、当面试穿、免费退货等服务政策。传统服装品牌的优势是实体店面，可以试穿，而互联网品牌做不到，凡客诚品将这个劣势依靠服务来弥补。例如，针对企业用户，凡客诚品为大宗购物提供 LOGO 刺绣服务；此外，结合服装网购的特殊性，网站设有详细介绍身体各部位尺寸测量方法的页面，提供周到服务，体现凡客诚品真诚待客、务实做事的行为准则。

设计是服装行业的核心，服装设计师需要在艺术与实用之间和消费者有良好的沟通，不仅消费者的世界需要他们塑造，更需要根据消费者消费趋向的变化，满足消费者需求。凡客诚品在北京、上海等地组建了专业化设计团队，聘请了海内外设计团队辅助产品设计，推出"凡客达人"计划，让消费者参与到产品设计中，极大地刺激了消费市场。凡客诚品网站上的展示照片每天都会由专业的采光师、摄影师、页面处理人员等制作，从设计、营销到客服、售后等，专业化团队不仅能保证企业内部产品的稳定供应，更能有效地避免外部环境变化导致销售的下滑。

2. 成功的品牌推广

1）凡客体

凡客诚品主要采用互联网推广模式，通过与各大网站（迅雷、新浪、雅虎、腾讯、凤凰网、搜狐、网易）建立 CPS 广告联盟发布网络广告推广产品，另外还开展平面媒体和电视作为推广模式的拓展，在公交车站、户外广告栏、地铁车站等拓展线下产品推广。门户广告的投放策略是"覆盖"式的，具有密集效应，高曝光率让网民迅速确认这个品牌，并非仅以销售为最终目的。

凡客诚品对于品牌精心的策划堪称互联网营销的经典案例。2010 年，韩寒、王珞丹以凡客诚品代言人的形象出现在大街小巷的灯箱上，广告语并不华丽，最突出只有四个字——我是凡客，广告所传递的是：那些明星其实并非高高在上，他们也像身边的每个人一样，有着平凡的爱好，过着平凡的生活，或许他们也和你一样，正在穿着凡客的衣服。由韩寒和王珞丹做代言的首波广告带来了异常火爆的效果，其文案衍生而来的"凡客体"更是风靡一时。

在市场扩张期，凡客诚品需要借助高富帅的明星影响力来拉动销售。但在围绕"凡客"二字的定位上，凡客要求高富帅明星去除自身高大全的形象，回归到与草根平齐的视角。2011 年由黄晓明与李宇春作为广告代言人。黄晓明的广告语——挺住意味着一切，与"凡客体"一样，"挺住体"也随着又火了起来。两年之内，凡客诚品先后选择四个风格、气质迥异的形象代言人，四个代言人表达的都是"我是凡客"这一品牌核心。成功的品牌推广就是要从不同的层面和角度，去诠释一个多样化、有态度和关怀、鲜明的平易形象，在这种层级的推进和触发过程中，凡客品牌也正从最初的本位，向上和向下渗透，以此传递给更多的用户，向上寻找更有号召力的明星，挖掘他们平凡普通的一面；向下寻找贴近消费者生活的草根榜样。

随着凡客诚品的规模发展，凡客诚品已不再局限于产品品牌的定位，而是从产品品牌出发，开始重新定义整个平台的品牌。2013年，凡客诚品与《中国好声音》达成战略合作，推出的首批好声音学员"个人 Style"服装，好声音学员钟伟强、毕夏、李琦、崔天琪等的设计款服装在凡客诚品官网上售卖。凡客诚品的成熟的品牌营销，一方面抓住了社会热点，通过名人的方式传递品牌效应；另一方面牢牢抓住了更多的普通消费者，通过草根代言的方式，进一步诠释凡客质朴、踏实的品牌形象。

2）凡客达人

凡客诚品瞄准城市年轻人简单、时尚快速的服饰需求，定位于网络时尚品牌，品牌设计理念主要围绕"时尚快速、高品质"来开发新产品，聘请国际时尚设计师开展产品研发。

凡客诚品的品牌理念倡导互联网的快时尚和高性价比，最初以男装销售为主，高性价比的男装和"我是凡客"的广告语，成就了凡客的品牌，被网民视作"线上的优衣库"。自网站上线以来，29元的VT、69元的牛津纺衬衫等都以其高性价比为凡客诚品赢得了大量用户。2012年销售数据显示，北京、上海、广州、深圳、成都等十大城市用户年度人均在凡客诚品的购物金额为500元，北京用户最高，达到608元。此外，这十大城市用户人均每年在凡客诚品购物5～6次，还有相当比例的忠实用户，年度在凡客诚品下单次数达到几十次，二次购买率超过80%。

凡客达人即凡客诚品旗下的社区化全民营销平台，于2011年3月18日凌晨正式上线，现拥有明星计划、原创搭配王、全民设计等官方活动，以及每日特惠、逛凡客等主题频道。在该平台，凡客诚品用户自主免费开通店铺，即成为凡客达人（Vancl Star），发布凡客产品搭配，如有顾客从该搭配页面下单成功，则此凡客达人即可获得销售分成，最高可达10%。该平台还有LOOKBOOK达人杂志、《衣度》手机客户端，例如，有一款天气预报的APP，根据天气温度情况将穿衣指数与用户搭配进行匹配，自动为用户推荐一个合适穿着的服装搭配，还能通过达人搭配图片进行下单的新型购物方式。目前，凡客达人已覆盖中国90%以上的城市，线下同城活动城市35个，在凡客诚品的用户比例为30%左右，与此同时，通过达人晒单所产生的销售额每月达4 000万元。

一直以来，按成交计费的CPS被电商企业视作社会化营销最直接的方式，而凡客达人社区，则通过将 CPS 分成和 C2C 开店两种功能的融合，使得这两种低成本推广和销售方式得到最大限度的发挥。每个凡客达人所开的店铺中，均是先购买凡客的商品，然后以消费者的身份重新拍照上传，这样的商品展现更为真实，说服力更强。与侧重于分享的美丽说、蘑菇街大量的淘宝链接转帖相比，凡客达人侧重的不仅是分享，更多的是原创搭配内容。另外，凡客达人还有线下活动的用户聚集，每周在不同地区都有达人的线下活动，凡客诚品为他们提供服装新品、音乐节门票、时尚聚会、活动道具、短途旅行费等。

凡客诚品还加强在移动客户端的社会化营销，根据达人们发布搭配的图片质量和用户评价，以及用户的兴趣图谱，来进行协同过滤和排序，将用户想要的信息排在前面进行推荐，在社会化数据领域进行深度挖掘。

3. 为提升用户体验而自建物流

凡客诚品成立之初就组建了配送部门。2008 年 4 月，基于业务量的快速发展，凡客诚品注册成立独立物流公司"如风达"，主要承担北京、上海等重点城市的物流配送。2009 年后，为满足飞速增长的配送服务，凡客诚品增加对如风达公司的投入，在积极建仓的同时将配送网络覆盖到更多城市。截至 2011 年年底，凡客诚品实现对 28 个重点城市的覆盖，配送队伍达数千人。

自建物流虽然能够打破发展瓶颈，但配送环节并不盈利。有人进行过估算，凡客诚品销售一件 99 元的衬衫，设计、采购和生产成本 70 元，广告宣传费用 10 元，配送环节大约 12 元，毛利只有 7 元，还没有计算税收和运营成本。但是凡客诚品为了保障服务质量，每天只要求接 30 单，这导致凡客诚品在配送环节难以盈利。早期施行全场包邮的政策，并且至今消费者都可以在 30 天内无条件退换货一次，这在一定程度上造成了物流成本的提高。

虽然不盈利，但自建物流的战略有其优势：第一，弥补第三方物流的不足，包括提升送货规模、速度、效率，尤其在节假日优势明显（第三方物流节假日运送量会减少）；第二，提供个性化服务，如"开箱试穿"的服务；第三，自有配送人员可以进行品牌宣传、促销、导购等工作。穿梭于大街小巷，着有统一制服，载有规范整齐包装盒，提供"开箱试穿"的训练有素的配送人员，成为凡客诚品优质商品和服务的"流动广告"，对凡客诚品的品牌进行了有效的宣传，促进了销售。

7.2.3　案例启示

凡客诚品在早期快速崛起的原因，既有创始人陈年及其团队多年合作的默契，利用互联网对服装行业整合营销的市场敏感度以及突出的执行力，更有客户体验至上、提供高性价比产品的经营之道，顺应互联网时尚消费的潮流，当然还有资本市场提供的多轮资金支持。凡客诚品的企业运营成功之处主要体现在：一是确立企业的"时尚快速"的核心经营理念,立足于年轻人个性化需求提供服装产品;二是通过积极整合营销手段,成功进行明星代言、达人活动等品牌推广策略;三是整合内外部资源,包括服装上下游产业链和物流资源。

互联网的创新发展,使得服装网络直销领域竞争越来越激烈,大量电子商务企业的出现,必然导致抢占市场的竞争加剧,淘宝网、京东商城等电子商务综合平台占据了服装网购的较大市场份额,网络服装企业要生存就必须面对实力强大的其他 B2C 网络企业的竞争压力,同时传统品牌服装企业也开始建立网络销售模式,线上线下共同发展,进一步挤占市场份额。而国外网络服装品牌的进入,使得凡客诚品成长和发展的外部环境更加严峻。

凡客诚品多年自有品牌的运作,在某些细分领域具有一定优势,为了应对变化的市场环境,需要重新选择定位,确立自己的核心竞争力。企业的信息系统是顾客、供应商、物流等组成的信息交互体系,早期自建物流发挥了一定的优势,但物流体系的封闭导致缺乏有效的信息共享,降低了物流效率,增加了成本,如果顾客通过信息系统实时了解商品配送进程将会进一步完善服务。因此,凡客诚品需要充分利用互联网信息技术和移动应用创新,全面优化流程,建立柔性供应链,从过去的封闭体系走向开放,在坚持自有品牌路线的基础上,尝试和传统品牌携手合作。另外,对于时尚服装需要独特的技术与创意,不断推出创新的个性化服务,才能比竞争对手带来更高的顾客价值,满足消费者独特、潜在的需求。

7.3 案例 2:英国网络时装零售商 ASOS

7.3.1 案例背景

ASOS 创建于 2000 年,是英国著名时尚风格的服装 B2C 网站,ASOS 是英文"as seen on screen"的缩写,中文含义就是"和你在屏幕上看到的一样",以打折出售品牌设计师产品和模仿明星服装而闻名。ASOS 2001 年在伦敦股票交易所上市,创立初期主要经营第三方服装品牌;2004 年推出自有服装品牌;2005 年开通网络美容频道,主要针对女性美容产品的使用、宣传;2006 年推出 Catwalk(猫步)在线视频服装展示;2008 年推出产品折扣店;2009 年网站开通 Life 社区,为消费者提供专业的信息交流渠道,同年独立 IP(Internet protocol,即互联网协议)访问者突破 500 万人次,在线注册用户超过 300 万人。

目前,在英国 ASOS 网站注册的用户已达 188 万人,单月的访问量 450 万人次(全英国约 6 000 万人口,网民约 3 000 万人)。除英国本土外,还在美国、法国、德国、西班牙、意大利、澳大利亚、俄罗斯使用所在国家语言开展服装网上零售，网站提供约 6 万多个品牌的产品，这些产品从位于英国的全球分销中心运送至全球 241 个国家及地区。另外，ASOS 在 2013 年 10 月底进入中国市场。

7.3.2　发展策略

1. 时尚快速的经营理念

ASOS 坚持"时尚快速"的经营理念，开展自有品牌产品和第三方品牌产品的在线营销，采用时尚低价、折扣的销售策略，重点关注企业品牌的管理和营销渠道的扩展。在自有品牌方面最先推出女装品牌，2007 年和 2009 年相继推出其男装品牌和童装品牌，使其品牌迅速向全系列发展。ASOS 主要从事女性服装的在线销售，针对 16～34 岁的年轻时尚女士提供服装产品，也在线销售其他时尚类产品，包括女性护理、彩妆、秀发护理、男装、男性肌肤护理等产品。ASOS 提供数万种时尚服装产品，每周还有千种新产品上架。

在经营过程中，ASOS 不断完善营销体系，在产品设计、营销策略、营销渠道等方面提升企业竞争能力。2007 年后，ASOS 从设计模仿服饰逐步转变为高级时装的网络销售。网站有 ASOS Magazine、ASOS 社区、ASOS 博客等功能，另外推出"Fashion Finder"，它提供最新名人街拍时尚信息，并为消费者服装进行搭配等，依靠从明星身上寻找流行趋势，并快速地把这些趋势体现在产品上，时尚流行的产品吸引了大量的年轻时尚人群。ASOS 继而以"低价、折扣"的销售策略来销售产品，独特的销售策略促进了销售数量的增加，带来了销售额的快速增长。另外，ASOS 实施全球扩张、强势推广的国外市场拓展战略，在意大利、西班牙、澳大利亚、美国、法国、德国、俄罗斯及中国等国开通网站，平台数量增加到 8 个。ASOS 的全球计划目标是到 2015 年实现 10 亿英镑的销售额。

（1）首创 Catwalk（猫步）短视频时装展示。2006 年，ASOS 在其网站为潜在客户提供大量的 T 台时装模特短视频展示，模特视频几乎涵盖其销售的所有服装。这一创新大大促进了 ASOS 的网站转换率，对确立其在英国网络时装零售业的领导地位起到了很大的作用。

（2）Outlet 折扣店。2008 年，ASOS 推出 ASOS Outlet（早期名称为 ASOS Red），是其销售折扣产品的一个系统，折扣产品主要包括即将下架的产品。ASOS Outlet 在其主页有导航链接，Outlet 是 ASOS 为向快速发展的服装折扣销售市场进军而发起的一次强大冲击。

（3）Life 社区。2009 年 4 月，ASOS 发布 ASOS Life 社区 beta 版，该系统包括创建用户自己的档案，并通过论坛、博客、创意、成员、群组几个模块进行交流。社区系统的认证与网店系统联通，用户无需重复注册，并且不断添加新功能，现已经由第三方开发了对应 Twitter 和 Facebook 的插件。ASOS 在社区中与用户互动，收集各类建议与创意，对网站不断进行完善。

（4）C2C 时装拍卖市场 ASOS Marketplace。2010 年，ASOS 推出 ASOS Marketplace，这是一个 C2C 时装拍卖市场，允许顾客在 ASOS 上销售他们自己的服装与饰品，口号是："更新你的衣柜"。这种销售策略帮助顾客为了更新自己的衣柜而将旧衣服变现，又可以直接销售顾客自己设计的服装、服饰产品。

2. IT 技术支持创新

ASOS 围绕网络平台信息系统、后台订单处理信息系统及物流管理信息系统等方面开展技术创新，并逐年加大技术研发投入以提升企业的 IT 技术水平。像多数从零开始构建 IT 系统的电子商务企业一样，ASOS 随着业务的增长而在 IT 系统方面遇到越来越多的技术难题，它通过自己强大的技术团队为系统提供创新支持。

ASOS 网站是由自己建设的，基于 .net 技术，并有众多零售软件商提供网站运营支持，仓库管理、库存管理和分销系统都基于 SaaS（software as a service，即软件即服务）模式，在不同领域分别使用 Red Prairie 平台、Merret 平台、Metapack 平台。网站的内容管理系统 Sitecore 改善了"付款"和"购物篮"的功能，对于超过 60 000 条的产品线来说，强大的搜索功能是非常重要的。

交易平台生成和处理的庞大数据量达到 PB（peta byte，$1PB = 2^{50}$ 字节）量级，使用 Hadoop 等大数据工具处理这些信息，并分析消费者需求、了解消费者圈子内的流行趋势，可以迅速生成需要的信息，并且使用成本较低。

最近的一项创新是使用瑞典公司 Virtusize 设计的 2D"虚拟试衣"系统。购物者只要在 ASOS 网站按下产品图像旁边的"虚拟试衣"按钮，就可以了解该款衣物是否合身。该系统的原理是顾客利用虚拟屏幕，将已经购买的衣服和考虑购买的新衣物重叠放置，通过对两款衣物的尺寸进行比较，顾客可以选择出最适合自己的尺码。ASOS 重视顾客的购物体验，通过调查发现消费者在网上购物最大的困扰是服装的尺寸问题，很多消费者因为害怕尺码不合适而放弃购物。这一系统上线运行结果显示，因为不合身导致退货的比率下降 30%。

3. 物流

ASOS 的产品配送采用第三方物流和企业自建物流相结合的模式，在国内建立了众多仓储中心，并通过与第三方物流企业建立稳定良好的合作伙伴关系把产品配送到消费者手中。截至 2011 年，ASOS 在全球建立了 20 多个国际仓储中心，5 个国内产品仓储中心。投入巨资研发物流信息跟踪系统，对在途产品的物流配送情况进行跟踪，实现顾客在线查询，开展一系列配送创新服务，提升顾客的体验价值。

ASOS 年均包裹量约 1 900 万件，其中包裹运营商 Hermes 提供标准配送服务，DPD 提供次日交付服务（英国 DPD 公司是法国邮政集团旗下国际包裹公司 GeoPost 的子公司）。目前，ASOS 约有 35% 的包裹都在次日寄达。一般购物客户需要支付一定的运费，而当购物总额达到一定额度时，可享受免费送货服务。公司通过 CollectPlus 包裹店网络和皇家邮政为客户提供退货服务，客户将退货交寄至 CollectPlus 包裹店，再由皇家邮政将退货寄回 ASOS。

在当今速度和效率至上的快递行业，包裹投递的准确率是影响客户满意度的重要因素。近期推出的 15 分钟交付窗口提示服务，节省了顾客的等待时间，也增加了投递成功率。通过这项新型服务，消费者可在上午接收到电子邮件或短信消息，通知其在 1 小时内可以收到包裹，并且在包裹实际交付前 15 分钟收件人可以得到另一提示，所提示的交付时间更加精确。收到短信或电子邮件提醒的客户若不方便接收包裹，可要求重新安排投递，或选择将货物转递至临近地址或备用地址。

7.3.3 案例启示

首先，ASOS 从推出其自有品牌开始建立网络服装零售市场地位，能够较大幅度增加其销售利润；其次，作为网络零售平台，自有品牌的销售在一定程度上降低了平台对其他品牌过分依赖的风险，提高了其自身对其他供货商的谈判能力；最后，自有品牌有助于提高和强化 ASOS 在消费者心目中的整体形象，有利于向消费者展示其综合实力及长远发展能力，建立消费者对 ASOS 的长期信心。

此外，ASOS 的成功之处还包括：运用互联网技术对服装时尚的完美演绎，配合并挖掘服装消费者的网购需求，加之营销创新的管理模式；完善的技术体系，提升核心竞争力；"第三方物流＋自建物流"模式，以及物流信息系统和个性化服务，不但提高了物流效率，而且进一步提高了服务水平和顾客的体验价值。

另外，ASOS 是一家有远见的电子商务零售企业，意识到了中国市场的潜力，正如很多已经在中国开设实体店的欧美服装零售商一样，在全球展开电子商务业务零售是一个更快、更高效的方法。但是，ASOS 进入中国市场还要面临文化差异、语言障碍、市场环境及网购习惯等方面的巨大挑战。

➤ 案例思考与讨论

1. 分析我国众多品牌服装企业在开展电子商务过程中，从生产到销售供应链的所有环节。思考如何针对产品、消费群体有效细分，制定 B2C 电子商务运营的市场策略？

2. 分析总结凡客诚品的企业运营成功之处。思考如何进一步挖掘凡客达人的营销模式？

3. 试对比凡客诚品与英国 ASOS 经营模式的异同。

4. 英国 ASOS 进入中国市场面临哪些挑战？其海外拓展模式，凡客诚品这样的中国 B2C 电子商务企业是否可以借鉴？

参考文献

丁婕 . 2012. 我国 P2P 网络借贷平台及借款人行为研究——以拍拍贷为例 . 西南财经大学硕士
　　学位论文

鲁佳雯 . 2013. 基于商业模式创新的网络金融研究 . 南京大学硕士学位论文

罗紫初，秦洁雯 . 2010. 当当网和卓越亚马逊网的营销模式研究 . 编辑之友，(2)：9～11

容玲 . 2012. 第三方支付平台竞争策略与产业规制研究 . 复旦大学博士学位论文

宋沛军 . 2009. 阿里巴巴盈利模式——以阿里巴巴为例剖析 B2B 电子商务公司盈利模式 . 电子
　　商务，(10)：19～20

孙泠 . 2013. LinkedIn：数据是件疯狂的事 . IT 经理世界，(367)：108～109

唐帆帆 . 2010. UPS 中国公司发展战略的研究 . 天津大学硕士学位论文

王军 . 2013. 传统服装零售业发展电子商务的策略研究 . 吉林大学硕士学位论文

王卫东 . 2011. C2C 电子商务平台盈利模式的研究——以淘宝网为例 . 中国电子商务，(10)：4～6

薛娟袁 . 2013-08-15. 雷鸣：阿里金融乃顺势而为 . http:www.cet.com.cn/ycpd/sdyd/941472.shtml

张琳 . 2012. 不同模式下电子商务物流服务质量评价研究 . 北京交通大学硕士学位论文

赵宏 . 2011. 第三方 B2B 电子商务平台盈利模式分析 . 中国商界，(6)：157～158

赵皎云 . 2011. 苏宁易购提速物流 . 技术与应用，(10)：62～65

中国电子商务协会数字服务中心 . 2011. 2011 年电子商务行业研究报告

参考网站

阿里巴巴，www.alibaba.com

阿里巴巴金融，www.aliloan.com

艾瑞网，www.iresearch.cn

当当网，www.dangdang.com

凡客诚品，www.vancl.com

环球资源，www.globalsources.com

慧聪网，www.hc360.com

京东商城，www.jd.com

拍拍贷，www.ppdai.com

人人网，www.renren.com

顺丰速运，www.sf-express.com

苏宁易购，www.suning.com

淘宝网，www.taobao.com

腾讯网，www.qq.com

亿邦动力，www.ebrun.com

易观网，www.eguan.cn

易趣网，www.eachnet.com

支付宝，www.alipay.com

中国电子商务研究中心，www.100ec.cn

ASOS公司，www.asos.com

Groupon公司，www.groupon.com

LinkedIn公司，www.linkedin.com

Paypal公司，www.paypal.com

UPS公司，www.ups.com